国家自然科学基金项目"分形特征约束下基于动量生命周期的反馈交易策略研究"（项目编号：71903017）

中国博士后科学基金项目"分形市场下流动性黑洞的形成机理与防控策略研究"（项目编号：2022M720545）

四川省自然科学基金项目"基于分形统计分析的商业银行科技信贷资产组合优化研究"（项目编号：2023NSFSC0523）

四川省科技计划软科学项目"数字普惠金融对四川省企业科技创新的影响研究"（项目编号：2023JDR0191）

成都理工大学"双一流"建设哲学社会科学重点建设项目"双循环背景下系统性金融风险测度、来源追溯及其预警研究"（项目编号：ZDJS202201）

# 中国金融市场风险的
# 大数据智能预警理论与实践

淳伟德 著

中国社会科学出版社

## 图书在版编目（CIP）数据

中国金融市场风险的大数据智能预警理论与实践/淳伟德著.
—北京：中国社会科学出版社，2023.12
ISBN 978-7-5227-2876-6

Ⅰ.①中… Ⅱ.①淳… Ⅲ.①智能技术—应用—金融风险—风险管理—研究—中国 Ⅳ.①F832.1-39

中国国家版本馆 CIP 数据核字（2023）第 241224 号

| | |
|---|---|
| 出 版 人 | 赵剑英 |
| 责任编辑 | 李斯佳　刘晓红 |
| 责任校对 | 周晓东 |
| 责任印制 | 戴　宽 |

| | |
|---|---|
| 出　　版 | 中国社会科学出版社 |
| 社　　址 | 北京鼓楼西大街甲 158 号 |
| 邮　　编 | 100720 |
| 网　　址 | http://www.csspw.cn |
| 发 行 部 | 010-84083685 |
| 门 市 部 | 010-84029450 |
| 经　　销 | 新华书店及其他书店 |
| 印　　刷 | 北京君升印刷有限公司 |
| 装　　订 | 廊坊市广阳区广增装订厂 |
| 版　　次 | 2023 年 12 月第 1 版 |
| 印　　次 | 2023 年 12 月第 1 次印刷 |
| 开　　本 | 710×1000　1/16 |
| 印　　张 | 17.25 |
| 字　　数 | 276 千字 |
| 定　　价 | 99.00 元 |

凡购买中国社会科学出版社图书，如有质量问题请与本社营销中心联系调换
电话：010-84083683
版权所有　侵权必究

# 前　言

防范金融风险，维护金融安全，是关系经济社会发展全局的一件带有战略性、根本性的大事。金融活，经济活；金融稳，经济稳。守住不发生系统性金融风险底线，是我国建设现代化经济体系、实现经济高质量发展等重大战略的必然要求。近几年来，以习近平同志为核心的党中央高度重视防范系统性金融风险，党的二十大报告中明确指出，要加强和完善现代金融监管，强化金融稳定保障体系，依法将各类金融活动全部纳入监管，守住不发生系统性金融风险底线。此外，2023年5月18日，国家金融监督管理总局的成立，也将促使我国逐步建立符合现代金融混业经营创新发展特点的监管框架，牢牢守住不发生系统性金融风险的底线。这些充分说明，防范金融风险是习近平新时代中国特色社会主义思想在金融领域的根本要求，对经济社会繁荣发展具有明确而深远的现实意义。

本书围绕中国金融市场风险，利用智能预警方法展开研究，具体如下：

第一，在供给侧结构性改革背景下分析中国金融市场风险的特征与风险来源，探究了中国金融市场风险的相关理论及预警方法。研究发现，构建中国金融市场风险大数据智能预警方法时需要关注中国金融体系中的股票市场、债券市场、外汇市场、期货市场与商业银行体系五个重要子市场，以及与金融化严重的房地产市场彼此之间的风险传染路径，构建基于大数据文本挖掘的情绪指数、供给侧改革热度指数，证明基于机器学习的人工智能预警模型等方法对中国金融市场风险进行智能预警具有可行性和必要性，为进一步分析中国金融市场风险大数据智能预警方法和应用奠定理论基础。

第二，构建中国金融市场风险大数据智能预警模型，并应用于中国金融体系中股票市场、债券市场、外汇市场、期货市场与商业银行体系五个重要子市场。研究发现，基于文本挖掘处理技术构建的投资者情绪指数、供给侧改革热度指数、嵌入灰狼优化算法（GWO）优化传统支持向量机（SVM）的 GWO-SVM 模型、嵌入人工少数类过采样法（SMOTE）优化传统 SVM 的 SMOTE-SVM 模型、BPNN 神经网络模型与 WAVENN 小波神经网络模型等方法可以有效地对股票市场、债券市场、外汇市场、商业银行体系与期货市场风险预警。

第三，构建中国金融市场风险大数据智能预警模型时，还考虑中国金融体系重要子市场之间的风险传染路径，针对股票市场、债券市场、外汇市场、商业银行市场、期货市场与房地产市场的传染关系，构建大数据智能预警方法，并在各个子市场上进行应用。具体而言，在使用融合 GARCH、Coupla 和 CoVaR 构建而成 GARCH-Copula-CoVaR 模型、组合时变参数向量自回归模型（TVP-VAR）和随机波动率（SV）构建而成 TVP-SV-VAR 模型分析出六个重要子市场间的传染情况、风险贡献度和动态联系的基础上，进一步基于六个重要子市场间的风险关联度，构建了中国金融市场风险传染性压力指数（CCFSI），实现了对中国金融市场风险压力的系统性度量和风险预警。

第四，从防范、抵御和引导投资者等视角为相关政府部门防范金融市场风险提供相关建议，以期为相关政府部门防范金融风险、维护金融安全提供智力支撑，助推经济高质量发展。

相对于已有成果，本书在供给侧结构性改革背景下，重点关注大数据蕴含的有价值信息，分析中国金融市场风险形成的两条路径，全面系统地考虑金融体系重要子市场的大数据风险预警方法，以及基于子市场风险传染的智能风险预警方法，最终构建了较为有效的基于文本挖掘技术的投资者情绪指数、供给侧改革热度指数、GWO-SVM 模型、SMOTE-SVM 模型、BPNN 模型、WAVENN 模型和 CCFSI 等预警模型。研究结果既具有明显的创新之处，也具有明确的应用价值，有利于为金融风险管理提供一定的新思路，为相关部门决策提供一定的参考。

在本书撰写过程中，感谢国家自然科学基金（71903017）、中国博士后科学基金（2022M720545）、四川省自然科学基金（2023NSFSC0523）、成都市科技计划（软科学研究项目）（2023-RK00-00127-ZF）、成都理工大学哲学社会科学研究基金项目（YJ2023-QH008）等项目的支持。成都理工大学"双一流"建设哲学社会科学重点建设项目（ZDJS202201）等项目的支持。本书可供经济学、管理学等相关学科的高等院校师生，以及从事金融风险管理研究专业人员借鉴与参考。同时，在撰写过程中还得到了许多同事的支持与帮助。感谢成都理工大学吴栩、燕汝贞、张希、淳正杰在供给侧结构性改革、金融风险智能预警等方面所提出的宝贵建议；感谢王康、文章、朱航聪、唐仲汶等研究生在数据收集、资料整理等方面所进行的工作。由于笔者水平有限，书中难免有不妥之处，敬请各位专家批评指正。

# 目 录

**第一章 绪论** ……………………………………………………………… 1
    第一节 研究背景与意义 ………………………………………………… 1
    第二节 研究内容 ………………………………………………………… 9
    第三节 框架结构 ………………………………………………………… 10
    第四节 创新之处 ………………………………………………………… 11

**第二章 中国金融市场风险的相关理论** ……………………………… 13
    第一节 金融市场的风险概念与特征 …………………………………… 13
    第二节 中国金融市场的构成与风险来源分析 ………………………… 18
    第三节 中国金融市场的风险传染分析 ………………………………… 21

**第三章 中国金融市场的风险路径与预警方法** ……………………… 25
    第一节 金融子市场的风险路径 ………………………………………… 25
    第二节 金融市场风险的传统预警方法 ………………………………… 28
    第三节 金融市场风险的大数据智能预警方法 ………………………… 35
    第四节 本章小结 ………………………………………………………… 54

**第四章 股票市场的风险预警研究** …………………………………… 56
    第一节 问题提出 ………………………………………………………… 56
    第二节 股票市场的风险预警实证分析 ………………………………… 59
    第三节 本章小结 ………………………………………………………… 84

**第五章 债券市场的风险预警研究** …………………………………… 86
    第一节 问题提出 ………………………………………………………… 86

第二节　企业债风险预警实证分析 ·············· 88
第三节　地方债风险预警实证分析 ·············· 106
第四节　本章小结 ························· 129

## 第六章　外汇市场的风险预警研究 ················· 131
第一节　问题提出 ························· 131
第二节　外汇市场的风险预警实证分析 ············ 134
第三节　本章小结 ························· 154

## 第七章　商业银行市场的风险预警研究 ··············· 156
第一节　问题提出 ························· 156
第二节　商业银行市场的风险预警分析 ············ 158
第三节　本章小结 ························· 179

## 第八章　期货市场的风险预警研究 ················· 180
第一节　问题提出 ························· 180
第二节　期货市场的风险预警实证分析 ············ 183
第三节　本章小结 ························· 201

## 第九章　中国金融市场的风险智能预警研究 ············ 202
第一节　问题提出 ························· 202
第二节　风险传染效应实证研究 ················ 203
第三节　中国金融市场压力指数构建与分析 ········· 221
第四节　基于金融压力指数的智能风险预警研究 ······ 236
第五节　本章小结 ························· 243

## 第十章　研究结论与政策建议 ···················· 244
第一节　研究结论 ························· 244
第二节　政策建议 ························· 247

## 参考文献 ································ 252

# 第一章

# 绪 论

## 第一节 研究背景与意义

### 一 研究背景

纵观全球金融发展史,数次严重的金融危机不仅对发达国家或地区造成难以估量的损失,还导致了金融风险在全球金融市场中的传播,阻碍了经济的发展,甚至危害了一个国家或地区的稳定。1929年的美国股市暴跌对美国乃至全球经济造成了难以估量的损失,使其陷入了长达10年的大萧条时期;1994年的墨西哥金融危机是新兴市场国家爆发的第一次巨大危机,使墨西哥和整个拉美地区受到重创,同时也波及了其他国家和地区;1997年的亚洲金融危机导致金融风暴席卷东南亚,使各国货币相继贬值,对整个地区造成了巨大的影响;2007年爆发的美国次贷危机被认为是自20世纪以来最严重的一次金融危机,对美国造成巨大损失后又迅速向全球扩散,引发了欧洲的主权债务危机,导致了全球经济的疲软。由此可见,金融危机一旦爆发将会产生非常严重的后果,受到冲击的国家或地区甚至需要数十年才能走出困境。2008年国际金融危机揭示了一种新的系统性金融风险。这种系统性金融风险主要是指建立在高杠杆和脱实向虚基础上的金融交易,通过资产与债务联动机制和扩散传染机制,在金融市场价格持续下行条件下所引发的有毒资产多米诺骨牌效应和金融危机(王国刚,2017)。

中国自改革开放以来,曾经历了亚洲金融危机和美国次贷危机两次全球性的金融危机。这两次危机并未对中国的经济发展造成巨大的危害，但是也对我国经济的发展带来了一定的影响。虽然我国未曾爆发真正意义上的经济危机，但是，随着我国经济市场的不断开放和社会主义市场经济体制的不断完善，其所面临的不稳定因素和压力逐渐增加。回顾我国经济发展历程，GDP 增速自 2012 年起开始回落，告别了过去 30 多年来依靠粗放的、扩张的、数量的方式实现的平均 10% 左右的高速增长阶段。随着经济增速的回落，标志着我国的经济增长发生了阶段性的改变，进入了经济发展的"新常态"。中国的发展仍处于重要的战略机遇期，但是，中国经济增长速度换挡期、结构调整阵痛期、前期刺激政策消化期同时集中出现，成为中国经济发展的阶段性特征，即进入了"三期叠加"（彭向升，2015；邓忠奇等，2020）。

在这样的背景下，为解决传统经济发展的结构失衡和增长动能问题，以及被长期高速发展所掩盖的问题，党中央提出要实现增长动力的转换和经济结构的再平衡，认为制约我国经济发展的主要矛盾在供给侧，因此提出了供给侧结构性改革，并在多次会议上对这一主题进行深化。在 2015 年 11 月 10 日召开的中央财经领导小组第十一次会议上，习近平总书记首次提出要以"加强供给侧结构性改革"作为经济改革的着力点。2015 年的中央经济工作会议，不仅对 2016 年经济工作进行了全面部署，更重要的是，对供给侧结构性改革作了重点部署。习近平总书记系统阐述了供给侧改革的思想，从形势的判断、问题的诊断、工作的思路，到重点任务、改革举措、重大原则，提出了逻辑严谨、系统完整、方向明确、可操作性强的"一揽子"方案（杨伟民，2016）。2016 年 1 月 26 日召开了中央财经领导小组第十二次会议，习近平总书记强调了供给侧结构性改革的根本目的是提高社会生产力水平，落实好以人民为中心的发展思想。随后，会议对供给侧结构性改革的具体实施方案进行了研究。这标志着我国的供给侧结构性改革正式进入实施阶段。2017 年 10 月 18 日，党的十九大报告再次提到供给侧结构性改革，指出建设现代化经济体系，必须把发展经济的着力点放在实体经济上，把提高供给体系质量作为主攻方向，显著增强我国经济质量优势。2022 年 10 月 16 日，党的二十大报告明确提出，"把实施扩大内需战略同深化供给侧结构性改革有机结合起来"。这是加快构建以国内大循环为主体、国内国际双循环相互促进的新发展格局的必然选择，也是促进我国长远发展和长治久安的战略决策。2018年12月21日闭幕的中央经济工作会议认为，我国经济运行的主要矛盾仍然是供给侧结构性的，必须坚持以供给侧结构性改革为主线不动摇。

从供给侧结构性改革的战略布局可以看出，我国的宏观经济政策将发生两方面的重要调整，一是从传统的需求侧"三驾马车"拉动向供给侧的重心转移；二是从过去的行政化供给侧管理转向市场化资源配置。自2016年以来，我国持续推进供给侧结构性改革，提出了去产能、去库存、去杠杆、降成本、补短板，即"三去一降一补"五大任务。去产能、去库存就是要化解过剩的产能，提升全要素生产率。我国市场上曾大量存在的停产、半停产、亏损、资不抵债、主要依靠补贴和举债的"僵尸企业"是不能忽视的一个问题，这些企业占用了大量的资源使资源无法得到有效的配置，导致市场功能受损，使潜在风险不断积累，甚至可能引发系统性金融风险；去杠杆就是要避免此前企业进行高杠杆经营所带来的负面影响，按照杠杆率增速、杠杆率水平、杠杆结构依法有序推进；降成本就是要降低制度性交易成本；补短板就是要补基础建设短板、补民生建设短板（林卫斌等，2016；胡鞍钢等，2016；贾康等，2016）。

从供给侧结构性改革的理论研究来看，西方较早提出了有关的经济学理论。法国经济学家萨伊提出了著名的"萨伊定理"，成为供给学派的重要观点，也是古典经济学关于供需关系的重要表述。他认为供给自动创造需求，主张不加干预的自由经济市场，强调了市场的绝对地位。但是，20世纪30年代爆发的经济大萧条对萨伊定理发起了严重的挑战，使古典自由主义理论的发展遇到巨大阻碍。此时，凯恩斯学派从需求的角度创立了一系列学说，认为消费不足是造成危机的根本原因，强调了需求管理与国家对经济的干预和控制。在凯恩斯主义的指导下"罗斯福新政"得到了有效实践，通过刺激消费和国家投资拉动经济增长，使以需求管理为主的方法成为资本主义国家对经济进行宏观管理的普遍手段。而在20世纪70年代后，以美国为代表的资本主义国家出现了以高失业率与高通货膨胀并存的"滞胀"现象，这对凯恩斯经济学构成了巨大挑战，而凯恩斯主义的经济政策被认为是造成这种现象的主要原因。此时，以蒙代尔和拉弗等经济学家为代表的新供给学派再次引起了人们的关注。美国经济学家拉弗提出了拉弗曲线，指出政府的税收与税率的一种平衡关系，希望通过降低税收促进企业的生产从而增加税收。里根在担任美国总统后，里根政府提出了被称为"里根经济学"的改革措施，通过放松政府对市场的管制以激发市场的自由竞争、降低税收以支持企业的生产和发展等一系列手段，从供给侧进行了改革。但是，随之而来的是联邦政府的巨额财政赤字，使美国成为世界上最大的债务国，预期通过降低税收拉动经济增长的目标并没有实现，基本标志着里根政府的经济改革失败。

而我国的政策制度、经济内涵、操作手段等与西方现有的理论研究有着很大的差异。要深入理解供给侧结构性改革的内在逻辑、理论内涵，必须与西方的经济学理论研究区别开来，从我国的实际情况出发采用具有中国特色社会主义的理论和方法进行研究。

当前，在我国学界围绕供给侧结构性改革的内涵和实践两方面展开了大量的讨论。前者主要是回答了供给侧结构性改革是什么。从与需求侧改革相对的角度来看，供给侧结构性改革的性质与需求端的消费、投资、出口是不同的；从应对经济周期的短期政策相对的角度来看，供给侧结构性改革通常是被认为作用于潜在产出、促进经济增长的长期宏观调控政策。从实践和结构的角度来看，我国的供给侧管理并不是一种新提出的手段，而是一种对调控方式和手段的修正。林卫斌等（2016）认为供给侧改革意味着我国宏观经济管理政策发生两个方面的重要调整：一是供给管理将成为宏观经济管理的政策重点，既利当前又利长远的供给侧结构性改善和效率提升是今后的主攻方向；二是改变过去行政化的供给管理手段，注重体制机制改革和政策调整，用改革的办法矫正要素配置扭曲，提高生产效率和优化供给结构。胡鞍钢等（2016）也指出，我国的"供给侧结构性改革"与"里根经济学"在政策目标与发展环境等诸多方面存在明显差异，我国当前发展阶段下的经济结构与里根时代的美国经济有很大的差异。我国的供给侧结构性改革的核心是经济结构的调整和经济发展方式的转变，通过提高供给结构的适应性和灵活性，提高全要素生产率。邵志高和吴立源（2019）指出供给侧改革的目标是提高"全要素生产率"，途径是"调结构"，即通过调结构以提升效率。对企业而言，提升效率意味着以低投入获取高利润最终提升企业价值，而企业资产结构中固定资产占用企业资金最大，是企业最主要的投资。朱惠军（2022）指出，供给侧结构性改革是在党领导下的全面深化经济体制改革过程的主线，既是基于我国改革开放和社会主义现代化建设时期的经济发展、各方面经济体制改革成就及留下的问题，也是基于新时代我国经济发展面临的全面深化经济体制改革需要，呈现出客观必然性。

后者主要是回答了供给侧结构性改革如何进行实践。吴敬琏（2016）认为，当前应当采取的方针是在稳住大局、保证不发生系统性风险的条件下，着力推进改革，建设能够激励创新创业的体制机制。通过市场的作用实现经济结构的优化，才能成功地应对中国经济面临的挑战。冯志峰（2016）分析了供给侧结构性改革的理论逻辑与实践路径，提出在我国"供给侧结构性改革"中，"供给侧"是改革切入点，"结构性"是改革方式，"改革"才是核心命题，内在地体现出"转型是目标、创新是手段、改革是保障"的逻辑关系，因此要从产业升级、要素配置、管理体制三个方面予以推进和实践。林卫斌等（2016）认为，我国当前存在的供需失衡很大程度上是政府失灵导致的，从完善政府职能的角度提出了从政策引导、监管约束、公共服务三个方面的建议。周密等（2017）对中国本土经济学家对供给侧结构性改革的探索和讨论进行了梳理，提出了要从历史发展和本土实践出发才能科学阐释供给侧结构性改革的内涵和实践的重大理论问题。他在传统供需平衡模型中引入退出价格和饱和需求等新假设，为供给侧结构性改革提供了中国特色社会主义的经济学理论解释，讨论了风险向金融机构的转移，从而可能引发系统性风险的路径。何琨玟和赵景峰（2022）认为，产业结构升级是实现经济高质量发展的内生动力，研究数据赋能影响产业结构升级的内在机制与作用效果，可解释供给侧结构性改革背景下我国生产领域面临的新问题。

同时，随着改革进程的推进，宏观杠杆率高、地方政府隐性负债、房地产泡沫、影子银行等隐藏的金融风险逐渐凸显，必须要重视财政金融领域的风险隐患。中央经济工作会议也多次提出要做好金融领域的工作，消除金融隐患，防范金融风险。党的十九大报告也提出，健全金融监管体系，守住不发生系统性金融风险的底线，防止发生系统性金融风险是金融工作的根本任务，将防范和化解金融风险作为一场攻坚战来打。党的二十大报告提出，加强和完善现代金融监管，强化金融稳定保障体系，依法将各类金融活动全部纳入监管，守住不发生系统性风险底线。必须按照党中央决策部署，深化金融体制改革，推进金融安全网建设，持续强化金融风险防控能力。

由上可见，防控金融风险是金融领域的根本性工作，是金融市场平稳运行的重要前提。国内外许多研究和历史事实都表明，有关当局在金融危机爆发前采取恰当的手段进行干预，将有效降低冲击的影响并遏制风险的传染，而重点和难点就在于对风险状态的监控和入场时机的把握。因此，建立科学的预警模型并实现有效的监测，不仅可以为政策制定提供参考，还可以为当局的调控留出反应时间。鉴于此，本书开展供给侧结构性改革下中国金融市场风险的大数据智能预警方法及应用研究，旨在为供给侧结构性改革的平稳推进提供一定的参考，为牢牢守住不发生系统性金融风险提出一定的政策建议。

**二 研究意义**

本书系统性对中国金融市场风险的来源和构成进行了分析，综合考虑了在供给侧结构性改革的背景下，中国金融子市场的特点与构成，指出传染性是风险最大的特征之一。进一步地，从传染性的视角分析了中国金融市场中的重要子市场及其间的关联性。从单独的子市场再到整个市场体系，由下至上地构建了中国金融市场压力指数，进行了建立智能预警模型的有效实践。

**（一）理论意义**

从当前的学术研究成果看，存在一些不足：第一，目前已有一些学者注意到了供给侧结构性改革背景下金融系统的风险问题，如冯志峰（2016）分析了供给侧结构性改革理论的内在逻辑，提出了要积极防范金融风险，要关注地方政府债务风险、现代金融市场监管体系等问题。李彩霞和李艳萍（2020）对农村供给侧结构性改革背景下农村产权融资的瓶颈和路径进行了研究，认为农村产权融资所衍生的金融风险仍有待解决，提出要发挥保险化解风险的能力，以有效应对农村产权融资风险。但他们并未就金融风险的测度以及预警问题，进一步地进行定量分析。第二，有学者对我国的金融风险进行了度量和预警的研究，如陶玲等（2016）考虑到了我国金融体系当中金融子市场的风险特征差异，从7个维度的指标池选取指标构建了系统性金融风险综合指数（CISFR）。张品一和薛京京（2022）采用了日收益率和多分形波动率衡量互联网金融风险并划分风险状态，提出SMO-TEENN采样算法与SVM模型相结合的互联网金融风险预警模型。但他们并未考虑中国进行供给侧改革的现实背景，没有系统性地对我国的金融子市场进行分析。第三，如韩心灵等（2017）从理论上阐述了中国在供给侧结构性改革下系统性风险生成的逻辑，并据此建立了中国系统性金融风险压力指数（CSFSI）进行了实证分析。李电生等基于供给侧结构性改革的港口大宗商品交易市场运作模式，通过规范分析的定量模型和论证方法，对系统风险进行了对比分析。但是他们未对我国重点金融子市场展开深入研究，以及尚未探讨子市场之间的风险传染效应。第四，随着数据量的爆发式增长和非结构化数据的涌现，计算机技术和人工智能的高速发展使这些数据得以广泛应用，这同样对金融领域的研究产生了巨大的影响，以机器学习、文本挖掘等为代表的方法大大推动了在金融风险研究中的应用，如陈小亮等使用多种非线性机器学习方法识别通缩的影响因素，尤其是对2012年之前发生的三轮以消费价格指数和生产价格指数双双下跌为表征的全局性通缩和2012年之后发生的两轮以生产价格指数下跌但是消费价格指数上涨为表征的生产部门通缩的影响因素进行了对比分析。但是，其未能在供给侧改革的背景下应用这样的一系列方法对我国金融市场风险进行预警的系统性研究。

本书引入大数据和人工智能领域的方法和工具，系统性地考虑了在供给侧结构性改革的背景下，分析了中国金融市场风险的构成与来源，从风险具有传染性的本质特征着手，进行金融市场风险的预警研究。对已有的一些研究在方法上有所改进、在工具上有所完善、在研究视角上有所创新，深化了研究主题，进一步地丰富已有的研究成果。同时，本书的研究内容也对金融风险管理的视角和研究方法进行了拓展和实践，强调了风险管理中对风险传染性的理解，对大数据和人工智能的新方法进行一定的探索。因此，具有一定的理论意义。

（二）现实意义

从现实意义来看，要防范和化解金融风险、牢牢守住不能够发生系统性风险这一底线是我们当下最紧迫的、重要的任务。而首要前提就是能够准确地对金融风险进行预警。在对金融风险进行识别并预警之后，金融监管当局就可以根据分析预测的结果，判断当前的市场运行状况，采取最恰当的措施进行监管或干预，遏制金融风险的发生或遏制其进一步蔓延。在供给侧结构性改革的背景下，就有必要研究如何建立符合当前背景特征的金融风险预警模型。如果能够构建合理有效的科学预警模型，并针对重点市场根据其特点构建预警模型并用于实践，将具有非常积极的意义。需要指出的是，金融市场又是由不同的子市场所构成的，各个子市场又密切联系形成了一个不可分割的整体，只有结合各个子市场的特点，准确分析风险因素的来源、传染的方向，才能对我国整个金融体系的运行情况进行把握。根据本书对风险传染理论的分析和实证研究，选取了股票市场、债券市场、外汇市场、商业银行市场、期货市场等进行重点研究，以期根据各市场的所面临的风险特征建立相应的预警模型，并在供给侧结构性改革的背景下进行研究。

已经有许多学者从理论分析和实证研究分别证明了投资者情绪会对各金融市场产生不同程度的影响。为了更加全面地考虑并反映金融市场运行的风险情况，我们在本书中也纳入了投资者情绪这一指标。而相关研究的一个重难点就是如何高效、准确地刻画投资者情绪。随着大数据挖掘技术的发展，逐渐出现了以文本挖掘技术构建投资者情绪指数的方法。本书就采用了一种大数据文本挖掘方法对非结构化数据进行处理，通过构建投资者情绪指数，实现了对各金融子市场的风险预警系统。

同时，随着人工智能的迅速发展，其准确度高、处理速度快、具有自我学习能力等优势在金融风险预警中可以发挥重要的作用。因此，本书还引入了支持向量机等智能工具对金融市场的结构化数据进行研究，能够快速处理大量数据样本，使模型具备优越的预测性能，可大幅度提高预警模型的效果，进而为中国金融市场风险的预警和防范工作打下坚实的基础。

此外，金融系统是一个完整有机的整体，由各个子市场所组成，这些子市场之间存在相互的关联性。我们不仅要研究金融子市场的风险情况，还要从风险传染这一金融市场风险的主要特征出发，对其组成的金融系统进行整体风险的预警。为此，我们以金融子市场间的风险传染强度为权重，构建了传染性综合金融压力指数CCFSI，并用SVM智能预警模型与神经网络智能预警模型对其进行监测，取得了良好的效果。

从供给侧结构性改革的背景出发，采用了智能预警方法对我国金融市场的风险进行了研究，对金融市场风险预警的工具和方法进行了应用和探索；在分析金融市场风险的过程中，对金融市场从部分到整体进行了系统性的讨论，关注了风险的传染性特征；实证研究的结果表明，所构建的预警模型能够实现较好的预测效果，有效的风险提示可以给政策制定者和相关监管部门提供重要的参考。

## 第二节　研究内容

金融市场风险一直作为学术界和实务界关注的热点，要减少金融市场风险发生所带来的损失，科学、有效的预警始终是基础和前提。当前，随着供给侧结构性改革的不断推进，越是要牢牢守住不能发生系统性金融风险的底线。金融市场风险表现出了此前所不具有的新特征，变得更加难以捕捉和预测。基于此，本书对中国金融市场的风险进行了系统性的梳理，分析了我国金融子市场的构成及其风险的来源，并从传染性的视角，实现了从重要子市场到金融市场体系的预警模型构建，为风险管理提供新的研究思路和参考，为监管当局提供政策参考意见。本书的主要研究内容如下：

第一，分析了中国金融市场风险的相关理论和中国金融市场风险的预警方法。本书首先对金融市场风险的概念进行了界定，并分析出金融市场风险的主要特征。其次分析了构成整个金融系统的金融子市场，分析我国金融子市场的构成和风险的来源，进一步探讨了金融市场风险的本质特征。由此引出对金融市场风险传染的逻辑、路径、机制的理论梳理。以此为基础，本书阐述了金融市场风险预警的基本逻辑，梳理了当前在金融风险管理当中进行风险预警的方法，讨论当前使用大数据智能预警方法的可行性和必要性。

第二，分别对中国金融市场体系中的重要子市场——股票市场、债券市场、外汇市场、期货市场、商业银行市场等进行了风险预警研究，梳理子市场的发展现状及其重要性，使用基于大数据文本挖掘的情绪指数预警模式、供给侧改革热度指数预警模式和基于SVM和神经网络机器学习的人工智能预警模型进行实证研究。其中，在债券市场中，充分考虑了我国供给侧结构性改革背景下地方政府债的重要问题，进行专门的风险度量和预警。

第三，站在系统性的视角，首先对中国主要金融子市场间的风险传染效应进行了定量研究，实现了对股票市场、债券市场、外汇市场、商业银行市场、期货市场、房地产市场之间风险溢出效应的度量，证实了这六个子市场之间的关联性，并为系统性压力指数的构建提供了重要参考。基于风险传染的视角，考虑了六个市场之间的风险关联度，构建了传染性压力指数，实现了对系统性压力的有效度量。进一步地，采用上述预警模型，实现了我国金融市场风险的系统性的预警。

第四，政策建议。根据前三个研究内容获得的研究结论，从防范、抵御和引导投资者等视角为相关政府部门防范金融风险提供了相关政策建议。

## 第三节　框架结构

根据本书上述主要研究内容之间的内在逻辑关系，主要框架结构如图1-1所示。

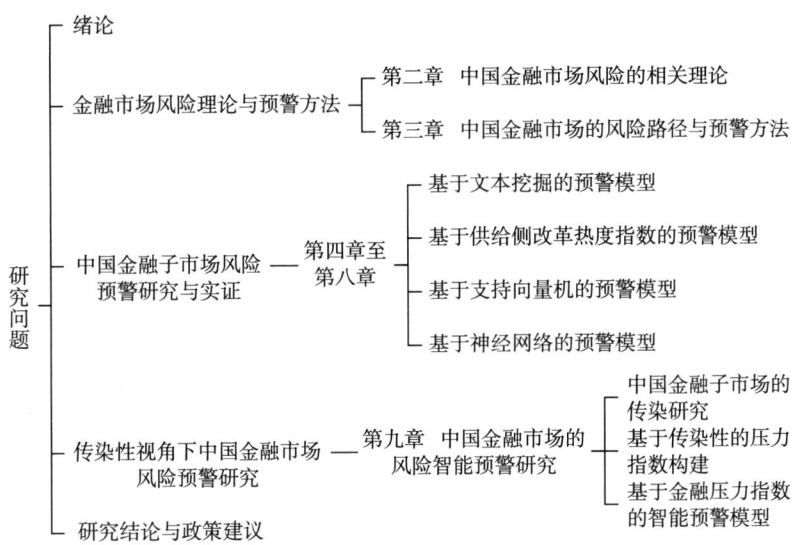

图 1-1 本书研究框架

## 第四节 创新之处

本书综合考虑了供给侧结构性改革背景下我国金融市场的实际特点，系统地对中国金融市场风险进行了分析和研究，将金融子市场风险和金融市场体系的风险统一起来构建智能预警模型，实证显示所构建的模型具备较强的适应性、准确性、及时性，为金融风险管理提供一定的新思路，为相关部门决策提供一定的参考。相对于已有研究，本书主要的创新如下：

第一，注重金融系统的整体性与协同性。针对以往研究通常在一个金融子市场内展开或者较为主观地基于某几个子市场之间的关系进行风险预警研究，考虑到现实的金融系统是一个由诸多子市场构成的有机的整体，单独地对某个子市场的研究是不全面的，主观地利用几个子市场之间的关系进行研究难以充分考虑到部分与整体的关系。本书从传染性的视角，实证研究了我国金融市场中的重要子市场，分析了其间的风险传染强度和关联性，并以此为基础构建了传染性压力指数 CCFSI，更加注重金融系统的整体性。

第二，将供给侧结构性改革纳入风险预警的研究框架，更加重视进行金融风险预警时所面对的现实环境，充分保证了研究结果的可用性。为保证研究结果的可用性，开展金融市场的风险管理研究，就必须要考虑市场所处的宏观经济环境。为解决传统经济发展的结构失衡和增长动能问题，以及被长期高速发展所掩盖的问题，党中央提出要实现增长动力的转换和经济结构的再平衡，提出了供给侧结构性改革。本书在理论分析、指标选取、重点市场中均考虑了供给侧结构性改革的影响，构建了供给侧改革热度指数，并应用于各个金融子市场的风险预警。

第三，基于结构化数据构建智能预警模型和基于非结构化数据构建智能预警模型协同发力，更加充分地利用了大数据进行风险预警。相比传统金融风险预警倾向使用宏观或微观结构化市场数据建立预警模型，本书在大数据背景下，充分利用结构化数据和非结构化数据所蕴含的信息，结合人工智能预警方法具备自我学习、自我适应等智能特点，在利用结构化数据构建预警模型的同时，使用文本挖掘技术挖掘非结构化数据蕴含的信息，构建相应预警模型，更加全面地挖掘了大数据信息价值进行风险预警，不仅引入了用于分析非结构化数据的文本挖掘技术，构建了投资者情绪预警模型；构建了供给侧结构性改革热度指数预警模型；还引入了用于分析结构化数据的改进的支持向量机与神经网络技术，分别利用支持向量机类智能预警系统（CV-SVM、GA-SVM 与 GWO-SVM）与神经网络类智能预警系统（BPNN 与 WAVENN）研究各个市场的风险预警问题，更加充分地利用了大数据的价值进行风险预警。

# 第二章

# 中国金融市场风险的相关理论

## 第一节 金融市场的风险概念与特征

### 一 金融市场的风险概念

要对金融市场的风险进行度量、预警、防控的前提就是要对风险进行识别。风险的识别决定了研究的对象、研究的视角、研究的手段和研究的结论。因此,要预警和防控金融市场风险,必须从风险的概念、特征、背景等因素综合考虑才能准确把握金融市场风险。

识别金融市场的风险首先要剖析金融市场的风险定义。金融市场的风险通常可以分为系统性风险和非系统性风险。金融市场的非系统性风险是指与货币市场、债券市场、股票市场等相关金融市场波动无关的风险,其通常是某一企业或行业所特有的风险,这种风险是可以通过分散投资进行消除的。而金融市场的系统性风险是影响所有资产、整个市场的波动,无法通过投资组合进行风险分散的一种风险。学术界通常更加关注的是系统性风险。Bartholomew 和 Whalen（1995）认为系统性金融风险的系统性在于对整个银行、金融或经济系统产生影响的事件,而不仅是一个或几个机构。Mishkin（1995）将系统性金融风险定义为突发的、意料之外的事件扰乱了金融市场信息的可能性,无法实现有效的资源配置。国际清算银行（1995）从因果关系和相关性的角度出发,将系统性金融风险定义为一个参与者未能履行合同义务,而导致其他参与者违约并引发连锁反应导致更广泛的财务困境。Kaufman（1995）在微观层面从冲击传递和一个单位向其他单位潜在溢出的角度定义了系统性金融风险，认为系统性金融风险是引发金融市场一系列连续损失事件而导致的累计损失概率，即系统性风险是相互关联的多米诺骨牌倒下的连锁反应。如银行之间通过银行间存贷款和支付结算系统相互联系，还有一些银行开展跨国经营业务使将它们所在的国家联系了起来，如果某家银行在遭受了一种足够大的冲击后被迫破产，那么这种冲击就有可能传递到链条上的其他国家。Bijlsma等（2010）认为系统性金融风险应当具备三个特征：初始冲击的诱发、传染和放大机制的扩散、金融部门混乱的结果。金融稳定理事会（FSB）定义了系统重要性机构（SIFIs）：由于业务规模大、复杂性高和具有系统关联性等原因，一旦发生金融风险事件，进而会给整个金融系统乃至实体经济带来显著破坏的金融机构。系统重要性机构是金融网络体系的重要节点，一旦出现风险就有可能通过金融体系的网络结构进行传染，引发整个金融系统的危机。由此可见，系统风险实质上是资产价格波动的相关性导致无法通过分散化处理，即由风险传染引发的全局性灾难。黄金老（2001）指出，金融脆弱性泛指一切融资领域中的风险集聚，包括信贷融资和金融市场融资。信贷市场上的脆弱性来自借款人的高负债经营和银行不恰当的评估方法的合力。金融市场上的脆弱性主要来自资产价格的波动性及波动性的联动效应。信息不对称对两个市场上的脆弱性起着根源性作用。金融工具发行单位的清偿力是衡量金融脆弱性程度的最直接指标。在金融全球化的今天，伴随金融市场的膨胀发展，金融脆弱性在深度和广度上都有一种自增强的趋势。张晓朴（2010）认为，系统性金融风险中的"系统性"有两方面含义：一方面，是指一个事件影响了整个金融体系的功能；另一方面，一个事件让看似不相干的第三方也付出了一定的代价。Lee等（2021）认为系统风险被分解为一般系统风险、评级类别特定的系统风险及其协方差结构，一般的系统风险敏感性从低评级类别增加到中等评级类别，并降低到高评级类别，特定评级类别的系统风险则显示出相反的模式。

很多学者从多个角度对金融市场的系统性风险给出了不同定义，但不可否认的是，都普遍认为金融市场的系统性风险具有传染性强、传递速度快、造成的损失严重等特点，对其危害性和所造成后果的严重性都表达了一致的意见。也正因如此，关于金融市场的风险研究一直是金融学术界关注和研究的热点话题。当前，我国金融市场的经营模式和监管模式采用的是分业经营和分业监管，无论是从风险的形成与传染上，还是识别与监管上来说，都应当要考虑到风险在各子市场之间的传染。同时，随着供给侧改革在金融领域的推进，各个金融子市场均受到了一定程度的影响，其关联性也逐渐增强，需要就每一个金融子市场展开具体的研究。

而股票市场、债券市场、商业银行市场与期货市场等作为金融市场的重要组成部分，有着优化存量资金配置、帮助上市公司融资、增加投资渠道、价值发现等功能，同时还对整个金融体系有着重要影响。然而，不容忽视的是，一旦这些子市场爆发严重系统性风险也会对金融系统、经济社会造成巨大的冲击。此外，外汇市场不仅与国内金融市场存在紧密联系，也是全球金融市场风险传染的重要渠道。其他国家或地区爆发的金融风险很有可能通过外汇市场传入国内，这也需要重点关注并加以防范重要风险来源。

因此，要研究金融市场的风险就需要将我国的股票市场、债券市场、外汇市场、商业银行系统与期货市场等综合起来深入分析，把握各子市场的特点，分析其传染方向和强度，并据此利用智能风险预警方法进行有效风险预警。

**二 金融市场的风险特征**

金融市场的风险具有内生性、负外部性、结构性以及传染性等独特特征，具体而言：

（一）内生性

金融市场风险的内生性是指风险产生于金融体系内部的金融主体与实体经济的相互影响，金融主体的行为通过一定的活动影响到实体经济，而实体经济又将这种影响回馈给金融主体，进而在整个金融体系内部形成金融风险。金融市场风险往往在市场繁荣的时期累积，在市场总体下行的时候显现并成为导火索。Minsky（1982）提出的金融市场激励机制试图解释了风险的内生性。他指出经济代理人如果希望通过短期投资获得高额回报的话，那么就会驱使他们进行高风险的金融实践活动。而经理人受到自身业绩的激励，为了降低风险获得高收益，他们会参照掌握信息更多和影响力更强的投资人行为进行投资活动，市场参与者的

15

集体行为增大了金融市场的顺周期性。张亦春（2002）认为内生性风险的引发原因是信息不对称，内生于经济体，即使社会信息总量不变，也可以通过一定方式对之加以消除和控制。Borio（2003）认为风险是内生并具有动态性的，它和经济周期密切相关，在繁荣时期风险累加，在低迷时期风险释放，而系统性金融风险的这种性质反映了金融系统和实体经济之间的交互关联性。即风险更多来源于共同宏观风险暴露，受到经济周期影响较大。何国华（2018）以一个开放型理性预期均衡框架为基础，构建了跨境资本与金融风险的内生性关系。

（二）负外部性

当一种经济活动的成本或收益自动地"外溢"到没有参加这种经济活动的其他人和企业身上时，就会产生外部性。也就是说，经济当事人的成本或收益被强加于未参与市场交易的第三方当事人身上，然而施加这种影响的经济当事人却没有为此付出任何代价。即外部性是一个经济人的行为对另一个经济人的福利所产生的影响，这种影响并没有从货币或市场交易中反映出来。而负外部性就是这种经济行为给他人带来了损害而不用承担和赔偿。在金融市场上，同样存在负外部性的问题。市场中有问题的金融机构或恶意的交易主体在出现问题时将这种风险传染给其他单位，而这些单位无法及时向他们要求补偿而付出受到损害。阙方平（2000）指出在存在负外部性的情况下，由所有银行机构承担的社会边际成本将超过由单个银行机构承担的私人边际成本，此时，银行机构相对过剩，金融市场无效率。有问题银行产生三大负外部性：一是提高整个银行体系的社会成本，降低银行体系的市场价值；二是加大货币政策的实施成本；三是导致金融资源浪费并发生挤出效应。章秀（2003）认为，一方面金融个体的理性行为可能增加金融系统的脆弱性。当金融系统面临压力时期，金融机构囤积流动性、甩卖资产等行为会对市场带来较强的负外部性，增加金融系统损失。另一方面，金融机构类似的投资经营行为和风险管理策略增加金融系统的同质性和顺周期性，增大金融机构行为的风险溢出效应，这种风险溢出效应放大了原始的冲击。金融机构行为的外部性包含三个方面：一是系统重要性机构的外部性；二是个体理性选择降低整体福利效用；三是金融系统放大负向冲击到经济。唐跃军（2010）认为市场机制和制度创新的关键是基于环境资本和负外部性的金融创新,即由政府界定环境资源的初始产权并建立环境能源交易市场,引导企业在清洁发展机制的基础上进行环境资源交易。

(三) 结构性

要对我国金融市场风险预警展开深入研究,还需要分析在国内宏观背景下金融市场风险所表现的新特征。当前,我国正在推进供给侧结构性改革,是为解决传统经济发展的结构失衡和增长动能问题而提出的重大举措。我国传统的经济发展方式是粗放的、数量的,这一方式在当前的经济阶段是低效率的,从长期来看是有害的,而供给侧结构性改革就是要调整经济结构,转向更加高效的、质量的发展。这就面临着两方面的问题:一是原有的经济结构需要进行调整,比如淘汰落后产能、清理产品库存、降低经济杠杆等;二是引入新的技术,重新布局,优化资源配置,补齐此前的短板。金融市场作为主要资金融通的场所,这样的结构性调整也对其产生了影响。一方面,供给侧结构性改革是为了实现经济高质量的、长期的发展,为金融的平稳运行和风险防范奠定了坚实的基础;另一方面,供给侧结构性改革的推进会触及诸多方面的改变,这为当前金融风险的防范提出了重大的考验。因此,金融市场风险还具有结构性的特征。一是我国金融业与实体经济的结构性失衡,资金面总体呈现出脱实向虚的压力,中小微企业依然面临融资贵、融资难的困境。二是宏观杠杆率总体水平较高,尤其表现在国企和地方政府债务,已然成为潜在的风险源头。三是部分金融活动的监管有效性不足,可能出现监管套利问题,若出现风险将很快在金融链条中迅速传染。

(四) 传染性

传染性是金融市场风险最大的特征之一。随着经济全球化和金融一体化,各个国家或地区的金融活动相互渗透、相互影响,整个金融系统形成了一个紧密关联的整体。这种关联性在正常时期有利于市场进行资源配置,并且增加金融系统的运行效率。而当金融系统的不稳定因素累积到一定程度时就有可能形成金融风险,并在关联性网络的渠道中爆发,使金融系统产生共同的风险暴露。当某些事件发生对金融系统造成冲击,这种冲击就会在风险传染渠道中通过一定的机制和路径将风险扩散并放大,进而引发整个系统的金融风险,最终形成金融危机,造成严重的后果。Kaufman（2000）在梳理了全球历次金融危机后指出，经济发展提高了金融机构的重要性和相互依赖性，系统性风险的传染也越来越可能发生。同时，电子信息技术的进步使资金可以更快更容易地跨越国界，使各国紧密地联系在一起；金融自由化和资本管制的放松也使跨国资本的流动增加，使参与者的风险敞口加大。Brunnermeier（2009）指出参与金融市场的投资者在面对资产价格下跌时，将产生恐慌的心理状态，出现竞相抛售资产的羊群效应，使风险通过投资者的心理状态进行传染，导致资产进一步地贬值和流动性短缺。

所以，金融风险的传染性是其最典型，也是破坏性最大的特征。因此，要防范金融风险爆发所带来的危害并作出预警，我们应当从其传染性特征入手进行分析。这不仅能够更好地了解金融风险的形成过程，还有助于采取有效的措施切断其传染途径。

## 第二节　中国金融市场的构成与风险来源分析

### 一　中国金融市场的构成

金融市场指具有一定规模的资金融通、货币借贷和买卖有价证券的活动和场所，如果按照业务活动期限进行划分可以分为货币市场和资本市场。货币市场特指存续期在一年以下的金融资产组成的金融市场。一般来说，货币市场包括短期国债、短期地方政府债券、商业票据和短期大额可转让存单，提供工商企业的短期资金融通或营运周转资金、金融同业的拆款及各种短期有价证券的买卖。而资本市场与之相对应，是以期限在一年以上的金融工具为媒介进行长期性资金交易活动的市场。广义的资本市场包括银行中长期存贷款市场和有价证券市场，狭义的资本市场则专指发行和流通股票、债券、基金等证券的市场，统称为证券市场。

中国社会科学院金融研究所课题组等（2015）指出：①货币市场是宏观经济和整个金融体系正常运行的必要条件，它在解决金融机构的流动性、满足企业的短期资金需求、发挥货币政策价格传导机制、协调利率汇率价格关系等诸多方面发挥着重要作用。在传统意义上中国的货币市场主要由银行间市场中的债券回购、同业拆借和票据市场三部分构成，三者之间具有独立互补关系。②完善的债券市场不仅有利于投资者进行现金管理和资产管理，有效规避金融风险，而且也是金融资产定价的基础，为货币政策、财政政策等宏观政策实施提供有效的平台，对金融结构调整和经济运行发挥重要的作用。③中国股票市场的规模已位居世界前列，覆盖多方面经济社会需求的多层次资本市场结构已经初步形成，中国多层次股票市场可以为不同类型的企业发行股票和投资活动提供便利。吴晓求等（2020）指出在现代金融体系下，金融市场是现代金融体系运行的重要基础环境。其中，资本市场是核心组成部分，货币市场、衍生品市场、外汇市场则是重要构成元素。外汇市场的发展则有助于推进金融体系的对外开放水平和人民币国际化。

从上述分析可以看出，随着我国经济的发展和金融改革的深入，我国逐步形成了货币市场、股票市场、债券市场、商业银行系统、期货市场等重要的金融子市场，具备了较大的规模与活跃度。这些市场已经比较成熟，在融资、资源配置、风险定价等方面发挥了重要的作用，成为我国金融市场的重要组成部分。同时，随着改革开放的不断深入和人民币的国际化水平不断提高，外汇市场也成为我国金融市场的重要组成部分。

## 二 中国金融市场的风险来源

中国金融市场作为一个市场体系，是由多个子市场所构成的一个整体。在对中国金融市场的风险进行分析的时候，首先需要分析最重要的那部分金融子市场，以重点金融子市场为抓手，厘清各金融子市场之间的潜在联系，才能对我国整体的金融市场风险进行研究。股票市场和债券市场均为我国资本市场的重要组成部分，也是我国规模最大、活跃度最高的金融市场之一。同时，外汇市场的重要性也与日俱增，尤其在2005年人民银行宣布改革汇率形成机制后，形成了以市场供求为基础、参考"一篮子"货币调节、有管理的浮动汇率制度。

自2005年7月汇改以来，人民币汇率兑美元波幅加剧，汇率在国际投资中扮演的角色越发重要。股市、债市和汇市为不同投资者提供资产配置渠道，满足不同风险厌恶投资者的需求，同时，资产在三类市场中的配置也能够为投资者提供金融资产风险对冲的目的。王斌会等（2010）利用向量自回归多元 GARCH 模型对我国股市、汇市和债市间的价格及波动溢出效应进行研究,研究结果表明股市、汇市和债市间均不存在价格波动溢出,但都具有方差时变性和波动持久性。陈创练等(2017)研究了三个市场之间存在的三角互动影响,并且强调汇市直接左右两国股市和债市收益率之间的再平衡关系。研究发现股市对其他两市的影响最大;汇率冲击在短期内对股市有正效应,而对债市有负效应,且对股市冲击影响较大。张岩和胡迪(2017)分析了股市、债市和汇市的联动性及其风险传导,测度中国三个市场间波动信息溢出的方向、水平以及动态趋势。研究发现三个金融资产市场之间存在风险交互溢出效应,股市、债市和汇市在金融危机和两次股市震荡期间的互相溢出效应明显增强,关联度明显增大,中国汇市受股市影响较大,汇市与股市形成大致的互补,在无政策干扰的情况下,具有较强的溢出匹配关系;债市呈现较强的市场分割现象,与汇市的风险传递稍强。宋玉臣和张晗(2020)分析了外汇市场、股票市场和债券市场信息的传递机制,并对金融市场化改革政策在货币市场、外汇市场、股票市场和债券市场间的跨市场信息传递路径进行识别。发现金融市场各子市场间的跨市场信息传递路径正在向理论机制靠拢,且随着我国金融市场化程度的提高而趋于稳定。Su 等(2020)探讨投资者情绪对中国金融市场的影响,研究发现,除公司债券市场外,政府债券市场和外汇市场都受到股票投资者情绪的影响,并且政府债券、公司债券、外汇的市场收益也会影响股票投资者的情绪。杨翰方等(2020)发现中国金融市场风险中,输入性的金融风险约占一半,其中股票市场的输入性金融风险最大、汇率市场次之、债券市场最小。方意等(2021)的研究发现,相比外部冲击直接影响,实体经济和外汇市场风险溢出对各部门风险的影响程度更强,甚至导致一些部门风险反复上升;整个经济金融风险溢出网络存在三条风险溢出闭环,外部冲击直接针对的实体经济和外汇市场成为风险入口,并将风险向其他部门传导,较为安全的债券市场成为风险出口,债券市场风险也会进一步向实体经济溢出。

上述学者的研究表明,股票市场和债券市场是我国资本市场的重要组成部分,外汇市场是连接国内外风险的重要窗口,它们均在中国金融市场中扮演着重要的角色,且存在一定的内在联系机制引起了风险在其间的传导,是对中国金融市场风险进行研究分析首要考虑的重要子市场。

## 第三节 中国金融市场的风险传染分析

风险的传染性作为金融市场风险的重要特征，是导致各市场的风险加剧从而形成系统性风险，且随着供给侧改革的推进，我国各金融子市场呈现出新的特征，联系逐渐增强。上述学者的一些研究也表明，中国的金融子市场之间存在一定的风险关联性。因此，从传染性视角对金融市场风险加以分析，梳理金融市场风险传染的概念、机制与路径。

Masson（1999）从传染发生的原因区分了三类传染，定义了狭义的金融风险传染，传染是指由于不同国家金融市场之间的过度关联性，对一国宏观经济基本面变化的预期发生改变。Forbes 等（2002）将传染定义为一个国家或国家群体受到冲击后跨市场联系的显著增加，认为如果两个市场在稳定时期表现出高度的共同运动，即使在一个市场受到冲击后继续高度相关也可能不构成传染，仅仅只有跨市场的同步性在冲击后显著增加时才是传染。Karolyi（2003）将风险传染定义为除了"基于基本面的共同变动"和"基于理性投资者的共同变动"后的"非理性共同运行"。Bijlsma 等（2010）将传染定义为一家金融机构经历的冲击通过金融部门内部的机制传播到其他的机构，并划分了这种风险传播的三种方式：第一种是金融机构间直接或间接的联系，这种联系是由金融中介机构之间错综复杂的金融关联网络形成的，而这些风险大多是金融机构为了应对流动性冲击的需求而产生的内生性风险；第二种是流动性冻结，一家金融机构在陷入困境时可能对其他金融机构急需流动性而获得资金的能力产生负面的影响，进而引发逆向选择问题；第三种是信息溢出，理性的金融机构在发现有其他机构出现挤兑时会认为它们也可能陷入危机，于是开始囤积流动性。宫晓琳（2012）在对宏观金融风险的研究时，将传染界定为冲击后，宏观经济、金融层面风险联动的增加。王献东等（2016）在梳理了国内外关于风险传染的文献后，将金融风险传染定义为：由冲击引发的单个或多个金融市场风险，通过金融市场间实质性关联渠道或非实质性关联渠道，导致其他金融市场出现风险的现象。

由上可见，传染性或溢出性是金融风险的典型特征。随着金融市场的联系越来越紧密，金融机构间的相依关系增强，引发金融风险传染的可能性随之增加，而正是这种传染性导致了金融风险在金融网络体系中蔓延和传播至整个系统。因此，要对金融市场风险进行预警和防控，必须要从金融风险的传染特征入手，把握金融风险传染的渠道和传染机制。

Karolyi（2003）认为传染可以按不同的原因分为两类：一类强调金融资产价格的共同运动，这是由于金融与实体经济联系产生的相互依赖，称为"基于基本面的传染"，通常这种驱动因素有全球化、贸易、投资等；另一类认为传染是由投资者或者其他金融机构的行为引起的，称为"非理性传染"，常与金融恐慌、羊群行为、信心丧失和风险厌恶情绪等联系在一起。Elsinger（2006）将金融风险的传染途径分为金融机构的同质性和资本业务联系。Bijlsma等（2010）的研究关注了风险的传染和放大机制，将风险的传染渠道分为金融部门内的传染、金融部门和实体经济之间的顺周期联系。金融部门的内部传染是通过相互联系性、流动性减少和信息溢出产生的。金融部门和实体经济之间的顺周期联系源于监管、金融加速、羊群效应和资产价格泡沫。蔡真（2018）对我国系统性风险经由房地产市场房价下跌、违约贷款和影子银行信用链条断裂后的三种风险传染途径进行了分析，并提出相关政策建议。

有的学者从经济的基本面出发研究了风险的传染渠道，主要有贸易渠道和金融渠道两类，其中国际贸易是最为典型的风险传染渠道。Gerlach 和 Smets（1995）从理论上研究了金融危机的国际传染，他们认为各国央行为了在国际竞争中取得优势而使货币贬值，而各国投资者为了防止货币贬值，纷纷抛售本国的金融资产，这导致了危机的国际传播。而在国际贸易当中，广泛存在于各个国家之间的进口和出口，随着全球化的发展和国际分工的明确，整个国际贸易体系出现了相互依附的趋势。因此，如果一个国家爆发了金融危机，自身的进出口出现了变化，那么就有可能通过贸易的渠道导致他国的进出口变化，进而导致他国的贸易变化，引发新的金融危机。Eichengreen（1996）通过对 20 个工业化国家 30 年的面板数据进行了实证分析，发现金融危机具有传染性，这种传染性会从一个国家传染到另一个国家。Peek 和 Rosengren（1997）从银行金融渠道研究了其对风险传染的影响，他们研究了 20

世纪 80 年代末至 90 年代初日本股价的暴跌事件，认为日经指数的下跌可能通过日本银行的贷款传染至其他国家，并实证发现由于日本银行占美国工商业贷款的 1/5，日本银行危机的国际传染可能会对美国的银行贷款造成巨大的影响。

Diamond 和 Dybvig（1983）的研究创立了 DD 模型（银行挤兑模型），他们的研究指出，金融系统具有期限错配和高杠杆特质，这导致了金融机构即使引入了存款保险制度也存在不稳定性，交易对手风险和流动性风险很容易通过金融机构的网络结构传播和扩大。因此，有不少学者从金融系统的网络结构的角度研究金融风险的传染机制。Allen 和 Gale（2000）在 Diamond 等的基础上，研究了流动性冲击在银行网络中的传染所引发的系统性风险。他们假设了一个由 A、B、C、D 四个地区的银行构成的银行间市场结构：在完整市场结构下，每家银行都可以向其他银行借款或贷款；在不完整市场结构下，每家银行只能向邻近的一家银行贷款，并只能向另外邻近的银行借款。研究发现，完整的市场结构会导致一家银行的流动性冲击在银行网络中分配和传播，更容易导致系统的不稳定；而不完整的结构中，流动性冲击仅在少数的银行间传染，更加稳定。Gai 和 Kapadia（2010）研究了金融系统中的重要性机构，发现这些规模更大、与其他银行关联更紧密的机构会导致流动性冲击传播的可能性增加。Shin（2009）研究了金融中介机构的借贷链条对风险传染的影响。

在国内学者的研究中，宫晓琳（2012）分步骤、分层次地解析了系统性/金融危机酝酿及演化过程中，宏观金融风险在各类因素推动下加速增高的具体机制——风险联动综合传染机制。同时，利用我国 2000—2008 年系统性宏观金融数据实证分析了风险传染的现实状况和不同实现机制。陈建青等（2015）研究了我国金融行业间的系统性金融风险溢出效应，包括风险边际溢出效应及风险总溢出效应。苟文均等（2016）对债务杠杆与系统性风险传染之间的内在联系进行了理论和实证分析。结果表明，债务杠杆攀升能够通过推升国民经济各部门风险水平，并使风险集聚于占据网络结构中心的金融部门，进而通过债务和股权两个渠道显著影响系统性风险的生成与传递。事实上，我国国民经济尤其是非金融企业部门债务杠杆的大幅攀升，已显著推升我国系统性风险水平，而在国民经济部门间实施杠杆转移，通过大力发展企业股权融资改善企业融资结构等措施能有效提升我国宏观经济和金融体系的整体稳健性。杨子晖等（2018）从静态与动态两个研究角度考察了我国金融风险的跨部门传染。研究结果表明，金融体系整体上存在较为明显的跨部门风险传染效应。杨子晖等（2019）进一步指出应根据中国国情，构建适合的极端金融风险的测度指标体系。林俊山（2020）构建了我国主要上市银行组成的同业金融网络和风险传导模型，分析了个体银行的系统风险，研究发现四大国有银行具有较强风险溢出效应和突出系统重要性，大型股份制银行对系统内的风险溢出效应明显增多。潘宁宁和韩科飞（2022）从尾部系统风险的角度出发，利用双重差分方法考察沪港通交易制度对于市场稳定性的影响程度及作用机制。张璇等（2022）构建了地方政府债务风险与金融风险交互影响的系统动力学模型，研究表明，房价和房产税税收是地方政府债务风险和金融风险交互传导的关键影响因素。

因此，在中国推进供给侧结构性改革的背景之下，金融市场风险的来源除外源输入和内生因素外，还应当考虑供给侧改革中所涉及的金融领域改革引发的风险（如地方政府债务风险）。在分析了金融风险传染的相关机理后，还应当进行金融风险传染的定量分析，更加准确地把握金融风险传染的方向和大小，才能够对我国金融市场的特点从全局上进行考虑，并优先对重点金融市场进行风险预警。

# 第三章

# 中国金融市场的风险路径与预警方法

## 第一节 金融子市场的风险路径

金融风险通常指的是一种不确定性，是各种经济活动的主体因各种不确定的金融因素变动而导致受到损失的可能性，具有不确定性、偶然性、扩散性的特征，是一种状态或者过程，而金融危机是金融风险累积爆发而导致的一种严重后果，具有潜伏性、突然性、传染性的特点。我国金融市场作为一个有机整体，各个子市场之间存在一定的关联性，所以我们在对其进行风险预警路径进行分析时必须要将整个金融市场作为一个整体进行研究。

需要指出的是，股票市场、债券市场、外汇市场作为我国金融市场体系最重要的组成部分，我国股票市场规模已居全球第二，仅次于美国，而股票市场是我国金融市场最大的风险输出者，必须受到高度的重视（杨子晖，2020）。债券市场是直接融资的重要渠道之一，我国的债券市场存量规模已逾百万亿元，成为全球第二大债券市场，而在供给侧结构性改革与世界经济动荡发展的背景下，债券市场也面临着潜在的风险。外汇市场发挥着平衡国际收支和购买力转移的重要作用，是外部风险的主要接受者，也是国际金融风险传染的重要渠道。银行体系资金成本逐渐上升，存贷利差收窄，盈利能力下降，银行部门传统发展与盈利模式面临诸多风险。此外，我国期货市场的法制建设明显滞后于市场发展步伐，期货行业尚缺乏高层次的期货法，现行《中华人民共和国证券法》和《中华人民共和国公司法》难以对期货业进行有效调控，也面临诸多风险。

股票市场、外汇市场、债券市场、商业银行市场与期货市场作为金融市场的五个重要组成成分，其间的相依关系和风险溢出关系，关乎金融市场乃至整个国家金融系统的安全平稳运行。因金融危机的严重性会给国家带来巨大的损失，各国的监管当局和学界都希望从中吸取经验教训，避免重蹈覆辙，人们在对其进行研究和反思的同时，也因未能预测危机的爆发而感到遗憾。在当前供给侧结构性改革逐步推进而所带来隐含风险显现的情形下，提高对金融子市场之间的相依关系和风险溢出的研究，对这五个金融子市场的风险溢出进行准确刻画将有助于管理层提高风险管理水平，避免系统性金融风险的悄然酝酿。随着经济全球化和金融一体化的推进，大大提升了全球金融系统的运行效率，为资金的流动、生产发展提供了便利的条件。但是，自20世纪90年代以来，人类社会经历了数次金融危机，为全球经济带来了不可估计的后果。而这种金融体系日益密切的关联性使金融危机不再仅仅局限于某一国家或地区，反而呈现出扩散与放大的传染性特质。因此，监管者和学者都希望能够根据本国的国情，建立一套适合本国的、科学的、有效的金融风险预警系统，对金融风险能够进行及时、准确的识别、监测、预测和防控。

金融风险预警基础就是对金融风险的识别和监测，这一关系已在第二章有所论述。具体来说，金融风险的监测是对金融风险的识别和估计，通过一定的计量方法去测度潜在的金融风险。而金融危机的预警是对金融风险的动态预测，预测其未来的变化趋势和压力情况。由此可见，金融市场风险的度量是对市场现状的客观描述、监测，风险预警是对市场关键指标未来的预测。即两者的侧重点不同，前者在于对当前风险情况的真实反映，后者在于对未来一定时期内风险的压力或概率进行预测。金融危机爆发是金融风险累积的结果，是金融风险聚集的表现；而金融风险是导致金融危机的潜在原因，这为我们金融市场风险预警提供了逻辑上的支撑。而有效防范化解重大经济金融风险，防止形成区域性、系统性金融风险。这体现的是更好地统筹发展和安全、更好地坚持底线思维、更好地聚焦风险防控，反映的是加强党中央对金融工作集中统一领导的总要求，稳中求进的工作原则，通过发展尤其是推动高质量发展，注重从根本上防范化解风险，形成金融和经济的良性循环。近年来新冠疫情导致政府债务大幅度增加，企业和家庭部门的资产负债表受到了一定程度上的损害，金融市场容易受到情绪和宏观政策因素等的影响，债务较重的部分经济体对全球融资紧缩更加敏感，一些脆弱国家或地区的经济金融走向有很大的不确定性，这些都再次表明了研究金融市场的风险的重要性和必要性。

事实上，风险评估就是在充分掌握风险事项相关资料的基础上，利用定性或者定量方法对已识别风险进行系统分析和研究，评估风险发生的可能性（概率）、造成损失的范围和严重程度（强度），为接下来选择适当的风险管理提供依据。在操作层面上，许多国家的中央银行或者监管当局提出了自己的金融风险预警系统，将其作为银行定期监管过程的一部分。美国联邦金融机构检查评议委员会于1979年提出了骆驼评级体系（CAMEL），并被美国联邦金融监管当局广泛采纳。至1991年，美联储对其内容进行了修订，增加了第六个标准——敏感性，即利率、汇率、价格的变化对银行收益或资本金的影响，构成了今天的CAMELs。其具体内容包括六个方面：资本充足率（Capital adequacy）；资产质量（Asset quality）；管理（Management）；营利性（Earnings）；流动性（Liquidity）；市场风险敏感性（Sensitivity to market risks）。具体操作时就从这六个方面展开，从各个维度对金融机构进行综合评价。评估的结果分为A、B、C、D、E五个等级，而被评为D、E两级或本期评估结果较前期低两级的机构将被警示。黄德龙等（2006）将美国的骆驼评级法与我国颁布的《股份制商业银行风险评级体系（暂行）》进行了比较，从评价指标、评级分类方式、评级结果的运用政策等方面进行了比较研究。

在我国，2021年银保监发布的《中国银保监会关于印发商业银行监管评级办法的通知》指出，银保监会每年根据宏观经济金融形势、商业银行经营与风险、监管规则和关注重点等因素的变化情况，制订年度监管评级方案，明确当年评级要点、评分标准和具体时间安排。商业银行监管评级要素由定量和定性两类评级指标组成，并对资本充足、资产质量、公司治理与管理质量、盈利状况、流动性风险、市场风险、数据治理、信息科技风险和机构差异化要素等提出了要求。商业银行监管评级结果分为1—6级和S级，其中，1级进一步细分为A、B两个档次，2—4级进一步细分为A、B、C三个档次。评级结果为1—6级的，数值越大反映机构风险越大，需要越高程度的监管关注。正处于重组、被接管、实施市场退出等情况的商业银行经监管机构认定后直接列为S级，不参加当年监管评级。

然而，这些评级系统也存在一些不足，例如有关指标信息只能用于事后分析，通常有效期较短，故不能用来预测银行未来的发展趋势，不利于当局提前制定相应措施开展工作。同时，金融当局运用该系统主要是从微观的角度评估那些需要重点关注的银行，虽然银行风险是系统性金融风险发生的重要源头，但其他众多因素和对于整个金融体系的风险度量并没有考虑进来。因此，学者尝试建立更加有效、系统、科学的金融风险预警模型对风险进行管理，我们将在第二节中进行介绍。

## 第二节　金融市场风险的传统预警方法

### 一　经典预警模型

（一）KLR信号法

KLR信号法由Kaminsky等（1998）三人共同提出，并由Kaminsky（1999）对其进行完善，其理论基础是预测经济周期转折的信号理论。KLR信号法首先要分析危机产生的原因，从而确定一系列可以进行预警的指标，然后根据历史数据分析这些指标在样本期内所对应的阈值。当某个指标在某个时间点或时间段超出了阈值，则表明危机的信号，当这些危机信号叠加时预示着发生金融危机的概率增大。因此，信号法对于金融危机的预警准确性非常依赖于阈值的设定。如果阈值设定过松，会导致模型过于敏感，从而产生误报；如果阈值设定过紧，可能导致漏报一般程度的危机。该方法的优势在于能通过不同指标的信号变化追溯导致危机的因素，使有关当局能采取恰当的措施应对危机。但是，对于危机的预警性能不够理想，这一点已被许多实证研究证实。同时，该方法将不同的指标单独进行了研究，并不能解释指标之间的相互作用关系，也不能解释每个指标是如何影响危机发生的。

（二）FR 概率模型

Probit/Logit 模型中的被解释变量为虚拟变量 0 和 1，表示金融危机是否发生。通过筛选一系列可能引发金融危机的因素作为解释变量进行解释。而在具体的应用过程中往往将被解释变量转换为概率形式，使其预测的范围为 0 到 1，以解决异方差的问题。在转换后，右边的函数服从标准正态分布的模型称为 Probit 模型，服从 Logistic 分布的模型称为 Logit 模型。

Frankel 和 Rose（1996）较早开始使用离散应变量（Probit/Logit）模型。他们基于 105 个发展中国家 2022 年的季度数据构建了金融危机预警的 FR 概率回归模型。该模型假定金融事件是离散且有限的，投机性冲击引发的货币危机是由多个因素综合引起的。发现 GDP 增长率、国内信贷增长率、外国利率、经济开放度、外债总额、政府预算与 GDP 比、国际储备与进口比、经常项目与 GDP 比和实际汇率高估程度等宏观因素对金融危机的爆发具有较强的解释力度。他们还把危机定义为货币贬值至少 25%，并至少超出上一年贬值率的 10%。他们的实证结果表明，货币危机在以下情况下更易发生：国外直接投资（FDI）枯竭，国际储备较低，本国信贷增长率过高，债权国利率上升和汇率高估。随后，Kaminsky 和 Reinhart（2000）开发了 Probit 模型和面板模型，Gropp 和 Moerman（2004）开发了 Logit 模型。它们都属于离散型分析，对于数据的分布及处理要求各有不同，用来判定特定时期的金融风险。

Berg 和 Pattillo（1999）将 FR 概率模型和 KLR 信号模型结合起来提出了 DSCD 模型，进行了进一步的改进和完善，能够更加有效地进行预测。Kumar 等（2003）提出基于滞后宏观经济和金融数据的 Simple Logit 模型以替代面板 Probit 模型，构建了投机冲击预测模型。该模型也是一种基于 FR 模型的改进，综合了 FR 和 KLR 的特点，对于预警投机性货币冲击和货币危机的效果有所提升。但将连续的金融危机变量转换为离散变量导致了信息损失，且变量间为静态线性关系，很难刻画这种危机变化的动态性。

Logit 模型考虑到变量之间的相互影响关系，并且可以分析经济指标对于危机概率的单独作用效果,相比 KLR 信号法更具有优势,且不要求数据严格服从标准正态分布,计算和使用更加方便。因此,一些学者认为使用 Logit 模型进行量化分析金融危机更为直观。同时,FR 概率模型将所有变量因素进行考虑,就难以分析具体的因素对危机的影响程度。该模型的不足在于:多重估计使得信息过渡使用,增加了模型的误差,随着变量的增加可能导致异方差和多重共线性问题;不能将预警的方法在不同的国家之间区分开来,在对危机的定义上没有考虑不同国家的实际情况;采用的年度数据或季度数据,很难满足其基于大数定律的累计分布假设。

（三）STV 截面模型

上述方法大多是将各个国家纳入了一个完整的框架当中来进行分析和预测金融危机的,而现实中各个国家的实际情况具有较大的差异,不能进行具体的分析。Sachs 等（1996）在截面数据的基础上利用线性回归的方法提出了 STV 截面回归模型,检验了新兴市场国家发生金融危机的差异性,判断了危机的源头是经济基本面恶化还是危机传染。该模型中被解释变量为危机指数（IND）,定义为一段时间内加权的外汇储备下降百分比和汇率贬值百分比的综合。他们认为:实际汇率贬值、贷款增长率、国际储备与广义货币供应量比率是对一个国家是否发生货币危机至关重要的监测指标。

相较之下,截面回归模型虽然不能预测危机发生的时间,但是能够对在国际金融市场上金融危机发生的不同情况进行分析,预测可能受到冲击较严重的国家。同时,虽然该模型使用简单的线性模型模拟使构建简单,但事实上很多危机的爆发原因往往是非线性的,制约了模型的适用范围。

**二 马尔科夫区制转移模型**

马尔科夫区制转移模型（Markov-Regime Switching Approach）早期主要被运用于经济周期的波动性研究,如 Hamilton（1989）等。由于该方法简化了标准模型的许多假设变得更加宽松,以时变转移概率的马尔科夫模型进行金融危机预警,能够刻画金融危机的内生性,保证了预警的科学性和有效性,其在金融风险预警方面的优势也逐渐被学者所认知。最早使用该方法进行金融危机预警研究的是 Jeanne 和 Masson

(1998)、Fratzscher（1999），他们基于多重均衡的货币危机模型，使用区制转移模型并将转移概率设定为常数，刻画了多重均衡间的相互转化过程。Cerra 和 Saxena（2002）应用该模型对印度尼西亚危机进行了研究，对导致危机的因素即国内因素、季节因素和国外传染进行了分析。Martinez-Peria（2002）运用马尔科夫区制转移模型模拟了欧洲货币体系遭受投机攻击的过程，相比设定阈值的模型能够更好地识别投机攻击，并基于该模型评估了国内信贷增长率等指标可以衡量欧洲货币体系脆弱性的能力。Abiad（2003）基于前者的工作，将该方法拓展至金融危机预警上，使用时变转移概率的马尔科夫模型来预测危机，研究了受到东亚金融危机冲击的五个国家的金融风险情况，结果发现该模型较为准确地估计了样本期内 2/3 的危机，且相比传统预警模型产生的误报更少。张伟（2004）利用区制转移模型对中国等 12 个国家或地区在 1978 年 1 月至 2002 年 5 月可能发生的货币危机进行了比较研究，发现该模型对危机的预测有较好的效果，但在不同的国家或地区间存在差异。Knedlik 和 Scheufele（2007）比较了在南非金融危机中，KLR 模型、Probit/Logit 模型、马尔科夫模型的预测效果，发现马尔科夫模型的预测能力最强。陈守东等（2009）提出了马尔科夫转化向量自回归模型 MS-VAR，将该模型在中国金融市场上进行风险预警做出了改进和完善。王春丽等（2014）结合马尔科夫区制转移模型构建了中国金融风险预警指标体系。吴宜勇等（2016）采用贝叶斯估计方法，通过吉布斯抽样对区制转移模型进行估计，构建了贝叶斯区制向量自回归模型 MSBVAR 完善和补充了中国金融风险预警体系。乔春霞和李青霞（2018）基于马尔科夫模型，对软件类上市公司金融风险审计进行了研究，并提出了一种整体性风险与趋势性风险的测度方法。刘凤根等（2021）基于马尔科夫区制转移模型，对中国系统性金融风险进行了预警，研究发现当前中国系统性金融风险总体处于中度风险状态。马尔科夫模型的优点在于通过状态变量在高低风险之间的平滑转换来确定所处的风险等级，且运用最大似然法估计模型，即可得到高风险出现的具体时间段。同时，该模型相比上述三种模型均将连续变量转换为了离散的变量可能造成信息的损失，其运用连续的金融压力指数变量，可以直接使用各种危机压力指标预测危机，且考虑了风险的动态信息。但是该方法对计算机的计算能力有较高的要求，且检验过程较为困难和麻烦。

### 三 压力指数法

#### （一）单一指标法

金融危机的发生往往与金融市场上的一些指标密切相关，通过选取能够反映金融危机的变量、分析其与相关指标的关联性，可以建立数学模型对金融危机进行预警和影响因素的分析。风险预警指标（Early Warning Indicators，EWI）通常是单一的反映实体经济运行情况的指标，通过这些指标可以对金融危机进行预警。风险预警指标通常需要具备：时间性，在危机发生前一段时间进行较准确预测，以便有关当局采取措施并使政策生效；稳定性，指标需要有较好的稳定性，易于判断趋势，以采取和调整相应的政策；可解释性，易于向市场沟通和解释（Drehmann 和 Juselius，2013）。

Frankel 和 Saravelos（2012）梳理了在 2008 年国际金融危机以前所提出的金融危机预警指标，发现外汇储备和实际有效汇率是金融危机最显著的预警指标。Kaminsky、Lizondo 和 Reinhart 在对货币危机的预警研究中将指标超过某一阈值以后 24 个月内可能爆发货币危机作为优质的预警指标的标准，发现出口、实际汇率偏离均衡的缺口、广义货币与外汇储备的比例等变量是货币危机的理想预警指标。Drehmann 和 Juselius（2013）基于 1980—2012 年的 26 个经济实体的数据，对各预警指标进行了研究，发现信贷/GDP 缺口、偿债率、非核心负债率更为显著。Shin（2013）研究了基于市场价格、信贷总量、金融机构负债总量三个角度不同的预警指标，发现 CDS 利差等基于市场价格同步变化的指标不适合作为预警指标，而基于信贷总量的指标具有更显著的预测效果，如信贷/GDP 缺口。同时，Shin 认为基于债务总量的指标兼具预警功能和实时监测功能，是更加具有前景的指标。赵瑞（2015）发现，金融危机发生前，一些经济指标会发生较大的变化，构建一个系统性的风险预警指标体系可以通过分析这些变化来预测金融危机。宋巍（2017）从金融体系风险、影子银行各金融机构风险、商业银行内部影子银行风险以及其他影子银行风险四个方面构建了我国影子银行风险预警指标体系，分析了我国影子银行体系风险状况，研究结果显示，我国面临的影子银行风险越来越大，需要加以警惕。陈彦斌等（2019）构建一个含有资产泡沫和融资约束的宏观模型，系统论证了"杠杆率/投资率"是更好的系统性金融风险预警指标。杜蓉（2022）从货币流通、资本风险、信贷收支、国际业务以及利率风险五方面构建了我国商业银行金融风险预警体系指标。一些学者也认为，多个预警指标需要同时进行考虑，构建一个这样的指标组合可能提升预警效果，如 Jan Babecky 等（2012）、Lo Duca（2011）。

（二）综合指标法

相比风险预警指标往往是基于历史的、宏观的、低频的数据，不能较好地对金融系统的运行进行实时监测。综合指标法基于高频的市场数据，通常是将数个金融变量整合到一个单一的统计指标上，从而构建危机指数，使指数在一定的区间内随金融市场的运行情况而变化，反映和预测金融危机的发生。因此，该方法首先需要选取一系列的指标，按照一定的标准筛选进行统计和分析。其次按照一定的统计方法对这些指标进行整合，合成为一个能够反映当前市场运行情况、具有危机预测功能的指标。

Illing 和 Liu（2003）在其论文中最早提出金融压力的概念，开创了金融压力指数（Financial Stress Index，FSI）的合成方法。他们将金融压力定义为市场参与者面临更高的不确定性、对损失的预期发生变化的情形。用金融压力指数来衡量一个连续的压力区间，当指数达到极致时则表示金融危机。该方法奠定了合成金融压力指数的基础，此后的研究基本都遵循其思路。在确定压力指数各个子指标的加权平均的方式时，主要有主成分分析法、等方差权重法、信用权重法、因子分析法、投资组合理论等。后续许多文献 FSI 所覆盖的子指标都相对比较接近，主要的区别就在于选择子指标不同的加权方式。

Illing 和 Liu（2003）选取了覆盖银行体系、外汇市场、债券市场、股票市场等金融市场的 9 个指标构建了金融压力指数，较为准确地预测了加拿大的危机事件。堪萨斯联储也开发了堪萨斯城金融压力指数（KCFSI），Hakkio 和 Keeton（2009）运用主成分分析法，选取了 11 个金融市场变量，包括衡量不同风险和期限溢价的多个利差、股票价格波动率、银行股价波动率、股票与债券收益的相关性等，相比加拿大银行更多地考虑了投资者对银行股价变动的不确定性。国际货币基金组织

（IMF）也开发了相应的金融压力指数，相比 FSI 有更少的变量，以便衡量不同国家的金融运行情况。Caldarelli 等（2011）提出了 17 个发达经济体的月度 FSI，该指数由 12 个标准化的市场金融压力指标的算术平均值计算而成的，即等方差权重法。在其研究中，虽然将单个指标分为与银行、证券、外汇市场相关的三个子指数，但分类本身与计算综合指标无关。Yao 等（2011）采用了类似的方法，考虑了六个金融市场计算香港的月度 FSI。Lo Duca 等（2011）通过计算五个原始压力指标的算术平均值，构建了 10 个发达经济体和 18 个新型经济体的简化 FSI。

Hollo 等（2012）根据 Adrian 和 Brunnermeier（2009）对系统性风险的标准定义：金融市场的联动性突然增加是系统性金融风险爆发时的重要特征，提出了一种新的金融系统压力同步指标，即系统性压力综合指数（Composite Indicator of Systemic Stress，CISS）。他们对各个子市场的相关性增强，且各市场的波动率均上升到高位的情况赋予更高的权重，CISS 在发生这样的情况时就会出现明显上升。Hollo 等的一个重要贡献是对金融体系的划分和压力指数合成的逻辑。他们将金融系统分为三大模块：市场、中介机构、基础设施。每一个模块可以被分为特定的部门，如中介机构可以分为银行、保险公司、对冲基金等部门，这些部门又可以进一步细分为金融工具、子部门、子基础设施等；市场可以划分为证券市场、债券市场、货币市场、外汇市场、对冲基金（衍生品）市场；基础设施可以划分为支付系统、结算系统、清算系统。而金融压力指数 FSI 可以由三个层次构成：顶层（总指数）、中层（构成模块）、底层（市场部门）。底层涵盖了具体的压力指数，其可以通过一组基础压力指标直接计算得到。中层的每个模块可以通过低一层的压力指数计算，构成各自的压力指数。最终，顶层构成了整个金融体系的 FSI。CISS 是一种典型的遵循"自下而上"的逻辑，通过累积分布函数和相关矩阵法所合成的指数。

CISS 在方法上的创新是将传统投资组合理论应用于涵盖银行系统、货币市场、股票市场、债券市场和外汇市场五个市场的 15 个金融指标的集合，考虑了各个市场子指标之间的随时间变化的相互关系作为权重。CISS 相对更重视压力同时存在于几个细分市场的情况，如果金融不稳定性蔓延至整个金融体系中，那么金融压力会更具有系统性，从而对整个经济更加危险。可以说，CISS 实质上也是一种金融压力指数，其主要目的是衡量当前金融系统的不稳定状态，即金融系统中的摩擦和压力的当前水平，将这些因素整合为一个单一的在一定连续区间内的统计值。

而国内学者许涤龙等（2015）采用 CRITC 赋权法构建了金融压力指数进行了系统性风险测度研究。陶玲等（2016）的研究方法与 Hollo 等相似，从金融机构、股票市场、债券市场等 7 个维度选取了近 40 个子指标，通过主成分分析法构造了系统性金融风险综合指数 CISFR。周桦等（2018）利用主成分分析法进行了研究。范云朋（2020）借鉴了 CISS 方法，构建了中国系统性金融风险综合指数 CSFRI。

总的来说，采用压力指数对金融市场的运行情况进行评估的方法大同小异，其基本原理和思想是一致的，区别在于不同的学者从不同的角度出发选择了不同的代表性指标，或者采用了不同的赋权方式。虽然要通过这样一个高度提炼的综合指数充分刻画复杂的系统性风险是不现实的，但是金融压力指数仍然有其优点。一个综合压力指数不仅可以实时监测和评估整个金融体系的压力水平，还可能有助于更好地刻画历史危机事件，为后续分析提供可靠依据。此外，综合指数还可以用来衡量缓解金融不稳定的政策措施的效果。因此，本书也构建了我国金融市场的压力指数，并将其监测结果输入后续构建的智能模型中以实现风险预警。

## 第三节　金融市场风险的大数据智能预警方法

大数据是指无法在合理时间内通过人工或者常规软件和方法对其进行捕捉、管理和处理而可以被人理解的信息和数据的集合。Viktor Mayer 提出大数据具有数据规模大、数据种类多、处理速度快、数据价值密度低的特点。IBM 提出了数据的 5V 特性：规模性（Volume）、多样性（Variety）、高速性（Velocity）、低价值密度（Value）、真实性（Veracity）。

而随着计算机科学领域的人工智能在近年来的迅速发展，一些新出现的工具和方法能够解决此前无法克服的问题。具体来说，人工智能是研究、开发用于模拟、延伸和扩展人的智能的理论、方法、技术及应用系统的一门技术科学。其中，机器学习成为人工智能延伸和扩展的一个具体方向。机器学习就是通过一定的算法对数据进行处理，让程序可以根据数据的特征进行自我学习、自我训练，去解决很多复杂的问题。也正是因为这样的特征，机器学习也成为大数据应用的一条具体实现路径。

通常，数据按照形态可以分为结构化数据和非结构化数据，大数据往往对应着非结构化数据。结构化数据通常是指可以由二维关系表达的数据，如资产负债表数据、市场数据等都是典型的结构化数据。而非结构化数据是指不能用二维关系表示的数据，诸如各类新闻、图像、视频等数据，虽然有用但是包含大量重复、无效的信息。传统的研究方法一般只考虑了结构化数据，而忽略了非结构化数据的重要作用。要使用非结构化的数据就必须要使用人工智能的工具和方法进行研究，如文本挖掘技术、机器学习等。

在金融市场上，要对金融风险展开研究并进行准确的预警就需要收集和处理大量的数据，这些数据不仅要包括传统的结构化数据，还应当包括非结构化数据。尤其是在供给侧结构性改革的背景之下，增加了系统性风险特征指标的复杂性，也增加了数据的维度，仅仅使用传统方法进行风险预警将忽略许多重要信息或者极大地增加数据处理的难度。

基于此，我们针对非结构化数据采用文本化挖掘技术进行处理构建相应的预警模型；针对非结构化数据采用人工智能领域的机器学习方法进行模型的构建，即在研究我国金融市场风险预警时，同时考虑结构化数据与非结构化数据，以建立更加科学、准确、有效的预警模型。

### 一　基于文本挖掘的预警模型

（一）基于文本挖掘的投资者情绪分析

面对纷繁复杂的数字信息，无论是文本、图片、影音，人们都希望能够实现对数字信息准确、有效的识别，帮助人们收集和选择所需要的信息，从浩如烟海的信息中发现有用的知识，这也一直是信息技术领域所关注的话题。而数据挖掘就是为解决这一问题应运而生的一种方法。而在现实生活当中，我们所需的数据大多是以非结构化的形式存在的，针对非结构化数据进行挖掘是数据挖掘技术中的重要问题。在常见的非结构化数据文本、图片、影音中，当前应用最广泛的就是文本数据。随着网络的大规模普及和企业的信息化程度提高，大量的文本信息快速累积，使人们对文本信息的处理面临前所未有的挑战，仅仅使用传统的方法难以对如此大量的数据进行处理，而这些信息资源中又蕴含着许多有价值的信息，例如投资者的投资意向及情绪表现，这就迫切要求人们使用新的工具从大规模的文本信息中抽取、提炼可理解的知识，文本挖掘技术为该问题的解决提出了具体的方式。

文本挖掘是一个交叉的研究领域，它涉及数据挖掘、信息检索、自然语言处理、机器学习等多个领域的内容，不同的研究者从各自的研究领域出发，对文本挖掘的含义有不同的理解，不同应用目的文本挖掘项目也各有其侧重点。袁军鹏等（2006）认为文本挖掘是指从大量的文本集合 C 中发现隐含的模式 p，将 C 看作输入，将 p 看作输出，文本挖掘的过程就是从输入到输出的一个映射关系。陈晓云（2005）认为文本挖掘是指从大量文本数据中抽取事先未知的、可理解的、最终可用的知识的过程，同时运用这些知识更好地组织信息以便将来参考。从文本挖掘的技术实现上来看，文本预处理是整个挖掘过程的基础，关联分析、文本分类、文本聚类是最主要和最基本的三个功能。文本预处理就是要将计算机难以理解的文本信息根据其文本特征进行处理，使之成为计算机可以表示和识别的具有一定结构化的数据。比如对汉语进行分词，当前在 Python 中的 jieba 组件可以很好地实现分词功能。关联分析是对文本数据的关联规则进行设定。文本分类通常使用机器学习中的有监督学习将数据映射到不同的类别当中，如 k 最近邻分类、SVM 分类、朴素贝叶斯分类等方法。文本聚类是根据文本数据的不同特征，将其划分为不同数据类别的过程，相较文本分类没有类标号，由聚类算法自动确定。

随着互联网的发展和普及，各种网络平台的出现为社会民众提供了新的进行信息交流的平台。贴吧、社区等网络平台为民众情绪和态度的表达提供了开放的、交互的平台，也因此产生了各种各样的网络舆情信息。舆情是指公众对于现实社会各种现象、问题所表达的信念、态度、意见和情绪表现的总和，是实现社会调控管理不可或缺的制约力量。舆情信息是对舆情的一种描述和反映，是民众思想状况的一种反映方式。网络舆情是社会舆情的一种表现形式，是公众在网上公开表达对某种社会现象或社会问题的具有一定影响力和倾向性的共同意见。黄晓斌等（2009）指出网络舆情由于传播媒介的特殊性而表现出了一些不同于过去舆情的特点，网络舆情具有广泛性和匿名性、自由度与可控性、互动性与即时性、丰富性与多元性、传播影响范围和程度大。他们认为网络舆情信息具有多种功能：桥梁作用、耳目作用、决策依据、预警作用、导向作用。

而这些信息和数据体量非常庞大，在大量的无用数据中又隐含着少量的有用的信息，具有大数据的特征，不属于传统的结构化数据，而是一种非结构化的数据。因此，要对这些数据加以运用就要使用文本挖掘技术进行处理。文本挖掘就是要从大量文本集合中发现隐含的模式，对网上大量文本进行表示、特征提取、内容总结、分类、聚类、关联分析、语义分析以及利用网络文本进行趋势预测等。通过文本挖掘，就可以对网络上的大量文本数据进行处理，抽取有效信息，实现对投资者情绪的反映、监控、预测，进而从该角度对金融市场风险进行预警，提供更加全面的参考。

（二）基于投资者情绪分析的风险预警方法

许多研究都发现，投资者情绪对于市场有着显著的影响，尤其是在短期的市场波动中。20 世纪投资家巴鲁克曾表示："投资者所认为市场的真实情况是人们情绪间接地传达，决定短期市场价格波动的不是事件本身，而是人们对事件的反映。"Lee 等（1991）就研究发现了投资者情绪对股票市场的影响，认为投资者情绪是引起交易市场收益波动的系统性因素。在构建投资者情绪指标时，主要有直接法和间接法。直接法通常是投资者对未来市场的预期进行问卷调查，但是存在主观性较强、数量不足等问题。而间接法通常在研究时选取一定的代理变量，如换手率、封闭式基金折价等，不同的学者采用不同的方法，甚至可能出现完全相反的结论。冼学深（2013）基于上证基金指数收盘价、上证基金成交量、新增基金开户数、新增股票开户数、上证指数收盘价、上证指数成交量和市场整体市盈率构建了沪深股市的投资者情绪指数，并利用 KLR 信号法建立了预警模型，达到了较高的准确率。易洪波等（2017）以新增投资者开户增长率、上证综指交易市场流通市值换手率、网络论坛发帖量、封闭式基金折价率作为投资者情绪代理变量指标，运用主成分分析法构建综合投资者情绪指数，建立 GARCH 模型分析异常投资者情绪指数对交易市场收益率的影响，发现在加入网络论坛发帖量作为代理指标后能够提升预测的效果。谭小芬等（2022）通过构造一般均衡跨期选择模型，分析了全球投资者国别风险情绪对跨境股票资本流动的影响，全球投资者对一国的国别风险情绪上升会推升该国的整体风险溢价水平，降低跨境股票型基金净资本流入，尤其是风险厌恶度较高的被动型、开放式和 ETF 基金。

上述研究在一定程度上或直接或间接地对投资者情绪进行了应用，有的学者采用直接问卷调查的方式，有的采用一系列的代理指标来反映投资者情绪，但是都不够深入和全面，其所采用的方法具有一定的局限性。贴吧、社区的文本信息是投资者表达自己的态度和情绪的一个重要渠道。要通过文本信息这种非结构化数据的处理实现对投资者情绪的准确反映，从而研究投资者情绪对金融市场的影响，就必须要使用专门的方法，即文本挖掘技术。如上所述，文本挖掘技术可以通过对网络文本信息进行处理，抽取出有效信息用于反映投资者情绪。

现有的文献主要采用的是基于情感词典的文本情感分析方法和基于机器学习的情感分析方法，并在此基础上构造投资者情绪指数用于有关分析。

一是基于机器学习的文本情感分类方法。孟雪井等（2016）通过中国知网 CSSCI 文献和微博抓取构建了关键词词库，再利用时差相关系数法和随机森林方法对关键词进行了筛选，克服了非结构化数据的分析壁垒，构建了具有线性预测作用的沪市投资者情绪指数。杨程远（2017）采用 SVM 方法对文本数据进行分类得出各文本的情感倾向。周彬（2019）采用朴素贝叶斯方法对文本数据进行分类并构造投资者情绪指数。张道玲（2018）使用 SVM、随机森林、RNN、CNN、gcForest 等多种机器学习方法训练情感分析模型，针对金融短文本，不仅对基于各种特征词的表示方法进行了探讨，而且对多种机器学习算法在金融语料中所取得经验性结果进行了详细的比较和实验分析。梁宇佳和宋东峰（2021）为了应对股票市场具有噪声和波动性，提出了基于机器学习的考虑投资者情绪倾向的股市预测模型，该模型对股吧数据建立投资者情感指数并融合 LSTM 深度学习模型来预测未来股价走势。

二是基于情感词典的情感分析方法。徐娅（2014）采用情感倾向点互信息算法（SO-PMI）构建了金融领域词典，并提出了情感加权计算方法，将构建的各类词典应用到情感分析之中，实现了情感分类值的量化计算，并将该方法运用到微博与财经有关的文本的情感分类中，发现金融领域词典的引入提高了分类的准确率。郭品和沈悦（2015）使用了文本挖掘法技术构建指数变量，他们将构建的指数作为互联网金融的代理变量，研究了互联网金融对商业银行风险承担的影响。其基本思路是：首先，根据一定的理论基础构建原始词库；其次，基于新闻发布，计算关键词的词频，量化初始词库；最后，利用因子分析法，以因子得分作为权重，合成范围为0—1的指数。袁媛（2019）同样采用SO-PMI方法构建了金融领域词典，并以此分析文本数据的情感倾向并构造情绪指数。刘文星（2017）提出SPO算法和GA-SPO算法对句法信息进行挖掘，其中，SPO算法较基于词频统计的传统机器学习算法在各评测指标上均有明显的提升，特别是在负向文本上。而改进词语间情感计算方式后的GA-SPO算法相较SPO算法，在同一测试集下也有更好的表现。黄雨婷等（2021）结合TF-IDF、Word2vec等文本挖掘方法构建了股市情感词典并采用SVM方法对股评文本进行分类后构建了文本情绪指数，研究结果表明，投资者情绪对股票收益率具有短期正向预测作用和长期负向预测作用，其影响具有持续性和潜伏性。

需要指出的是，无论基于机器学习的情感分析方法还是基于情感词典的文本情感分析方法，两者都能很好地实现对于文本的情感分类，并结合分类结果对金融数据进行分析，但是具体的情感倾向程度大小却不能被很好地定义。例如，情感得分为0.8的文本较情感得分为0.5的文本，其正向情感倾向程度更高，这并不能很好地进行解释。

（三）基于情绪指数风险的风险预警模型构建

本书运用文本挖掘方法对非结构数据进行处理，并据此构建投资者情绪模型，通过计算得出的情绪指数以实现对价格波动方向和波动幅度的预测，从而对未来可能发生价格下跌的风险进行预警。

在徐娅（2014）的方法中，虽然可以直接利用各情感词情感权值相加得到该文本的情感倾向的具体得分，但是由于采用的是各情感词情感权值的和值，因此，文本长度更长的文本，其中的情感词也就越多，其情感倾向的具体得分可能就越高，即文本的长度会严重影响该文本的情感倾向的具体得分。因此，本书在这一方法的基础上做出以下改进，以消除文本长度对情感得分的影响，并以此得出每一条文本的情感得分，最后通过加权得出每一日的投资者情绪指数。

为了分析投资者情绪对金融市场价格波动的影响及其时滞性，首先需要对投资者情绪进行量化。对此，我们在基于情感词典的文本情感分析方法基础上进行改进，并以此分析每条文本的情感得分，最后以阅读量为权值构建每一日投资者情绪指数。具体而言，本书采用的词典包括积极情感词典、消极情感词典、否定词典、程度副词词典，其中积极情感词典与消极情感词典由知网情感分析用词语集（beta版）、台湾大学NTUSD以及CFSD中文金融情感词典整理而成，否定词典与程度副词词典由个人整理而成，同时将每个积极情感词语赋予权重1，将每个消极情感词语赋予权重-1，程度副词赋予权重2，否定词赋予权重-1。

对于情感分数的计算如下：第一步，将每一条文本利用jieba分词工具进行分词，jieba分词工具有三种分词方式，包括精准模式、搜索引擎模式、全模式。其中精准模式最适合用来文本分析，因此我们采用精准模式的jieba分词对每一条文本进行分词，然后对分词的结果去除停用词得到最后的分词结果。第二步，根据最后的分词结果逐词判断，具体而言，假设情感值满足线性叠加原理，如果分词后的词语向量包含相应的词语，就加上向前的权值，其中否定词和程度副词会有特殊的判别规则，否定词会导致权值变号，而程度副词会让权值加倍，算法示意如图3-1所示。

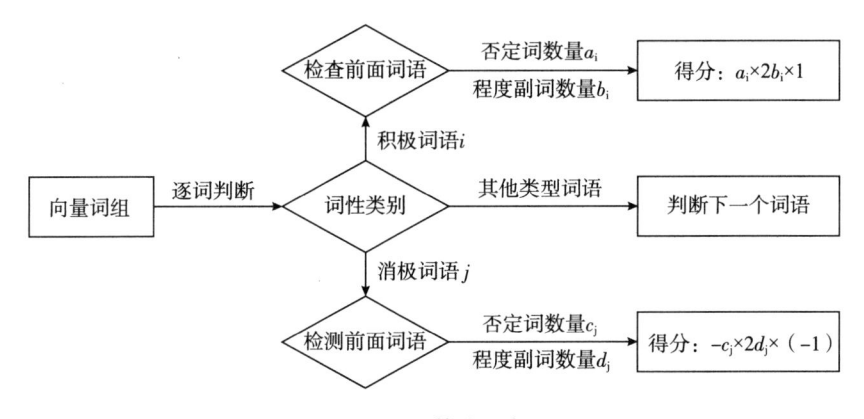

**图3-1 算法示意**

在得到每一个情感词的得分之后，将所有情感词的得分相加，即

$$\sum_{j=1}^{J}[-c_j \times 2d_j \times (-1)] + \sum_{i=1}^{I}(-a_i \times 2b_i \times 1) \qquad (3-1)$$

其中，$I$ 为积极词语的数量，$J$ 为消极词语的数量。同时，为消除文本长度对文本情感得分的影响，定义文本最后的情感得分如下：

$$score_{tk} = \frac{\sum_{j=1}^{J}[-c_j \times 2d_j \times (-1)] + \sum_{i=1}^{I}(-a_i \times 2b_i \times 1)}{\sum_{j=1}^{J}(c_j \times 2d_j \times 1) + \sum_{i=1}^{I}(a_i \times 2b_i \times 1)} \qquad (3-2)$$

其中，分母为所有情感词得分的绝对值之和。在得到了每条文本的情感分数以后，为了得到每一日的投资者情绪指数，需要对同一日的每条文本的情感分数按其影响力进行加权求和，因为阅读量和评论量可以在一定程度上反映人们对于这条帖子的关注度，因此可以将阅读量和评论量作为该文本影响力的量化指标，但是大多数文本的评论量都为0，因此最终将阅读量作为该文本的影响力指标，计算该文本的影响力权重，计算公式如下：

$$weight_{tk} = \frac{q_{tk}}{\sum_{k=1}^{K} q_{tk}} \qquad (3-3)$$

其中，$q_{tk}$ 为第 $t$ 日的第 $k$ 条文本（第 $t$ 日总共 $K$ 条文本）的阅读量。因此，第 $t$ 日的最终构建的投资者情绪指数为：

$$s_t = \sum_{k=1}^{K} weight_{tk} \times score_{tk} \qquad (3-4)$$

此外，受金融市场效率的影响，信息的传导以及其对金融市场产生影响会存在一定的滞后效应，因此，我们基于信息传导滞后效应的视角，首先对变量做移动平均处理以消除噪声影响，其次以投资者情绪指数过去 $i$ 日移动平均作为自变量，价格波动未来 $i$ 日移动平均作为因变量，构建回归模型并进行实证分析，以研究投资者情绪指数对金融市场价格波动的影响及其时滞性。

由于时间序列数据可能受周期变动和随机波动等噪声的影响，同时，情绪指数对金融市场价格波动的影响存在滞后效应，因此本书在构造情绪指数过去 $i$ 期移动平均的同时，针对价格波动率做未来 $i$ 期移动

平均，具体而言，构造变量如下：

（1）价格波动率：
$$r_t = (p_t - p_{t-1})/p_{t-1} \tag{3-5}$$

（2）情绪指数过去 $i$ 期移动平均：
$$s'_{t\_i} = (s_{t-i+1} + s_{t-i+2} + \cdots + s_{t-1} + s_t)/i \tag{3-6}$$

（3）价格波动率未来 $i$ 期移动平均：
$$r'_{t\_i} = (r_{t+1} + r_{t+2} + \cdots + r_{t+i-1} + r_{t+i})/i \tag{3-7}$$

在变量设定的基础上，为研究投资者情绪指数对金融市场价格波动的影响，本书以情绪指数过去 $i$ 期移动平均作为自变量，价格波动率未来 $i$ 期移动平均作为因变量，建立回归模型如下：

$$r'_{t\_i} = \alpha_0 + \alpha_1 \times s'_{t\_i} + \varepsilon \tag{3-8}$$

考虑到过去时点较远的投资者情绪指数由于缺乏时效性而难以对未来的价格波动率具有很好的解释力，因此，本书将实证分析的时点限制在 15 天内，即 $i$ 的取值为 1—15。同时，我们采用的回归为 OLS 回归。

至此，我们通过文本挖掘技术构建了基本网络舆情的投资者情绪指数，构建了投资者情绪风险预警模型，将网络上分散的、大量的非结构化数据予以处理，试图建立投资者情绪与金融市场风险的相关性，并基于此对金融市场风险进行监测和预警，补齐了传统的预警模型中对非结构化数据使用不足的短板。

**二 基于人工智能的预警模型**

随着人工智能等相关技术的发展，一些风险的智能预警方法开始在金融领域被使用。金融风险的智能预警就是运用人工智能领域的工具，在金融领域中实现金融风险的监控并进行提前的警报。在金融领域发展出了使用人工神经网络、二元分类树、支持向量机等方法进行风险预警。相比传统的金融风险预警大多采用一系列宏观、微观的市场数据通过建立预警模型的方法，引入人工智能后的预警方法将具备自我学习、自我适应等智能特点。在金融数据瞬息变化的今天，能够快速、准确地对金融风险进行预警显得尤为重要。对于投资者来说，如果预报得当可以减少发生危机所导致的损失。对于决策者来说，提前掌握金融市场运行的风险情况意味着能够拥有充分的时间进行准备，及时采取相应的政策措施阻止金融风险的发生或蔓延，保持金融系统的平稳运行。因此，使用智能预警的方法对供给侧改革下金融市场风险进行研究将有助于提升预警效果、提高预警效率，具有重要的现实意义。于孝建和彭永喻（2017）也指出人工智能技术的日益完善，给金融风险管理领域带来颠覆性的变革。神经网络、专家系统、支持向量机以及混合智能等人工智能模型在金融风险管理领域的应用能够提高数据处理速度、加深数据分析深度、降低人工成本，从而提升金融风险控制的效能。

（一）人工神经网络

人工神经网络（Artificial Neural Network，ANN）是一种平行分散处理模式，由多个神经元组成，是对生物神经网络系统的模拟。人工神经网络实质上是一种网络输入和输出之间的函数关系，其信息处理功能是由网络单元的输入和输出特性（激活特性）、网络的拓扑结构（神经元的连接方式）决定的。其通过对一系列的输入、输出样本进行训练，学习求解类似问题的方法。Nag 和 Mitra（1999）最早使用 ANN 模型建立了货币危机的预警系统，对东南亚国家在 1997 年金融危机中的情况进行了实证分析，并比较了 KLR 信号法。发现不同的国家间指标有较大的差异，同时发现 ANN 模型对印度尼西亚、马来西亚、泰国的预警准确率接近 80%。Franck 和 Schmied（2003）构建了多层次神经网络预警模型，并发现预警效果强于 Logit 模型。Muller（2003）在网络分析法的基础上，运用了神经网络模拟进行风险测度。Lin 等（2008）运用神经模糊网络模型进行预警。黄福员（2009）利用粒子群算法的神经网络模型对中国金融风险进行预测。许传华等（2012）基于 Logit 模型和 BP 神经网络模型对中国金融市场进行了预警研究，结果发现 BP 神经网络模型更能准确地预测危机。

ANN 模型的优点是：不需要严格的假设条件，可以克服统计方法的限制，具有较强的容错能力；通过对模型的训练，可以用来逼近复杂的非线性动态函数，使预警结果更加客观准确；神经网络模型拥有自学能力和知识存储能力，使模型具有很强的适应性。缺点在于：在给定大量数据的条件下有可能出现拟合的问题，导致预警失效；模型因为没有对参数进行估计，抽象的判别方法无法确定具体指标的异常，具有黑箱性；存在局部最优与需要大样本的缺陷。

## （二）二元分类树

二元分类树模型（Binary Classification Tree，BCT）是由 Breiman 等于 1984 年提出的一种非参数的统计技术，其能够在可获得指标变量中判断出最有效的模式来用于二分类预测，如预测危机是否发生。Ghosh 等（2003）运用二元分类树模型研究了政府管理和法律规则对货币危机的解释作用等问题。Kaminsky（2006）利用二元回归树模型总结了历史上数次货币危机，并进行了分类总结。李志辉等（2012）将该模型用于新兴市场国家的研究，将货币危机进行了划分，并实证研究发现中国属于"金融过度"危机。随机森林模型（Random Forest，RF）是二元分类树模型的一种扩展，其利用 Bootstrap 法建立分类树，并在分类树的训练过程中加入了随机属性的选择。Joy 等（2017）使用分类和回归树以及随机森林模型进行了预警研究。王克达（2018）基于 1970—2011 年金融危机的数据，对比了 Logit 模型、二元分类树模型、Bagging 模型和随机森林模型对不同危机的预警效果，发现在选定预警指标的情况下，随机森林模型的预警效果优于 Bagging 模型，二元分类树模型的预警效果不如 Logit 模型。戴雅榕和沈艺峰（2022）使用随机森林模型进行中国债券违约预测，并将其预测结果与传统的 Logit 回归模型进行对比，研究结果表明，随机森林模型预测准确率非常高，能够有效地预测中国债券违约，且随机森林模型的准确率均高于 Logit 模型。王琴英等（2022）利用 Relief F 算法、随机森林模型和无序多分类 Logit 模型研究了 P2P 平台的风险识别，研究结果表明，风险平台具有预期收益率与借贷金额明显偏高，但资金来源不足，且借贷风险集中度较低的共同特征。

## （三）支持向量机

支持向量机（Support Vector Machine，SVM）是 1995 年 Vapnik 等基于统计学习理论提出的一种新的机器学习算法，其基本思想是通过最小化结构性风险和最大化分类间隔来确定最优的分类超平面，采用非线性映射函数将样本从原始空间映射到高维特征空间中，寻找支持向量来形成最大间隔的超平面并在高维空间进行线性回归。SVM 适合解决小样本、非线性和高维度的数据分类问题，在有限的学习模式中获得良好的泛化性能，具有结构风险最小化能够避免陷入局部最优、所需样本量较少操作简单以及基于少数支持向量避免了"维数灾难"等优点。因此，SVM在金融领域有着广泛的运用，如股票价格指数的时间序列预测、信用评级的分类、风险预警等。

Ahn等（2011）将预警系统EWS的分类方法扩展至传统类型的危机，使用SVM作为一种有效的分类器，实证研究了韩国金融市场的风险预警。徐国祥等（2011）在传统SVM方法的基础上，引入主成分分析方法（Principal Component Analysis，PCA）和遗传算法（Genetic Algorithm，GA），构建了PCA-GA-SVM模型，解决了传统SVM方法存在的特征指标相关性、包含惩罚系数和核函数的参数无法动态寻优的问题。Wang和He（2013）使用SVM对中国银行业系统进行了风险预警分析，并与BP神经网络模型、多元判别分析法（MDA）和Logit模型的效果进行了对比，结果表明SVM有更好的预测性能。林宇等（2013）引入了合成少数过采样方法（Synthetic Minority Over-sampling Technique，SMOTE）以解决传统SVM少数类样本非均衡的问题，又采用随机欠采样（Random Under-sampling，RU）删除多数类样本中部分噪声信息，构建了RU-SMOTE-SVM模型对中国金融市场极端风险预警进行了研究。林宇等（2016）分别采用自适应合成采样法（Adaptive Synthetic Sampling Approach，ADASYN）和逐级优化递减欠采样方法（Optimization of Decreasing Reduction，ODR）分别克服SMOTE在生成新样本中的盲目性和在处理对象上的局限性，构造出ODR-ADASYN-SVM模型来预测中国极端金融风险。王鹏和黄迅（2018）引入孪生支持向量机（Twin-SVM）模型对多分形特征下的金融市场风险展开预警研究，发现我国新兴金融市场的价格波动具有显著的多分形特征，其使用的模型也具备良好的预测稳定性。淳伟德和肖扬（2018）以中国供给侧结构改革期间潜在的系统性风险为研究对象，从银行市场、股票市场、债券市场、外汇市场、保险市场中选取一定的风险特征指标后，通过CDF加总权重法合成了FSI，构建了不同核函数下的SVM金融风险预警模型，研究发现多项式核函数SVM具有良好的学习和预测能力，能够提前捕捉到供给侧结构性改革期间的系统性风险信号。苗子清和张卓群（2020）运用大数据方法，建立随机森林、神经网络、支持向量机等模型监测预警中国的系统性金融风险，研究表明，大数据模型优于传统逻辑回归模型,其中神经网络模型对中国系统性金融风险的预警效果最好,随机森林模型识别出可以将金融机构、政策干预、房地产市场、股票市场维度的指标作为系统性金融风险的先导指标。向实等(2022)运用支持向量机(SVM)法对违约风险进行监测和预警,并取得了较好的预测和监测效果,证明机器学习是监测和预测债券违约的可行方法。

Mirjalili等(2014)提出了一种新的元启发式优化算法,称为灰狼算法(Grey Wolf Optimizer,GWO)。GWO算法模拟了自然界中灰狼的领导阶层和狩猎机制,具有更合理的全局最优解搜索机制、运行效率高的特点。而SVM模型的学习性能与惩罚系数和核函数参数的选取密切相关。因此,在SVM模型中引入灰狼算法可以实现SVM模型的最优参数选择。目前在工程领域已经有不少学者引入了灰狼算法,构建了GWO-SVM模型进行故障诊断或预测研究,而在金融领域的研究较少,在金融领域的风险预测和风险溢出研究具有广阔的前景。

(四)改进的支持向量机

SVM模型的实现原理和参数优化方法如下:

支持向量机SVM通过非线性映射函数$\varphi(x)$将系统性风险指标时间序列数据$x_1, x_2, \cdots, x_n$映射到高维空间,寻找支持向量来形成最大间隔的超平面并在高维空间进行线性回归,其回归函数为:

$$f(x) = \omega \cdot \varphi(x) + b \tag{3-9}$$

其中,$\omega$表示权向量,$b$表示偏置向量。

根据风险最小化原则,构建以下目标函数:

$$\min J = \frac{1}{2}\|\omega\|^2 + C\sum_{i=1}^{n}(\xi_i^* + \xi_i)$$

$$s.t. \begin{cases} \gamma_i - \omega \cdot \varphi(x) - b \leq \varepsilon + \xi_i \\ \omega \cdot \varphi(x) + b - \gamma_i \leq \varepsilon + \xi_i^* \\ \xi_i, \xi_i^* \geq 0, i = 0, 1, 2, \cdots, n \end{cases} \tag{3-10}$$

其中,$C$为惩罚因子,$\xi_i$、$\xi_i^*$表示松弛因子,$\|\omega\|$是与$f(x)$相关的项,$\varepsilon$为不敏感损失函数。使用拉格朗日乘数法,引入拉格朗日乘子,使目标函数优化问题变为凸二次优化问题:

$$L(\omega, b, \xi, \xi^*, \alpha, \alpha^*, \gamma, \gamma^*) = \frac{1}{2}\|\omega\| + C\sum_{i=1}^{n}(\xi_i^* + \xi_i) -$$

$$\sum_{i=1}^{n}[\varepsilon + \xi_i - \gamma_i + f(x)] - \sum_{i=1}^{n}\alpha_i^*[\varepsilon + \xi_i^* + \gamma_i - f(x)] -$$

$$\sum_{i=1}^{n}(\xi_i\gamma_i - \xi_i^*\gamma_i^*) \qquad (3-11)$$

式中，$\alpha_i$ 和 $\alpha_i^*$ 为拉格朗日乘子，$\gamma$ 表示损失因子，下面将上式转化为其对偶问题：

$$\omega(\alpha, \alpha^*) = -\frac{1}{2}\sum_{i,j=1}^{n}(\alpha_i - \alpha_i^*)(\alpha_j - \alpha_j^*)[\varphi(x_i), \varphi(x_j)] +$$

$$\sum_{i=1}^{n}(\alpha_i - \alpha_i^*)(\gamma_i - 1) \qquad (3-12)$$

$$s.t.\begin{cases} \omega = \sum_{i}^{n}(\alpha_i - \alpha_i^*) = 0 \\ \sum_{i}^{n}(\alpha_i - \alpha_i^*) = 0 \\ \alpha_i \geq 0, \alpha_i^* \leq C \end{cases} \qquad (3-13)$$

对于线性回归问题，SVM 模型的回归函数为：

$$f(x) = \sum_{i=1}^{n}(\alpha_i - \alpha_i^*)[\varphi(x_i), \varphi(x)] + b \qquad (3-14)$$

在回归中，核函数能代替高维空间的 $[\varphi(x_i), \varphi(x_j)]$，有效地避免维数灾难，研究表明径向基核函数具有更少的参数且稳定性更高，具有更好的性能，故采用径向基核函数 $K(x_i, x_j)$，式中 $\sigma$ 为径向基核函数的宽度参数。

$$K(x_i, x_j) = \exp\left(-\frac{\|x_i - x_j\|^2}{2\sigma^2}\right) = \exp(-gamma \cdot \|x_i - x_j\|^2) \qquad (3-15)$$

可以看出，在 SVM 的构建过程中，惩罚因子 $C$ 和核函数参数 $g$ 的选择是至关重要的。$C$ 值越大，表示错误分类的代价越大，就越趋于拒绝错误分类，容易过度拟合；$C$ 值越小，表示错误分类的代价越小，就越能容忍错误分类，容易欠拟合。支持向量的个数影响模型运行的效率，$g$ 值越大，支持向量越少，所以对未知样本预测效果差，可能导致训练结果好而测试准确率低，同理 $g$ 值越小，支持向量越多。所以，在

SVM 的建模过程中，需要寻找一种方法来寻找到最优的 $C$ 和 $g$，来提高 SVM 的运行速度和预测性能。

下面，我们将介绍三种对 SVM 模型参数 $C$ 和 $g$ 进行改进优化的算法：

1. 交叉验证

交叉验证（Cross Validation，CV）的主要思路是将数据分为训练集（Trading Set）、验证集（Validation Set）、测试集（Test Set），每次随机选出 $n$ 组数据，用训练集训练出 $n$ 个参数代入模型，测试集利用各项指标对这 $n$ 个模型进行评价，选出最终参数。交叉验证方法需要对数据进行重复的使用，所以在数据量不充分、维数不高的情况下效果较好。

2. 遗传算法

遗传算法是一种经典的寻优搜索算法，由 J. Holland 提出，主要通过模拟自然界中的遗传进化过程对当前所需寻优目标进行最优解搜索。遗传算法的主要特点是能够直接对寻优目标进行操作，不需要对目标函数进行求导，对目标函数的连续性也无要求。同时该搜索算法相对于其他算法具备更优的全局搜索能力，能够实现平行计算。以一定的概率自行得到搜索空间，不断自适应地调整当前目标的搜索方向。该算法将搜索目标视作生物体内的染色体，目标搜索的过程也即染色体适者生存的过程，通过染色体群体逐代遗传进化获取符合目标的搜索结果。其演化过程主要包含交叉、复制和变异等操作，经过上述过程，目标会收敛到最适应当前环境的个体，也就是对应着所需要求解问题的最优解或满足约束条件的解。

遗传算法是一种根据生物遗传进化过程进行随机搜索的优化算法，在搜索过程中，遗传算法从一个可能存在解的初始种群开始搜索，而每一个种群都是由一定数量的个体构成，每一个个体实质上则是染色体带有特征的实体。而染色体是作为遗传物质的主要载体，每一个染色体上都附带了不止一个基因，是多个基因的一组集合。基因的组合方式（也称基因型）决定了生物个体的外部表现（称为表现型），在使用遗传算法时，需要实现从个体的表现型到内部基因型的映射工作，也即对基因的编码工作。自然界中生物基因的编码工作是十分复杂的，为了便于使用，在遗传算法中，我们往往将编码过程进行简化，使用的编码方式有二进制编码、浮点编码法和符号编码法，本书中所使用的编码方案则是二进制编码。在对遗传算法进行初始化后，会产生初始种群，初始种群根据生物遗传进化进行种群演变，在不断的生物演化过程中，逐代产生越来越逼近搜索目标的近似解。

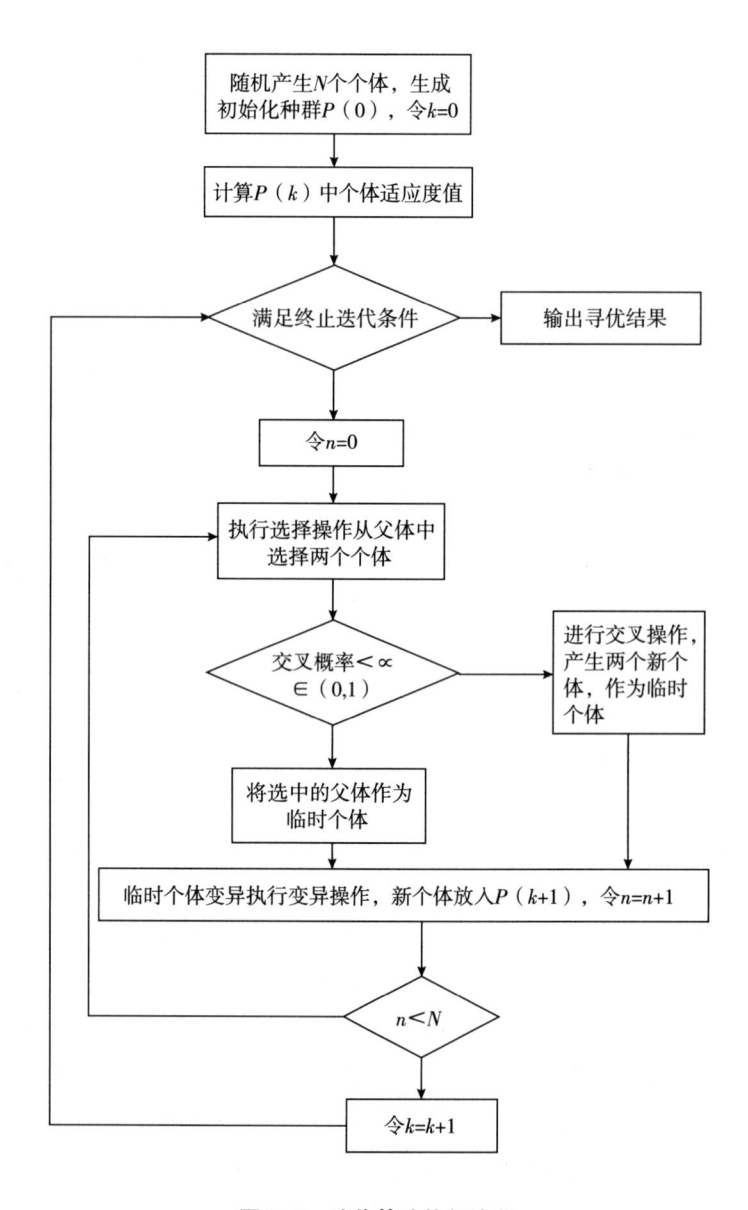

图 3-2 遗传算法执行流程

3. 灰狼优化算法

为了解决 SVM 中的最优参数选择问题和提高模型的预测能力，本书基于灰狼优化算法（Grey Wolf Optimizer，GWO）提出了 GWO-SVM 系统性风险预警模型。GWO 由澳大利亚格里菲斯大学学者 Mirjalili 等于 2014 年提出的一种智能优化算法，该算法是受到了灰狼捕食猎物活动的启发而开发的一种优化搜索方法，它具有较强的收敛性能、参数少、易实现等特点。灰狼隶属于群居生活的犬科动物，且处于食物链的顶层，其种群严格遵守着一个社会支配等级关系。如图 3-3 所示。

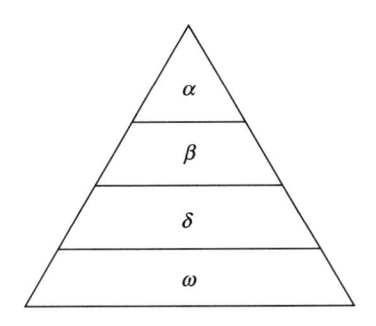

**图 3-3 灰狼种群社会支配关系**

社会等级第一层：狼群中的头狼记为 α，α 狼主要负责对捕食、栖息、作息时间等活动做出决策。由于其他的狼需要服从 α 狼的命令，所以 α 狼也被称为支配狼。

社会等级第二层：β 狼，它服从于 β 狼，并协助 β 狼做出决策。在 β 狼去世或衰老后，β 狼将成为 α 狼的最佳候选者。虽然 β 狼服从 α 狼，但 β 狼可支配其他社会层级上的狼。

社会等级第三层：δ 狼，它服从 α、β 狼，同时支配剩余层级的狼。δ 狼一般由幼狼、哨兵狼、狩猎狼、老年狼及护理狼组成。

社会等级第四层：ω 狼，它通常需要服从其他社会层次上的狼。虽然看上去 ω 狼在狼群中的作用不大，但是如果没有 ω 狼的存在，狼群会出现内部问题如自相残杀。

GWO 优化模拟了灰狼捕猎的过程，主要包括包围、捕猎和攻击猎物三个步骤，其步骤具体情况如下所示。

(1) 包围。

包围猎物（Encircling Prey）就是当灰狼搜索猎物时会逐渐地接近猎物并包围它，该行为的数学模型如下：

$$D = |C \cdot X_p(t) - X(t)| \tag{3-16}$$

$$X(t+1) = X_n(t) - A \cdot D \tag{3-17}$$

$$A = 2a \cdot r_1 - a \tag{3-18}$$

$$C = 2r_2 \tag{3-19}$$

式中，$t$ 为当前迭代次数；$A$ 和 $C$ 是协同系数向量；$X_p$ 表示猎物的位置向量，即为全局最优解；$X(t)$ 表示当前灰狼的位置向量；在整个迭代过程中 $a$ 由 2 线性降到 0；$r_1$ 和 $r_2$ 是 [0, 1] 中的随机向量。

(2) 猎捕。

灰狼的猎捕过程就是识别潜在猎物（最优解）位置的过程，搜索主要靠 $\alpha$、$\beta$、$\delta$ 灰狼的指引来完成。但是很多问题的解空间特征是未知的，灰狼是无法确定猎物（最优解）的精确位置。为了模拟灰狼的搜索行为，假设 $\alpha$、$\beta$、$\delta$ 具有较强识别潜在猎物位置的能力。因此，在每次迭代过程中，保留当前种群中的最好三只灰狼 $\alpha$、$\beta$、$\delta$，然后根据它们的位置信息来更新其他搜索代理（包括 $\omega$）的位置。该行为的数学模型可表示如下：

$$D_\alpha = |C_1 \times X_\alpha|, \ D_\beta = |C_2 \times X_\beta|, \ D_\delta = |C_3 \times X_\delta| \tag{3-20}$$

$$X_1 = X_\alpha - A_1 \cdot D_\alpha, \ X_2 = X_\beta - A_2 \cdot D_\beta, \ X_3 = X_\delta - A_3 \cdot D_\delta \tag{3-21}$$

$$X(t+1) = \frac{(X_1 + X_2 + X_3)}{3} \tag{3-22}$$

式中，$X_\alpha$、$X_\beta$、$X_\delta$ 分别表示当前种群中 $\alpha$、$\beta$、$\delta$ 的位置向量；$X$ 表示灰狼的位置向量；$D_\alpha$、$D_\beta$、$D_\delta$ 分别表示当前候选灰狼与最优三条狼之间的距离；当 $|A|>1$ 时，灰狼之间尽量分散在各区域并搜寻猎物。当 $|A|<1$ 时，灰狼将集中搜索某个或某些区域的猎物。

(3) 攻击。

灰狼主要依赖 $\alpha$、$\beta$、$\delta$ 的信息来寻找猎物，它们开始分散地去搜索猎物位置信息，然后集中起来攻击猎物。对于分散模型的建立，通过 $|A|>1$ 使其搜索代理远离猎物，这种搜索方式使 GWO 能进行全局搜索。GWO 算法中的另一个搜索系数是 $C$，$C$ 向量是在区间范围 [0, 2]

上的随机值构成的向量,此系数为猎物提供了随机权重,以便增加（$|C|>1$）或减少（$|C|<1$）。这有助于 GWO 在优化过程中展示出随机搜索行为,以避免算法陷入局部最优。但是 $C$ 并不是线性下降的,$C$ 在迭代过程中是随机值,该系数有利于算法跳出局部,特别是算法在迭代的后期显得尤为重要。

因此,构建 GWO-SVM 的具体步骤如下:

步骤一:利用指标数据产生 SVM 训练集和测试集并归一化数据。

步骤二:初始化灰狼种群数量,最大迭代次数,$C$ 和 $g$ 的取值范围。

步骤三:初始化狼群位置,每个灰狼群个体位置由惩罚系数 $C$ 和核函数参数 $g$ 组成。

步骤四:根据初试参数对训练集进行学习,并计算每只灰狼的适应度。

步骤五:根据适应度将灰狼划分为 $\alpha$、$\beta$、$\delta$、$\omega$ 共 4 个不同等级。

步骤六:根据公式更新每个灰狼的位置信息,并计算新位置的适应度 $F_{new}$。

步骤七:比较新位置的适应度和上一次迭代最优适应度值 $F_g$,若 $F_{new}>F_g$,则用 $F_{new}$ 替换 $F_g$ 并保留灰狼个体的所在位置;反之保留 $F_g$。

步骤八:若迭代次数超过最大允许迭代次数,训练结束,输出的全局最优位置,即为 SVM 中 $best\_C$ 和 $best\_g$ 的最优值,否则跳转步骤五继续参数优化。

步骤九:利用最优参数 $best\_C$ 和 $best\_g$ 对测试集进行预测,并对结果做出分析。

由上可见,交叉验证、遗传算法、灰狼优化算法等都可以对 SVM 模型的参数 $C$ 和 $g$ 进行较好的优化,可以对预警的准确率和效率有较大的提升。尤其是灰狼优化算法 GWO 是能够通过不断迭代,更新种群位置信息而自我进化达到最优适应度的一种机器学习方法,通过对训练集的训练而建立模型,为支持向量机提供了最佳的参数 $C$ 和 $g$。因此,本书主要通过建立 GWO-SVM 智能模型对金融市场风险进行预警,同时对比了采用不同参数优化算法的模型运行效率和准确率,使实证结果更加准确可靠。

## 第四节　本章小结

本章分别从定性分析和定量研究的角度出发，对金融市场风险预警的理论和方法进行了总结。我们对金融市场风险预警的理论进行了介绍，指出了对金融风险预警的必要性与可能性；梳理了金融市场风险预警的传统方法，还对随着人工智能迅速发展而出现的大数据智能预警方法进行了梳理，对本书所用的模型进行了具体介绍。随着供给侧结构性改革的推进、货币市场的发展、股票市场的活跃、外汇市场的放开，不仅可以扩大投资渠道，提高资金效益，还可盘活存量资金、转化风险。我们要牢牢守住不能够发生系统性金融风险的底线，要分析重要金融子市场的特征，采用最新最有效的工具，据此进行风险的监测和预警。这既是大势所趋，也是应有之义。

第一节，金融子市场的风险路径。我们回答了金融风险与金融危机的关系、金融风险与风险预警的关系等问题，指出金融风险累积将导致金融危机的爆发从而引发严重的后果，而对金融风险预警要做的就是对金融风险进行识别、监测、预测，这对阻止和防范金融风险具有重要意义。

第二节，金融市场风险的传统预警方法。本节首先介绍了三个经典的金融风险预警模型，即 KLR 信号法、FR 概率模型、STV 截面模型，这些经典的风险预警模型的方法和思路仍不失其普遍性，具有启示性的作用。近年来，马尔科夫区制转移模型在金融风险预警上的应用被普遍接受，许多学者运用该模型进行实证研究，取得了较好的效果，也存在一定的不足。而压力指数法可以通过选取一系列指标，采用恰当的方法，构建一个反映金融运行情况的指标，能够较全面、综合、直观地表明当前的金融压力。

第三节，金融市场风险的大数据智能预警方法。首先，基于文本挖掘的预警模型。我们介绍了采用文本挖掘技术从网络文本信息中抽取出投资者情绪的可行性，又阐述了投资者情绪与金融市场风险的密切联系，投资者情绪不仅是金融市场动态的重要反映，情绪反映在投资者的行动上表现为对市场的未来预期也具有预测效果。对于网络文本信息就要使用文本挖掘技术对此类非结构化数据进行处理提取有效信息，基于此对金融市场风险进行监测和预警，补齐传统的预警模型中对非结构化数据使用不足的短板。其次，基于人工智能的预警模型。我们介绍了目前在金融风险预警领域被广泛采用的人工神经网络、二元分类树、支持向量机等方法，并对各方法的特点及应用进行了总结，并对支持向量机模型的思路和模型进行了说明，对交叉验证、遗传算法、灰狼优化算法等参数优化方法进行了详细的介绍，以构建智能预警模型对金融市场的结构化数据进行处理，对金融市场风险进行智能预警。

# 第四章

## 股票市场的风险预警研究

### 第一节　问题提出

2015年12月18日至21日召开的中央经济工作会议进一步明确将"去产能、去库存、去杠杆、降成本、补短板"作为当前我国开展供给侧结构性改革的五大攻坚任务。众所周知，股票市场作为经济运行的血液，具有优化存量资金配置、丰富上市公司融资方式、分散融资风险、减小融资压力、拓宽投资渠道等功能，在为供给侧改革提供助力的同时，必然也会受到供给侧改革的影响。因此，本章在分析供给侧改革与股票市场风险之间关系的基础上，对股票市场风险预警展开了研究。

为了深化金融业的改革，20世纪90年代初，上海证券交易所和深圳证券交易所相继成立，正式开启了我国股票市场建设的新里程。新中国的股票市场在经济改革过程中得以逐渐完善，但也难以避免需要面临股票市场风险。所谓股票市场风险，是指宏观市场、外部环境变化而导致的整个股票市场的剧烈波动，通常指大盘指数急剧波动，使市场投资风险急剧攀升，其造成的后果具有普遍性和传染性，是一种无法通过分散投资来相互抵消或消除的不可分散风险。2019年2月，习近平总书记在主持中共中央政治局第十三次集体学习时指出："防范化解金融风险特别是防止发生系统性金融风险，是金融工作的根本性任务。"作为金融风险的重要组成部分，股票市场风险防范成为政府经济工作中高度关注的对象。

在当前国内经济处于"经济新常态"的时代背景下，推进供给侧结构性改革与着力提升供给体系的质量和效率，是我国经济增速从高速增长转向高质量的中高速增长的战略方针。近年来，经济增速下降，产业结构矛盾突出，不仅传统钢铁、煤炭等行业产能过剩，新兴产业也有蔓延趋势，导致创新型技术进步对经济发展带动力偏弱，这一现状在一定程度上阻碍了我国经济发展。2018 年 11 月 5 日，习近平总书记在首届中国国际进口博览会开幕式上的演讲拉开了我国股票市场科创板的序幕，科创板从供给侧出发，着力解决创新型和科技型中小型高技术企业面临发展资金不足、融资渠道不畅通等问题。此外，发行制度从审核制逐步过渡到注册制，以上举措都在为中国产业创新和产业结构转型升级服务，也使我国资本市场体系更加完善，增强了金融市场的包容性，改善了金融要素配置效率，提升了以市场为导向配置资源的金融服务能力，强化了股票市场的功能。得益于此，据普华永道数据显示，截至 2022 年 11 月 30 日，中国 A 股 IPO 领跑全球，无论是 IPO 数量（364 家）还是融资额（5435 亿元人民币）均远超全球其他各大资本市场。从我国证券市场各板块的情况来看，科创板和创业板成为新股发行的主力板块。按 IPO 数量计算，创业板和科创板将分别以超过 140 只新股和超过 110 只新股而排名前两位，约占 A 股 IPO 总数量的 2/3。按融资额计算，科创板和创业板将分别以超过 2300 亿元和超过 1700 亿元，在 A 股总融资额中占近七成的比例。2022 年 A 股前十大 IPO 融资额中，7 家来自科创板，1 家来自创业板。放眼全球，2022 年上海证券交易所、深圳证券交易所的 IPO 融资额分别名列全球第一位和第二位。

在我国深化贯彻落实供给侧结构性改革这一时代性改革进程中，维护股票市场的健康运行与发展是刻不容缓的。但是，回顾历史不难发现，无论是 1929 年美国股市大崩盘，还是 1990 年日本股市腰斩，抑或 2015 年中国股市的震荡，都将股票市场风险的破坏力表现得淋漓尽致，对经济和社会造成的伤害至今让人心有余悸。可见，若不能有效防控股票市场风险，一切改革措施的有效性将打上问号。幸而以上风险事件为我国股市未来的建设和发展提供了宝贵的经验，同时对研究股票市场的风险特征与防控大有裨益。因此，本书首先对中国股票市场上出现的历次股市震荡进行梳理，总结它们所表现出来的特征和成因分析。

新中国股票市场的第一次暴跌发生于1992年的5月至11月，彼时深圳证券交易所发售了新股认购抽签表，出现了百万人争相申购新股，致使上证指数在三天内暴跌400余点。第二次暴跌发生在1993年2月到1994年8月，在经历了前期的迅速增长和沪深两市的疯狂扩容后，市场出现了紧缩调控和供求关系的严重失衡，从1558点迅速下降到了325点。随后，在1995年熊市股价同样在冲高后迅速下跌，跌幅接近50%。这一次的暴跌同样与信心丧失和紧缩政策有关。此外，随着市场经济体制改革的深入，企业融资的需求更加迫切，在股票市场上融资困难后，纷纷转向了当时正在大力发展的债券市场，这吸引走了大量的资金，进一步引发了股价的下跌。可以看出，在我国早期股票市场建设初期，参与的投资者较少，专业知识不充分，大多数投资者在股票交易中都抱有投机心态。同时，由于配套措施和政策制度的不完善，导致股票市场的波动较大。

2000—2007年是我国股票市场的一个全新的阶段。从2001年6月开始，因国有股减持等原因引起了股价的下跌，这种状态一直持续到2005年5月。期间，随着股权分置改革的正式启动、基金大规模发行、人民币预期升值、互联网概念爆发等利好，越来越多的机构投资者参与，专业投资者与价值投资倾向出现，股价整体在震荡中呈现出上升趋势。2007年10月，上证综指一度冲上6000点，投资者情绪高涨，是迄今为止中国股市股价最高的时期。同年，美国次贷危机引发了全球的金融危机，中国的股票市场同样受到了波及。上证指数从2007年10月最高的6124点在随后13个月内狂泻至1600余点。是步入21世纪后中国股票市场经历的最严重的一次下跌。近期最严重的一次股市震荡是2015年6月至8月，上证综指冲顶5178点后一路大跌至2850点，供给下跌超45%，表现出连续单日大幅度波动、多次千股跌停、上市公司停牌潮等新特点。

此次股市震荡也在学界引发了众多的讨论，许多学者都从不同的角度对此次股市震荡作出解释并从中总结经验教训，同时探讨股市震荡带来的影响。如谢百三等（2015）认为是由于M2与GDP比值过高，资金缺乏投资方向和不恰当的融资配资，导致A股股价自身高企；新股发行过快，加之高位去杠杆，引发断崖式下跌。王健俊等（2017）则从投资者情绪及杠杆资金的角度出发，通过主成分分析法构建了情绪指标、以两融余额度量杠杆资金，探究了股票价格下跌的原因，他们认为投资者情绪冲击对股票价格的影响最大。杨子晖（2020）基于混频模型采用了因子增广向量自回归模型分析了2015年股市震荡对我国宏观经济的冲击影响，发现中国金融市场为风险冲击的净输出方，对投资、贷款、消费、利率、消费者信心、经济景气等部门均产生了影响。

时至今日，中国股票市场历经数十年的发展，各方面的政策制度逐渐趋于完善。但是，从最近的两次股市震荡来看，股票市场依然存在不稳定因素。在2016年达沃斯论坛上，时任国家副主席李源潮曾明确表示："中国股市尚未成熟，政府会加强监管，以避免市场更大波动。"我国推进供给侧结构性改革，既需保证股票市场长期的稳定与繁荣，又要注意在短期改革进程中风险的防范。因此，本书基于非结构化数据建立了供给侧结构性改革热度与投资者情绪指数预警模型，基于结构化数据建立了SVM智能预警模型与TCN智能预警模型，尝试对我国股票市场风险进行有效的监控和预测。

## 第二节　股票市场的风险预警实证分析

### 一　股票市场情绪指数风险预警分析

（一）模型设计

行为金融学的观点认为，投资者并非都是理性的，非理性投资者做出投资决策时往往会受到个人情绪的影响。投资者情绪不仅可能对股票市场造成冲击，股票市场的波动也可能向投资者情绪溢出。因此，如何有效地测度投资者情绪进而对投资者的投资行为进行研究，也成为行为金融学的一个关键问题。在通常情况下，投资者作为参与股票市场交易的主体，在市场的极端情绪蔓延时，将会对其行为决策造成极大的影响，进而导致股市将这种情绪进一步地反应出来。有不少学者的研究都已经指出股票市场价格与投资者情绪具有密切的联系，并采用格兰杰因果检验等方法对其相互关系进行分析。直接对投资者进行情绪调查是最准确、有效的方式，但其可操作性较低。这些研究一般在构建投资者情绪变量时需要找到一定的替代指标，通常都使用换手率等变量作为代理指标。

但是，这些代理指标可能对于投资者真实情绪的反应是有限的。随着大数据文本挖掘方法的出现，投资者在网络论坛上的意见表示、情绪表达可以被处理分析了，出现了许多使用文本挖掘技术构建投资者情绪指标进行的研究。文本挖掘技术在对文本进行情感挖掘时最常见的手段就是对文本进行情感分类，如任天语（2019）使用长短期记忆神经网络进行文本情感分析，进而构建投资者情绪指标，并基于该指标对创业板综指的成分股进行实证研究来探讨投资者情绪对股票收益率的影响，发现引入投资者情绪因子的资产定价模型的拟合优度和显著性较基础的 Fama-French 三因子模型均有所改善。石兆伟（2016）运用朴素贝叶斯进行情感极性的分类，并给出情感极性的正负概率的分值，以此为情绪信号，然后分析其与股票市场价格的波动的相关性，得出情绪信号与股票市场价格的波动具有显著的正相关性的结论。王书梦（2016）使用基于情感词典的方式对文本进行情感分析得到文本的情感得分，然后利用实证分析法，分析公众的情感值得分与股票收益率的关系，得出公众情感与股票市场收益率具有正相关关系，且公众情感对股票的收盘价具有一定的预测作用的结论。

由上可见，通过人工智能的方法构建投资者情绪指数是可行的，他们的研究结果也表明投资者情绪与股票市场具有非常密切的联系。而对于基于文本挖掘的投资者情绪指数构建方法，研究者通常从单一的文本挖掘技术出发，在特征选取、词向量构造等阶段对其进行优化，以提高文本挖掘效果，从而更好地识别文本中的投资者情绪。但是，对于不同的文本挖掘技术，由于各自的特点和适用条件不同，不同文本挖掘技术往往是从不同的角度对投资者情绪进行挖掘，挖掘的结果也存在一定的差异，若只采用单一的文本挖掘技术，其结果难免会具有一定的片面性和局限性，会降低挖掘的投资者情绪信息的可靠性，在一定程度上也会影响最终构建的投资者情绪指数的有效性。因此，我们采用一种改进的文本挖掘方法更好地体现投资者情绪倾向，构建了投资者情绪指数，将其作为对股票市场进行风险预警的方法，并检验了其有效性。具体思路如下：

1. 构建情绪指数

我们依据情感词典对分词处理后的文本信息进行语义赋权计算文本得分，而文本的阅读量将很好地反映该文本对其他投资者的影响程度，本书据此对文本得分再次进行赋权得到最终的投资者情绪指数。

2. 移动平均处理

因为情绪在股票市场中的传递需要一定的时间，我们对投资者情绪指数和反映股票市场运行情况的价格波动率分别向前和向后进行了移动平均处理，进而考虑了它们的时滞效应。

3. 回归分析

我们采用 OLS 最小二乘法进行二元回归分析，将情绪指数作为解释变量，将债券价格波动率作为被解释变量，对不同的滞后期 $i$ 进行回归。

4. 有效性分析

选择最优滞后期 $i$ 对债券市场未来的价格波动率进行预测，并将样本期间的实际波动率画在同一张图上，观察拟合情况。

（二）样本选取

东方财富网作为我国互联网上一个规模较大的投资者聚集的网站，众多投资者在其旗下的股票社区（股吧）发表自己的观点、情绪和投资经验等，长久以来，作为最活跃的互联网股票社区之一，东方财富网股吧积累了数量庞大的帖子文本信息，因此，鉴于其活跃性高、文本信息充足等优点，本书的网络文本信息选取东方财富旗下股票社区的股票实战吧板块发帖（https：//guba. eastmoney. com/list，gssz. html），利用爬虫技术对相关帖子进行爬取，收集其帖子文本信息、发帖时间、阅读量等数据。因为时间较早，帖子数量较少，难以全面反映当日的投资者情绪，故我们选择的时间区间为 2009 年 10 月 1 日至 2020 年 7 月 31 日。本书选择上证综指和沪深 300 的日收盘价和日波动率这两个较为全面的指标反映股票市场的运行情况，时间区间同样为 2009 年 10 月 1 日至 2020 年 7 月 31 日。

（三）数据处理

本书在对股票实战吧的帖子链接、帖子标题、阅读量、评论量、发表日期、帖子内容等数据进行爬虫抓取后存储于本地，准备进行数据清洗。文本数据的清洗主要包括去除空缺值（去除帖子内容为空的帖子）、去除重复数据（去除帖子内容重复的帖子，仅保留一条时间最靠前的帖子）、去除无意义的文本等，使原始数据的质量得到提升，将清洗完成后的文本数据整理后重新存储。由于非交易日的存在，样本数据存在较多的缺失值，我们对缺失值沿用上一期的样本数据作为该期的数据。

（四）投资者情绪指数

我们按照第三章所介绍的方法构建股票市场情绪指数。其取值范围为 [-1, 1]，其中，取值为负表明情感倾向为消极情感，且其绝对值越大，表明消极倾向程度越大，取值为正表明情感倾向为积极情感，且其绝对值越大，表明积极倾向程度越大。

（五）实证分析

1. 描述性统计

股票市场选取上证综指价格波动率和沪深300价格波动率作为股票市场价格波动率的代表。从描述性统计的结果可以看出，股票市场情绪指数的最小值为0.12667，最大值为0.51197，情绪指数均值为0.34376。投资者情绪指数平均数为正，说明情感倾向较为乐观。上证综指价格波动率最小值为-0.07724，最大值为0.05711，均值为0.00049，标准差为0.01080，沪深300价格波动率最小值为-0.07881，最大值为0.05667，均值为0.00075，标准差为0.01177，平均而言，在该时间段内，上证综指的价格波动率为0.049%，沪深300的价格波动率为0.075%，大致处于盈亏平衡的状态，波动性较小。具体如表4-1所示。

表4-1　　　　　　　　　　　描述性统计

| 变量 | 均值 | 标准差 | 最小值 | 最大值 |
| --- | --- | --- | --- | --- |
| 股票市场情绪指数 | 0.34376 | 0.04910 | 0.12667 | 0.51197 |
| 上证综指收盘价 | 2956.95300 | 140.34930 | 2660.17000 | 3450.59000 |
| 上证综指价格波动率 | 0.00049 | 0.01080 | -0.07724 | 0.05711 |
| 沪深300收盘价 | 4007.38600 | 245.04930 | 3530.31000 | 4852.96000 |
| 沪深300价格波动率 | 0.00075 | 0.01177 | -0.07881 | 0.05667 |

## 2. 回归结果分析

股票市场回归结果如表 4-2 和表 4-3 所示。

表 4-2  股票市场（上证综指）回归结果

| 变量 | $i=1$ | $i=2$ | $i=3$ | $i=4$ | $i=5$ |
|---|---|---|---|---|---|
| 情绪指数过去 $i$ 日移动平均 | 0.00578 (-0.46) | 0.00687 (-0.66) | 0.00391 (-0.42) | 0.00410 (-0.47) | 0.00872 (-1.08) |
| Constant | -0.00150 (-0.34) | -0.00186 (-0.52) | -0.00084 (-0.26) | -0.00089 (-0.30) | -0.00247 (-0.88) |
| 变量 | $i=6$ | $i=7$ | $i=8$ | $i=9$ | $i=10$ |
| 情绪指数过去 $i$ 日移动平均 | 0.01269 (-1.64) | 0.01351* (-1.81) | 0.01070 (-1.47) | 0.00734 (-1.03) | 0.00429 (-0.62) |
| Constant | -0.00382 (-1.43) | -0.00409 (-1.59) | -0.00312 (-1.24) | -0.00196 (-0.80) | -0.00091 (-0.38) |
| 变量 | $i=11$ | $i=12$ | $i=13$ | $i=14$ | $i=15$ |
| 情绪指数过去 $i$ 日移动平均 | 0.00142 (-0.21) | -0.00225 (-0.35) | -0.00506 (-0.80) | -0.00763 (-1.23) | -0.00996 (-1.64) |
| Constant | 0.00008 (-0.03) | 0.00134 (-0.6) | 0.00230 (-1.05) | 0.00318 (-1.49) | 0.00399* (-1.9) |

注：\*\*\*、\*\*、\* 分别表示在 1%、5%、10%的水平下显著；括号内为 t 值，下同。

表 4-3  股票市场（沪深 300）回归结果

| 变量 | $i=1$ | $i=2$ | $i=3$ | $i=4$ | $i=5$ |
|---|---|---|---|---|---|
| 情绪指数过去 $i$ 日移动平均 | 0.00403 (-0.29) | 0.00886 (-0.79) | 0.00902 (-0.9) | 0.00971 (-1.04) | 0.01377 (-1.59) |
| Constant | -0.00063 (-0.13) | -0.00227 (-0.59) | -0.00233 (-0.67) | -0.00255 (-0.79) | -0.00394 (-1.31) |
| 变量 | $i=6$ | $i=7$ | $i=8$ | $i=9$ | $i=10$ |
| 情绪指数过去 $i$ 日移动平均 | 0.01654** (-1.99) | 0.01628** (-2.02) | 0.01243 (-1.57) | 0.00849 (-1.09) | 0.00504 (-0.66) |
| Constant | -0.00488* (-1.69) | -0.00477* (-1.71) | -0.00344 (-1.26) | -0.00208 (-0.77) | -0.00089 (-0.34) |
| 变量 | $i=11$ | $i=12$ | $i=13$ | $i=14$ | $i=15$ |
| 情绪指数过去 $i$ 日移动平均 | 0.00206 (-0.28) | -0.0018 (-0.25) | -0.00452 (-0.63) | -0.0071 (-1.02) | -0.00953 (-1.39) |
| Constant | 0.00013 (-0.05) | 0.00146 (-0.58) | 0.00239 (-0.97) | 0.00328 (-1.36) | 0.00412* (-1.74) |

从回归结果可以看出，当 $i=7$，即自变量为情绪指数过去 7 日移动平均，因变量为上证综指价格波动率未来 7 日移动平均时，系数在 10% 的水平下显著，当因变量为沪深 300 价格波动率未来 $i$ 日移动平均时，$i$ 在取值为 6 和 7 时，系数均在 5% 的水平下显著，同时，做出系数随 $i$ 变化的趋势图，如图 4-2 所示（其中，1 表示该系数显著，0 表示该系数不显著）。

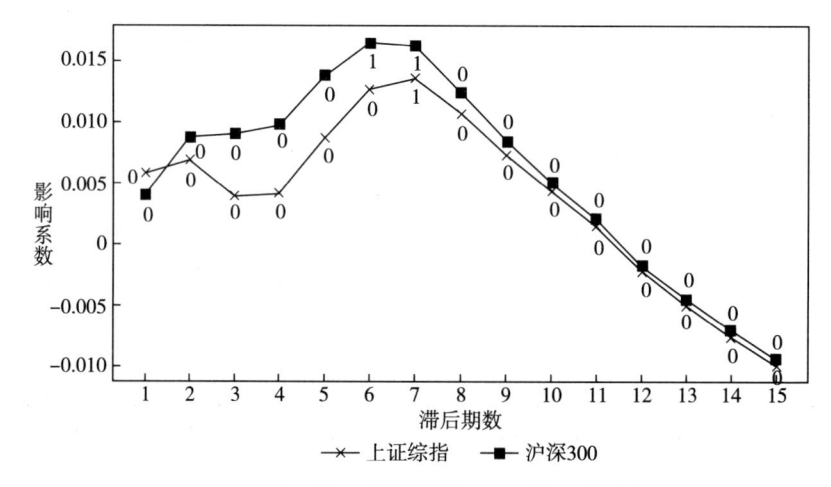

**图 4-1 股票市场情绪指数回归系数变化趋势**

从图 4-1 可以看出，对于上证综指，仅在 $i=7$ 时，情绪指数过去 7 日移动平均的系数显著，而 $i$ 取其他值时，系数均不显著，而对于沪深 300，在 $i=6$ 和 $i=7$ 时，自变量系数均显著，因此，结合上证综指和沪深 300 的回归结果，对于股票市场而言，由于受传导路径以及目前我国股票市场效率的影响，信息的传导具有滞后性，导致投资者情绪指数过去 7 日移动平均对股票市场价格波动率未来 7 日移动平均产生显著影响。

当 $i=7$ 时，无论是上证综指还是沪深 300，情绪指数过去 7 日移动平均系数均为正、显著，即情绪指数过去 7 日移动平均显著正向影响其价格波动率未来 7 日移动平均，因此，当投资者情绪指数过去 7 日移动平均为负时，预示着股票市场价格波动率未来 7 日移动平均将向下波动，此外，若投资者情绪指数过去 7 日移动平均值过低，甚至为-1 时，则预示着股票市场价格波动率未来 7 日移动平均将会大幅向下波动，即价格大幅度下降。

3. 预测效果分析

为验证回归模型的预测效果，本书做出回归预测值与实际价格波动率移动平均的时序图。其中，股票市场 $i$ 的取值为 7，如图 4-2 和图 4-3 所示。

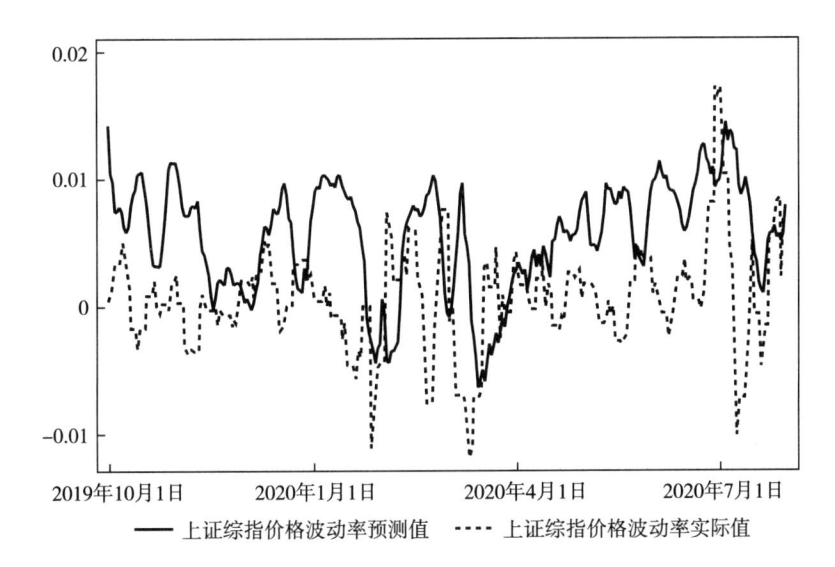

**图 4-2　上证综指价格波动率回归预测值与实际值**

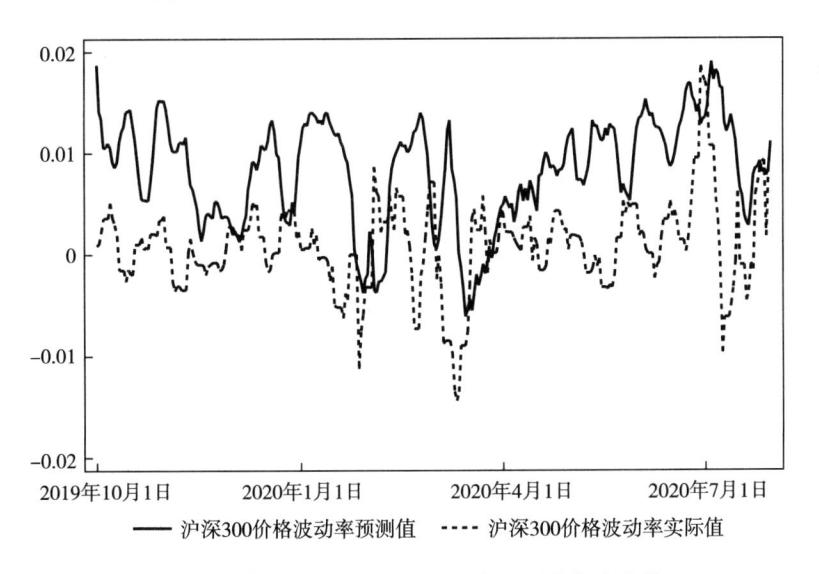

**图 4-3　沪深 300 价格波动率回归预测值与真实值**

可以看出，在考虑时滞性的情况下，拟合值对真实值大致具有相同的趋势，即同升同降，回归模型的预测效果较好，可用于对股票市场价格波动率的预测以及对可能出现的价格下降的风险进行预警。

## 二 股票市场供给侧改革热度指数风险预警分析

### （一）模型设计

供给侧结构性改革这一宏观经济政策的提出与落实，引起了社会各界的广泛关注，随着经济供给质量和效率的大幅度提升，在不断"去产能"的过程中，钢铁、煤炭、有色金属等传统产能过剩行业迎来新的改革曙光，股市表现长期看好的基础逐步形成。股权融资可以降低企业融资成本，有助于中国经济转型目标的实现，维护股票市场的健康稳定与高质量发展是保障供给侧改革有效落实的重要着力点。如何有效地测度供给侧结构性改革热点时期，以便量化研究其对股票市场的价格波动影响，以及是否有效降低市场发生风险可能性，可以为政策落实提供有效依据。

目前，不少学者已经指出在供给侧结构性改革热点时期，股票市场价格会明显受到该政策的影响（彭子玲，2021）。亦有不少学者就供给侧改革对降低市场风险的有效性进行实证研究，结果表明随着政策实行时间的不断性增加，其有效性也在逐步提升（刘向丽，2022）。特别是针对煤炭、钢铁两大供给侧结构性改革所涉及的重点板块，正向激励作用会更强（马英杰，2020；刘光彦，2019）。据此，可以认为供给侧改革的有效性已得到验证。

分析前人的研究发现，如何准确判断供给侧改革热度是进行风险管理所必须考量的重要问题，上述文献通过截取国家召开相关会议前后若干时间区间作为研究内容，虽然能直接反映局部供给侧改革热度，但其并不能对该政策带来的持续性影响进行刻画，从而可能会对实证分析带来一定的偏误。此外，现有文献也尚未提出通过供给侧改革热度指数进行具体时间序列的刻画，仅仅通过单一分析相关会议前后一定时间区间内的相关股票市场价格波动是否较前段时间有明显降低进行刻画，并未就供给侧改革所具有的特征进行综合分析，缺乏有效证据证明是否由供给侧改革所引起风险降低。基于此，本书采用一种改进的文本挖掘方法，以便更好地体现供给侧改革热度，构建供给侧改革热度指数对股票市场进行风险预警。具体研究思路如下：

1. 构建供给侧改革热度指数

我们依据供给侧改革政策在国家层面提出后的新闻热度与投资者对相关词汇检索的数据进行统计。国家层面召开的若干次会议是政策实行的具体导向，新闻资讯的报道程度将持续性地对投资者的投资判断行为进行干预。而投资者对会议关键词的检索规模将直接地反映其受政策实行的具体影响程度。因此，本书通过对新闻热点程度与相关关键字检索频次进行加总得到最终的供给侧改革热度指数。

2. 移动平均处理

供给侧改革政策的实行到其传递进股票市场中需要一定的时间，因此我们对供给侧改革热度指数和反映股票市场运行情况的价格波动率分别向前和向后进行了移动平均处理，考虑了时滞效应。

3. 回归分析

本书采用 OLS 最小二乘法进行回归分析，将供给侧改革热度指数作为解释变量，将股票价格波动率作为被解释变量进行回归。

4. 有效性分析

选择最优滞后期 $i$ 对股票市场未来的价格波动率进行预测，并将样本期间的实际波动率制图，以便观察拟合情况。

（二）样本选取

我国互联网规模庞大，新闻媒体众多，检索方式也具有多样化，数据零散且庞大。百度作为我国现行互联网搜索引擎综合实力排名第一的互联网公司，不仅影响力家喻户晓，百度搜索人尽皆知且客户众多，是投资者获得最新信息的首选。百度搜索作为主要的互联网搜索网站，不仅能全面检索新闻热点等文本信息，更是积累了数量庞大的投资者行为数据。鉴于百度搜索具有高活跃性、文本信息与行为数据丰富等优点，本书选取百度指数为重要数据来源，百度指数是以百度网海量网民行为数据为基础的数据分析平台百度指数（http：//index.baidu.com），可以统计新闻资讯与互联网用户对特定关键词的关注、报道及继续变化情况等数据。在研究时间区间方面，由于在 2015 年 11 月中央财经领导小组会议上，习近平主席首次提出"供给侧改革"，因此本书选择的时间区间为 2015 年 11 月 1 日至 2020 年 7

月31日。选择上证综指和沪深300的日收盘价和日波动率这两个较为全面的指标反映股票市场的运行情况，时间区间同样为2015年11月1日至2020年7月31日。

（三）数据处理

本书在对供给侧改革所涉及的供给侧改革、供给侧结构性改革、实体经济、影子银行、金融风险、"三去一降一补"、地方债、企业债、大众创业万众创新、融资贷款、双循环、高质量发展、扩大内需、新发展格局、新发展理念、创新驱动发展、协调发展、科技创新、内需不足、产能过剩、去杠杆、去杠杆化、去产能、去库存、僵尸企业、金融杠杆共26个关键词进行数据提取并等权重计算综合供给侧改革热度。由于非交易日的存在，我们在对综合供给侧改革热度指数构建时为契合股票市场数据反映出的真实信号，对非交易日的数据进行了剔除，构建了供给侧改革热度指数。

（四）供给侧热度指数

我们按照前述的方法构建供给侧改革热度指数，数值大小反映了当日投资者对特定关键词与新闻资讯的检索规模与报道程度，取值较大，表明该时段供给侧改革热度处于一定的高水平；取值较小，表明该时段供给侧改革热度处于较低水平。

（五）实证分析

1. 描述性统计

选取上证综指价格波动率和沪深300价格波动率作为股票市场价格波动率的代表。从描述性统计的结果可以看出，供给侧改革热度指数的最小值为4090.00000，最大值为70176.00000，均值为13493.43220。供给侧改革热度指数波动程度相对而言较大，能充分反映国家召开相关会议带来的热度上涨情况。上证综指价格波动率最小值为-0.07724，最大值为0.05711，均值为0.00049，标准差为0.01080，沪深300价格波动率最小值为-0.07881，最大值为0.05667，均值为0.00075，标准差为0.01177，平均而言，在该时间段内，上证综指的价格波动率为0.049%，沪深300的价格波动率为0.075%，大致处于盈亏平衡的状态，波动性较小。具体如表4-4所示。

表 4-4　　　　　　　　　　描述性统计

| 变量 | 均值 | 标准差 | 最小值 | 最大值 |
| --- | --- | --- | --- | --- |
| 供给侧改革热度指数 | 13493.43220 | 4195.20420 | 4090.00000 | 70176.00000 |
| 上证综指收盘价 | 2956.95300 | 140.34930 | 2660.17000 | 3450.59000 |
| 上证综指价格波动率 | 0.00049 | 0.01080 | -0.07724 | 0.05711 |
| 沪深300收盘价 | 4007.38600 | 245.04930 | 3530.31000 | 4852.96000 |
| 沪深300价格波动率 | 0.00075 | 0.01177 | -0.07881 | 0.05667 |

2. 回归结果分析

回归结果如表4-5和表4-6所示。

表 4-5　　　　　　股票市场（上证综指）回归结果

| 变量 | $i=1$ | $i=2$ | $i=3$ | $i=4$ | $i=5$ |
| --- | --- | --- | --- | --- | --- |
| 供给侧改革热度指数过去$i$日移动平均 | 0.01160*** (-4.96) | 0.01110*** (-4.9) | 0.01150*** (-4.84) | 0.01190*** (-4.74) | 0.01250*** (-4.72) |
| Constant | 0.00918*** (-24.8) | 0.00921*** (-25.39) | 0.00916*** (-24.29) | 0.00912*** (-23.28) | 0.00904*** (-22.17) |
| 变量 | $i=6$ | $i=7$ | $i=8$ | $i=9$ | $i=10$ |
| 供给侧改革热度指数过去$i$日移动平均 | 0.01270*** (-4.61) | 0.01260*** (-4.47) | 0.01230*** (-4.37) | 0.01210*** (-4.3) | 0.01190*** (-4.18) |
| Constant | 0.00901*** (-21.4) | 0.00902*** (-21.01) | 0.00903*** (-20.94) | 0.00905*** (-21.01) | 0.00908*** (-20.97) |
| 变量 | $i=11$ | $i=12$ | $i=13$ | $i=14$ | $i=15$ |
| 供给侧改革热度指数过去$i$日移动平均 | 0.01160*** (-4.01) | 0.01130*** (-3.84) | 0.01100*** (-3.66) | 0.01050*** (-3.45) | 0.01010** (-3.29) |
| Constant | 0.00913*** (-20.84) | 0.00917*** (-20.58) | 0.00922*** (-20.36) | 0.00929*** (-20.25) | 0.00934*** (-20.26) |

表 4-6　　　　　　股票市场（沪深300）回归结果

| 变量 | $i=1$ | $i=2$ | $i=3$ | $i=4$ | $i=5$ |
| --- | --- | --- | --- | --- | --- |
| 供给侧改革热度指数过去$i$日移动平均 | 0.00861*** (-3.68) | 0.00823*** (-3.63) | 0.00837*** (-3.49) | 0.00847*** (-3.36) | 0.00872** (-3.28) |
| Constant | 0.01040*** (27.9) | 0.01040*** (28.52) | 0.01040*** (27.42) | 0.01040*** (26.38) | 0.01030*** (25.24) |

续表

| 变量 | $i=6$ | $i=7$ | $i=8$ | $i=9$ | $i=10$ |
|---|---|---|---|---|---|
| 供给侧改革热度指数过去 $i$ 日移动平均 | 0.00861** (−3.12) | 0.00833** (−2.95) | 0.00806** (−2.84) | 0.00783** (−2.78) | 0.00758** (−2.66) |
| Constant | 0.01040*** (24.48) | 0.01040*** (24.1) | 0.01040*** (24.04) | 0.01040*** (24.12) | 0.01050*** (24.07) |

| 变量 | $i=11$ | $i=12$ | $i=13$ | $i=14$ | $i=15$ |
|---|---|---|---|---|---|
| 供给侧改革热度指数过去 $i$ 日移动平均 | 0.00721* (−2.49) | 0.00686* (−2.32) | 0.00640* (−2.12) | 0.00585 (−1.91) | 0.0054 (−1.76) |
| Constant | 0.01050*** (23.92) | 0.01060*** (23.65) | 0.01060*** (23.43) | 0.01070*** (23.31) | 0.01080*** (23.31) |

注：***、**、*分别表示在1%、5%、10%的水平下显著；括号内为t值。

从回归结果可以看到，在 $i$ 取值从 $i=1$ 变化至 $i=14$，即自变量分别为供给侧改革热度指数过去1日至14日移动平均，因变量分别为上证综指价格波动率未来1—14日移动平均时，回归系数均在1%的水平下显著；在 $i=15$ 时，系数在5%的水平下显著。当因变量为沪深300价格波动率未来 $i$ 日移动平均时，$i$ 在取值为1—4时，系数均在1%的水平下显著；$i$ 在取值为5—10时，系数均在5%的水平下显著；$i$ 在取值为11—13时，系数均在10%的水平下显著；同时，做出系数随 $i$ 变化的趋势图，如图4-4所示（其中，1表示该系数显著，0表示该系数不显著）。

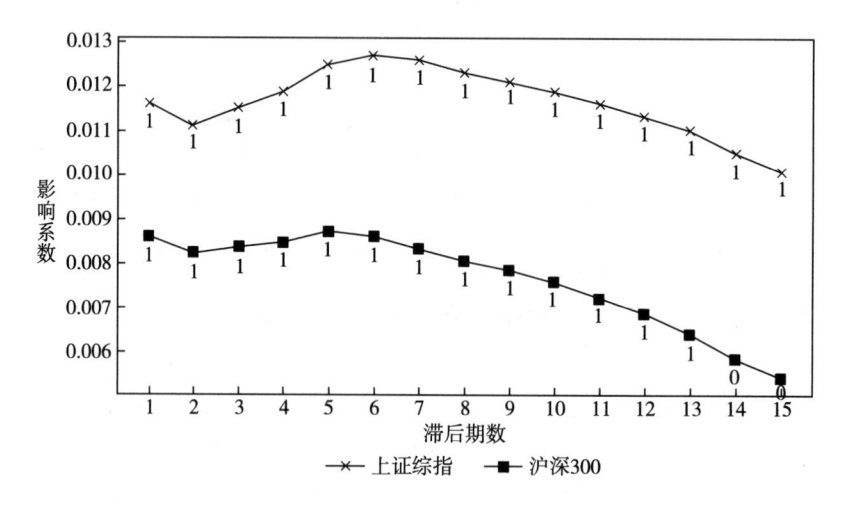

图4-4 股票市场供给侧改革热度指数回归系数变化趋势

从图4-4可以看出，对于股票市场而言，由于受传导路径以及目前我国股票市场效率的影响，信息的传导具有滞后性，在考虑滞后期前13期内，供给侧改革热度指数移动平均的系数均显著，而$i$取其他值时，系数对于沪深300不显著，可以认为供给侧热度指数过去1—13日移动平均对股票市场价格波动率未来1—13日移动平均均能产生显著影响。

3. 预测效果分析

为验证回归模型的预测效果，本书做出回归预测值与实际价格波动率移动平均的时序图。其中，股票市场$i$的取值为7，如图4-5和图4-6所示。

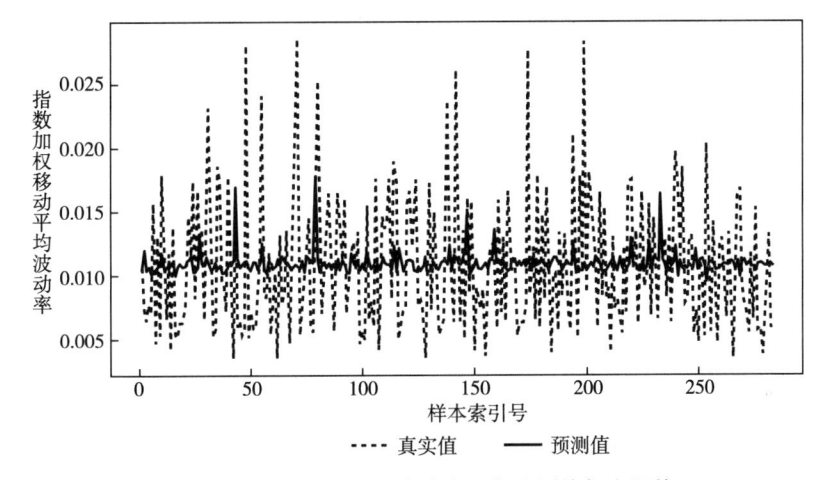

图4-5 上证综指价格波动率回归预测值与实际值

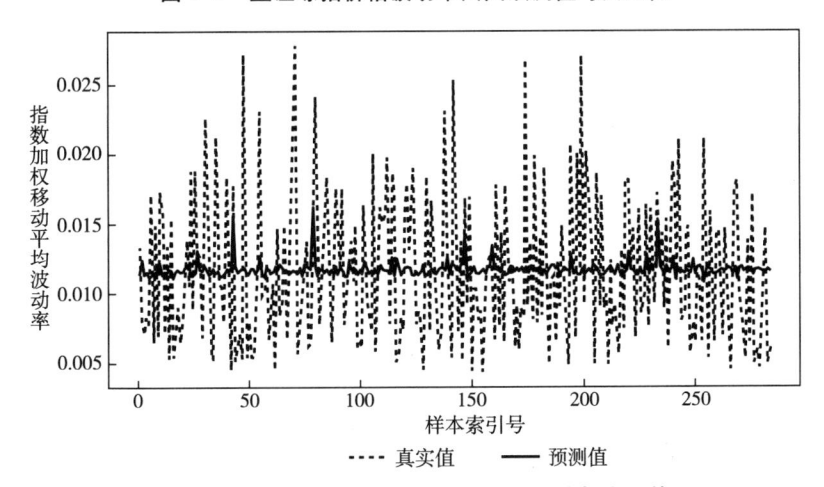

图4-6 沪深300价格波动率回归预测值与实际值

可以看到，在考虑时滞性的情况下，拟合值对真实值大致具有相同的趋势，即同升同降，回归模型的预测效果较好，可用于对股票市场价格波动率的预测以及对可能出现的价格下降的风险进行预警。

### 三 股票市场支持向量机智能风险预警分析

（一）模型设计

我们在前面详细介绍了基于人工智能的风险预警模型。因为SVM利用内积核函数代替向高维空间的非线性映射，对特征空间的最优超平面进行优化，求最大化分类边际，可以高效地实现训练样本集向预测测试集的转换，避开了传统统计方法的概率假设，也避免了样本空间的维数灾难，在小样本的学习和预测上具有较好的效果，我们采用了SVM模型作为股票市场风险预警的基本工具。

而传统的SVM在参数C和g的选择上面临困难，这对模型的效果将产生显著的影响。因此，我们引入了交叉验证（CV）、遗传算法（GA）、灰狼优化算法（GWO）对参数进行优化，提升SVM模型的准确率。我们认为，灰狼优化算法（GWO）模拟了狼群社会的关系，具有较强的收敛性能、参数少、易实现等特点，能够通过不断迭代，更新种群位置信息而自我进化达到最优适应度，将具有更好的预测效果。同时，为了研究的严谨性，我们同时采用了三种参数优化算法进行对比，比较了它们的运行效率和预测效果。

（二）样本选取

为了对股票市场系统性风险进行合理的预警研究，我们选取了上证指数、上证50、上证100、上证150、沪深300、中证100、中证200、中证500共计八个指数的日收益率和日波动率。日收益率能综合反映股票的价格变动和走势情况，日波动率能有效衡量市场情绪和帮助管理者判断市场的宏观走势，且这八个指数涵盖面很广，基本上能代表整个股票市场的运行情况，常作为大盘指数来衡量整个市场的风险。样本的数据区间为2010年1月4日至2020年7月30日。每个指标的数据样本量为2571个，将各个指标的前1284个样本作为训练集，后1287个样本作为测试集。

（三）最优参数选择

表4-7和表4-8是各个优化算法对不同指数日收益率计算出的最

优 C 和 g 值，采用优化算法得出的最优参数代入 SVM 对训练集进行学习，建立相对应的 CV-SVM、GA-SVM、GWO-SVM 股票市场风险预警模型。

表 4-7　　　　　　　　　最优参数 C 取值

| | CV-SVM | GA-SVM | GWO-SVM |
| --- | --- | --- | --- |
| 上证指数 | 0.0168 | 2.1429 | 0.0109 |
| 上证 50 | 0.1088 | 0.3131 | 97.5126 |
| 上证 100 | 0.0359 | 0.1382 | 0.0164 |
| 上证 150 | 0.0118 | 0.1008 | 0.0199 |
| 沪深 300 | 0.0118 | 0.1885 | 26.3808 |
| 中证 100 | 0.1088 | 0.1141 | 3.7097 |
| 中证 200 | 0.0118 | 0.1102 | 0.5952 |
| 中证 500 | 0.0359 | 3.6564 | 0.2074 |

表 4-8　　　　　　　　　最优参数 g 取值

| | CV-SVM | GA-SVM | GWO-SVM |
| --- | --- | --- | --- |
| 上证指数 | 27.8576 | 0.1005 | 56.1185 |
| 上证 50 | 9.1896 | 5.7348 | 0.4463 |
| 上证 100 | 3.0314 | 0.8345 | 1.2275 |
| 上证 150 | 5.2780 | 7.5440 | 3.9781 |
| 沪深 300 | 27.8576 | 3.9744 | 0.0118 |
| 中证 100 | 9.1896 | 6.7509 | 0.0916 |
| 中证 200 | 9.1896 | 1.1813 | 0.0105 |
| 中证 500 | 1.7411 | 0.2996 | 0.0100 |

（四）实证分析

1. 描述性统计

表 4-9 是各个指标收益率的描述性统计结果。从均值、标准差和方差结果来看，各指数都具有一定的稳定性。从偏度的结果可以看出 8

个指标都呈现左偏的趋势，上证 150 的偏度最大，其次是中证 500，最低的是上证 50。从峰度的结果来看，8 个指数都呈现尖峰趋势，上证指数峰度最大，最低的是上证 500。可以看出，这 8 个大盘指数都具有左边、尖峰的特征。具体如表 4-9 所示。

表 4-9　　　　　　　　　　　描述性统计

|  | 均值 | 标准差 | 方差 | 偏度 | 峰度 |
| --- | --- | --- | --- | --- | --- |
| 上证指数 | 0.0000976 | 0.0136375 | 0.0001860 | −0.7838559 | 8.553328 |
| 上证 50 | 0.0002047 | 0.0148973 | 0.0002219 | −0.2545299 | 7.889943 |
| 上证 100 | 0.0003215 | 0.0165865 | 0.0002751 | −0.7871933 | 7.423964 |
| 上证 150 | 0.0002632 | 0.0176650 | 0.0003121 | −0.8815253 | 6.274263 |
| 沪深 300 | 0.0002146 | 0.0146875 | 0.0002157 | −0.5597465 | 7.478130 |
| 中证 100 | 0.0002158 | 0.0146286 | 0.0002140 | −0.3845628 | 7.613204 |
| 中证 200 | 0.0002404 | 0.0163083 | 0.0002660 | −0.6853401 | 6.993586 |
| 中证 500 | 0.0002957 | 0.0170145 | 0.0002895 | −0.8146975 | 6.340480 |

2. 准确率分析

表 4-10 和表 4-11 给出了各个模型针对不同指数日收益率预测的平均绝对误差（MAE）和均方误差（MSE），可以发现所有的 SVM 模型对所有指数的预测都有较好的结果，说明 SVM 模型对于股票市场系统性风险的预测是有效的，且进行优化过后的模型，在预测准确性上比原始的 SVM 模型有了一定的提高。从 MAE 和 MSE 来看，GWO-SVM 平均绝对误差和均方误差都越小，对于其他 3 个模型获得了更好的预测结果。综上，虽然 SVM 模型只需要很短的运行时间，但是其误差相对较大，而 GWO-SVM 模型不仅运行时间较短且 MAE 和 MSE 都很小，所以 GWO-SVM 具有优秀的预测效率和能力。

表 4-10　　　　　　　　平均绝对误差（MAE）结果

|  | SVM | CV-SVM | GA-SVM | GWO-SVM |
| --- | --- | --- | --- | --- |
| 上证指数 | 0.0097 | 0.0094 | 0.0094 | 0.0094 |
| 上证 50 | 0.0100 | 0.0101 | 0.0100 | 0.0098 |

续表

|  | SVM | CV-SVM | GA-SVM | GWO-SVM |
|---|---|---|---|---|
| 上证100 | 0.0123 | 0.0127 | 0.0121 | 0.0119 |
| 上证150 | 0.0134 | 0.0129 | 0.0129 | 0.0129 |
| 沪深300 | 0.0104 | 0.0102 | 0.0101 | 0.0101 |
| 中证100 | 0.0100 | 0.0100 | 0.0098 | 0.0098 |
| 中证200 | 0.0120 | 0.0117 | 0.0118 | 0.0117 |
| 中证500 | 0.0128 | 0.0125 | 0.0125 | 0.0124 |

表4-11　　　　　　　　均方误差（MSE）结果

|  | SVM | CV-SVM | GA-SVM | GWO-SVM |
|---|---|---|---|---|
| 上证指数 | 0.0425 | 0.0400 | 0.0404 | 0.0389 |
| 上证50 | 0.0431 | 0.0428 | 0.0412 | 0.0412 |
| 上证100 | 0.0653 | 0.0626 | 0.0644 | 0.0620 |
| 上证150 | 0.0734 | 0.0707 | 0.0707 | 0.0706 |
| 沪深300 | 0.0461 | 0.0439 | 0.0434 | 0.0434 |
| 中证100 | 0.0425 | 0.0420 | 0.0409 | 0.0401 |
| 中证200 | 0.0605 | 0.0581 | 0.0590 | 0.0577 |
| 中证500 | 0.0668 | 0.0643 | 0.0650 | 0.0633 |

3. 预测效果分析

从前面的实证结果来分析，GWO-SVM模型在对股票市场的日收益率预测上有很好的适应性，平均绝对误差和均方误差相对于其他模型都较小，对日收益率有很好的拟合能力和预测效果，从而能反映出股票市场异常突变和系统性风险。股票市场的系统性风险不仅只在日收益率方面表现出来，日波动率更多地体现了市场整体的波动趋势和宏观环境，所以为进一步验证模型在风险预测的效果，使用上证指数、沪深300和中证100这三个更有代表性指数的日波动率来研究GWO-SVM模型在原始—预测数据上的准确性。从图4-7至图4-9可以看出，模型对日波动率的预测趋势和实际趋势是一致的，具有很好的预测性能。

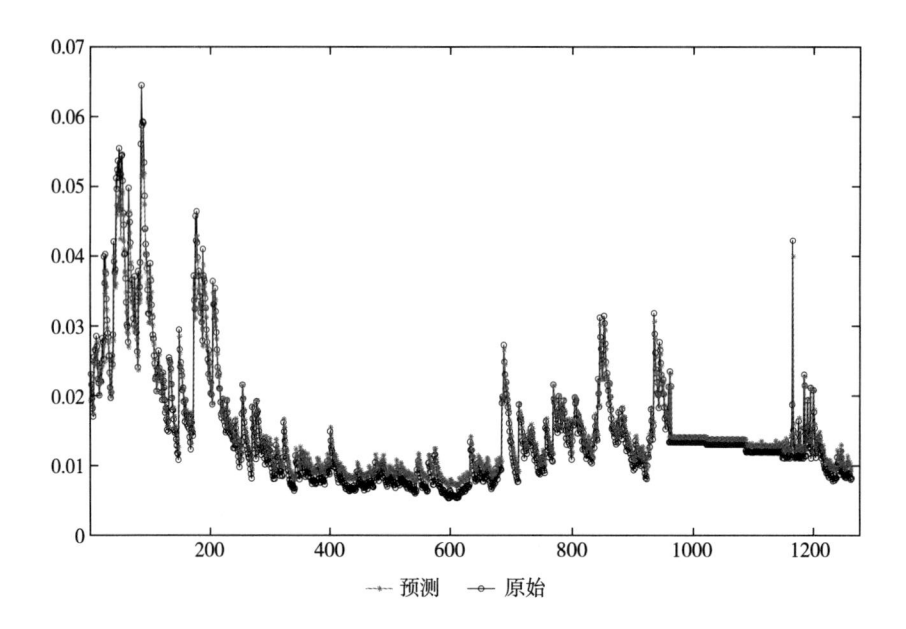

图 4-7　上证综指日波动率 GWO-SVM 预测值与实际值

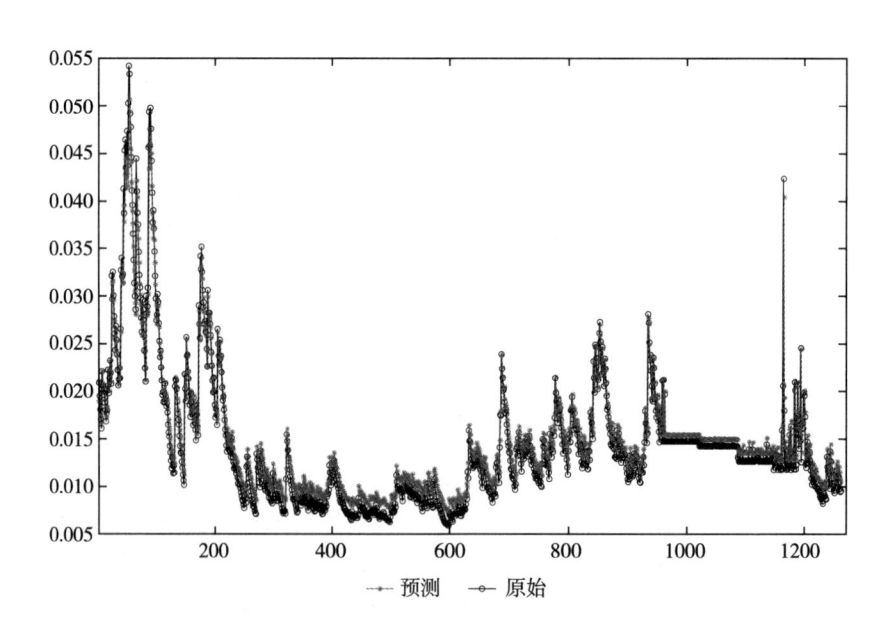

图 4-8　沪深 300 日波动率 GWO-SVM 预测值与实际值

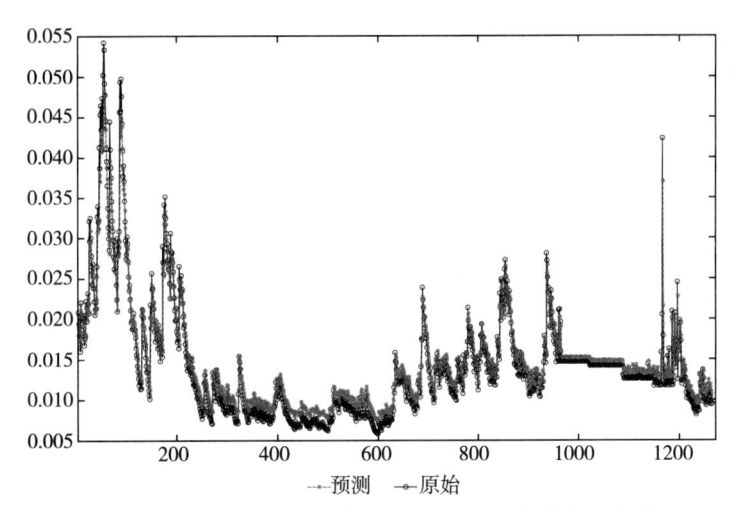

图 4-9　中证 100 日波动率 GWO-SVM 预测值与实际值

值得一提的是，因将前 1284 个数据作为训练集，后 1287 个数据作为测试集，预测集的 [0, 100] 区间在时间上几乎可以与 2015 年我国股票市场暴跌的时刻相吻合，所以在 x 轴 [0, 100] 在一定程度上能看作 2015 年股市震荡时期股票市场的波动情况。而在此区间上可以看出模型的预测趋势和实际趋势是相吻合的，且日波动率在很大程度上能够反映股票市场的系统性风险。这进一步说明了 GWO-SVM 模型在股票市场系统性风险预测的有效性。如图 4-10 至图 4-12 所示。

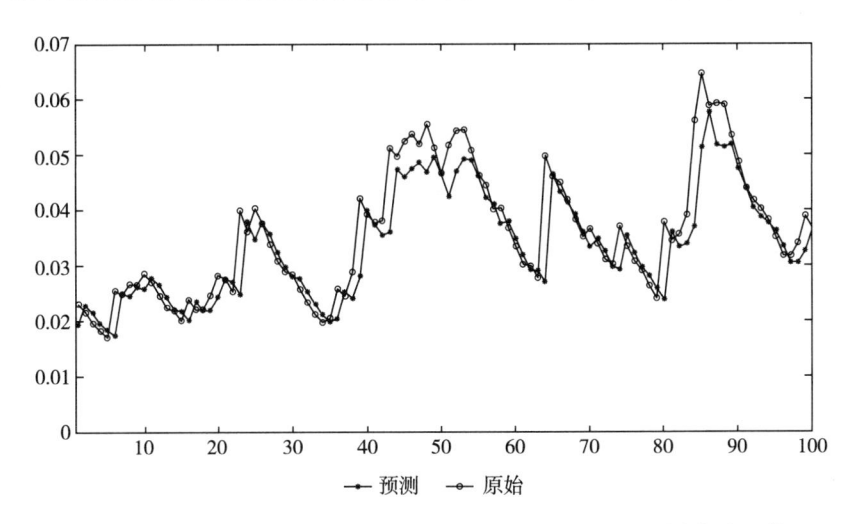

图 4-10　上证综指日波动率 2015 年局部 GWO-SVM 预测值与实际值

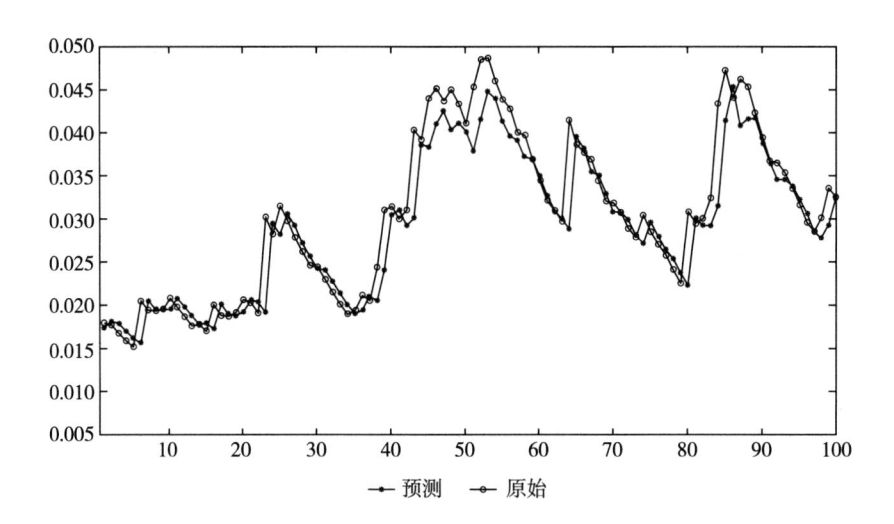

图4-11 沪深300日波动率2015年局部GWO-SVM预测值与实际值

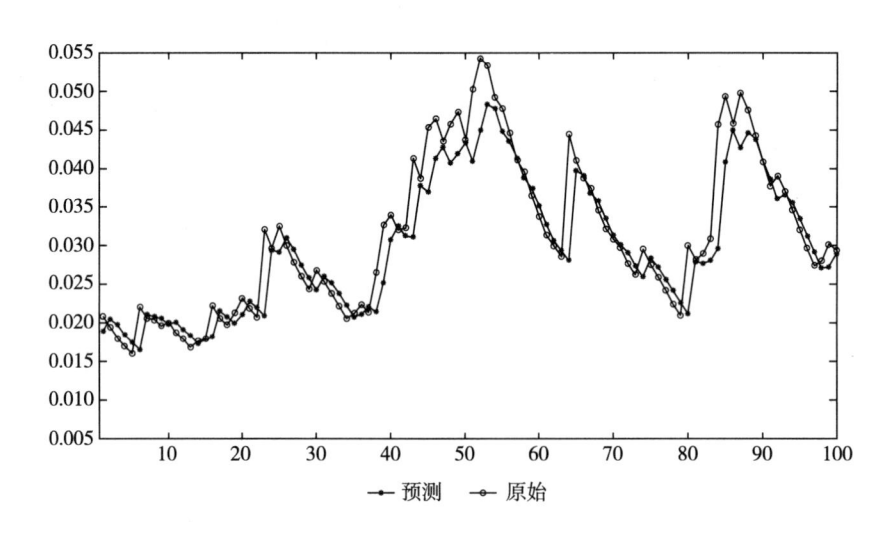

图4-12 中证100日波动率2015年局部GWO-SVM预测值与实际值

## 四 股票市场神经网络智能风险预警分析

（一）模型设计

计算机科学的蓬勃发展促使智能算法层出不穷，为了对股票市场系统性风险进行全局性的智能预警研究，本书在运用SVM类算法进行预警的基础上，进一步运用了神经网络类智能机器学习算法——小波神经网络对股票市场历史数据进行了新的挖掘。小波神经网络面对时间序列信号，能通过小波变换对信号进行尺度伸缩和平移的多尺度分析，能有效挖掘出时间序列信号所具有的局部信息。而且，相比较于BP神经网络在结构设计上的盲目性等弱点，小波神经网络基于小波分析理论确定的基元和整个结构是更能有效捕捉到时间序列所反映的市场信号，使小波神经网络拥有更强的学习能力、更简单、收敛速度更快的优点。因此，为了充分对股票市场进行智能风险预警研究，本书使用小波神经网络作为股票市场另一智能风险预警工具。

（二）样本选取

为了与前文SVM智能预警算法保持一致水平且具有可比性，我们依然选取了上证指数、上证50、上证100、上证150、沪深300、中证100、中证200、中证500共计八个指数在2010年1月4日至2020年7月30日的20568个日收益率和日波动率作为本章节的样本数据，其中每个指标的数据样本量为2571个。将各个指标的前1284个样本作为训练集，后1287个样本作为测试集。

（三）实证分析

1. 描述性统计

表4-12是各个指标收益率的描述性统计结果。从均值、标准差和方差结果来看，各指数均具有一定的稳定性。从偏度的结果可以看出8个指标都呈现左偏的趋势，上证150的偏度最大，其次是中证500，最低的是上证50。从峰度的结果来看，8个指数都呈现尖峰趋势，上证指数峰度最大，最低的是上证500。可以看出，这8个大盘指数都具有左边、尖峰的特征。

表4-12　　　　　　　　　描述性统计

|  | 均值 | 标准差 | 方差 | 偏度 | 峰度 |
| --- | --- | --- | --- | --- | --- |
| 上证指数 | 0.0000976 | 0.0136375 | 0.0001860 | -0.7838559 | 8.553328 |
| 上证50 | 0.0002047 | 0.0148973 | 0.0002219 | -0.2545299 | 7.889943 |
| 上证100 | 0.0003215 | 0.0165865 | 0.0002751 | -0.7871933 | 7.423964 |
| 上证150 | 0.0002632 | 0.0176650 | 0.0003121 | -0.8815253 | 6.274263 |
| 沪深300 | 0.0002146 | 0.0146875 | 0.0002157 | -0.5597465 | 7.478130 |

续表

|  | 均值 | 标准差 | 方差 | 偏度 | 峰度 |
|---|---|---|---|---|---|
| 中证100 | 0.0002158 | 0.0146286 | 0.0002140 | -0.3845628 | 7.613204 |
| 中证200 | 0.0002404 | 0.0163083 | 0.0002660 | -0.6853401 | 6.993586 |
| 中证500 | 0.0002957 | 0.0170145 | 0.0002895 | -0.8146975 | 6.340480 |

2. 准确率分析

表4-13和表4-14给出了BPNN和WAVENN针对不同指数日收益率预测的平均绝对误差（MAE）和均方误差（MSE），可以发现BPNN模型与WAVENN模型对所有指数的预测都有较好的结果，说明神经网络模型对于股票市场系统性风险的预测是有效的，且WAVENN模型在预测准确性上比BPNN模型有一定的提高。从MAE来看，BPNN模型与WAVENN模型在平均绝对误差上没有明显区别，但从MSE来看，WAVENN模型比BPNN模型获得了更好的预测结果。综上，虽然BPNN作为基础神经网络模型具有相当优秀的预测性能，但是其均方误差相对较大，而WAVENN模型虽牺牲小部分MAE但大部分降低了MSE，所以WAVENN相较BPNN具有优秀的预测效率和能力。

表4-13　　　　　　平均绝对误差（MAE）结果

|  | BPNN | WAVENN |
|---|---|---|
| 上证指数 | 0.0095000 | 0.0108000 |
| 上证50 | 0.0099000 | 0.0107000 |
| 上证100 | 0.0122000 | 0.0128000 |
| 上证150 | 0.0131000 | 0.0135000 |
| 沪深300 | 0.0101000 | 0.0107000 |
| 中证100 | 0.0096000 | 0.0100000 |
| 中证200 | 0.0119000 | 0.0122000 |
| 中证500 | 0.0126000 | 0.0127000 |

表4-14　　　　　　均方误差（MSE）结果

|  | BPNN | WAVENN |
|---|---|---|
| 上证指数 | 0.2887000 | 0.0002675 |

续表

|        | BPNN      | WAVENN    |
|--------|-----------|-----------|
| 上证 50  | 0.2978000 | 0.0002468 |
| 上证 100 | 0.4534000 | 0.0004042 |
| 上证 150 | 0.5065000 | 0.0004167 |
| 沪深 300 | 0.3156000 | 0.0002682 |
| 中证 100 | 0.2890000 | 0.0002488 |
| 中证 200 | 0.4474000 | 0.0003464 |
| 中证 500 | 0.4667000 | 0.0003680 |

3. 预测效果分析

从前文的实证结果来看，WAVENN 模型在对股票市场的日收益率预测上有很好的适应性，在 MAE 和 MSE 得分上综合得分相对于 BPNN 更优，对日收益率有很好的拟合能力和预测效果，能反映出股票市场异常突变和系统性风险。进一步，为了检测 WAVENN 智能风险预警模型性能，我们继续使用上证指数、沪深 300 和中证 100 这三个更具有代表性指数的日波动率来研究 WAVENN 模型在原始—预测数据上的准确性。从图 4-13 至图 4-15 可以看出，WAVENN 模型对日波动率的预测趋势和实际趋势是一致的，具有很好的预测性能。

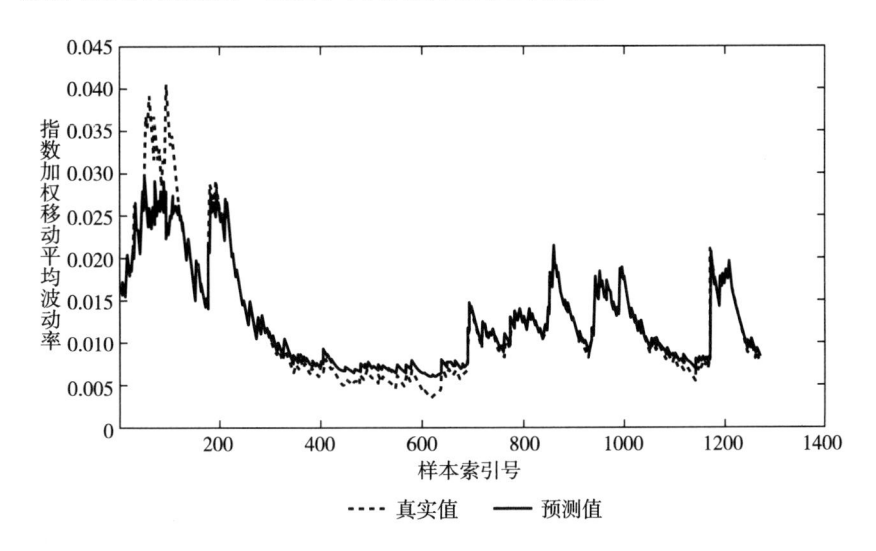

图 4-13 上证综指日波动率 WAVENN 预测值与实际值

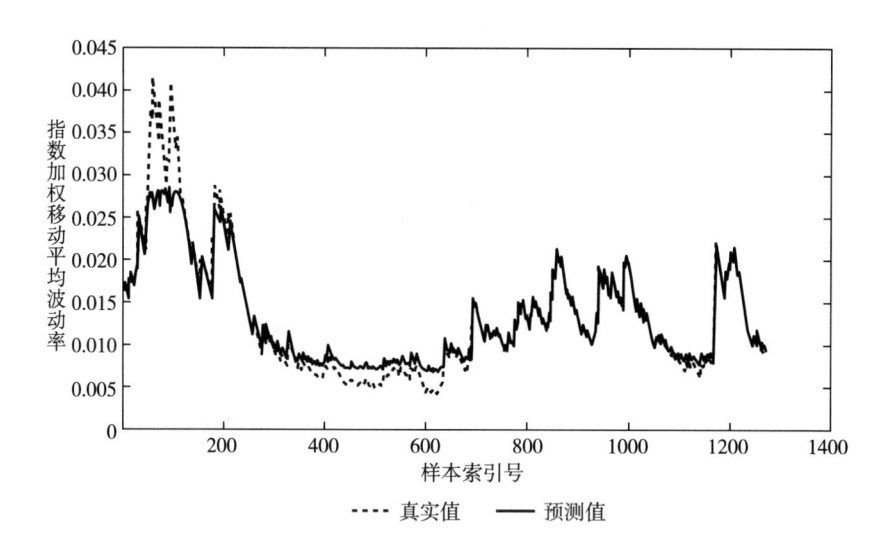

图 4-14 沪深 300 日波动率 WAVENN 预测值与实际值

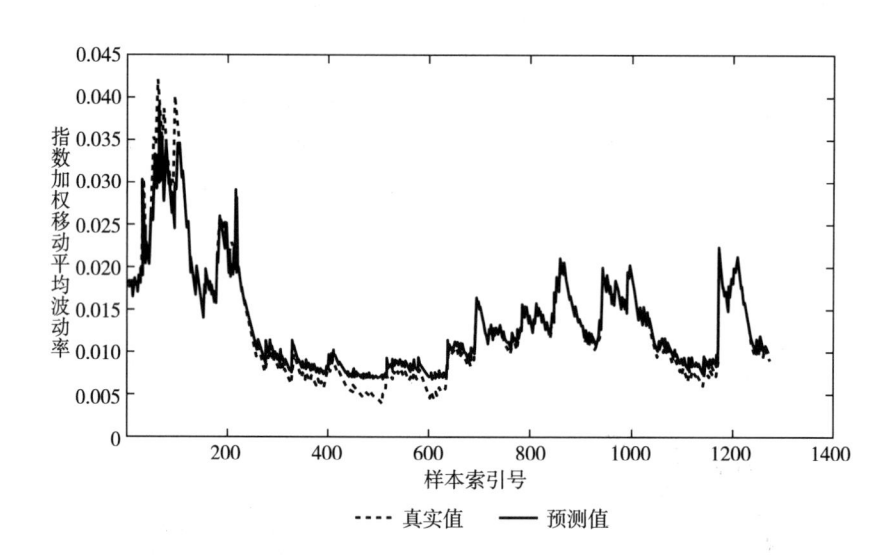

图 4-15 中证 100 日波动率 WAVENN 预测值与实际值

此外，我们将时间聚焦于 2015 年我国股票市场发生暴跌的时刻，对应 x 轴上的 [0，100] 区间，如图 4-16 至图 4-18 所示。在此区间上可以看出模型的预测趋势和实际趋势大抵是相互吻合的，但仍有一定误差区间，说明了 WAVENN 模型在股票市场系统性风险预测上是具有一定可行性，但同时对提升预测的精度仍有继续优化的空间。

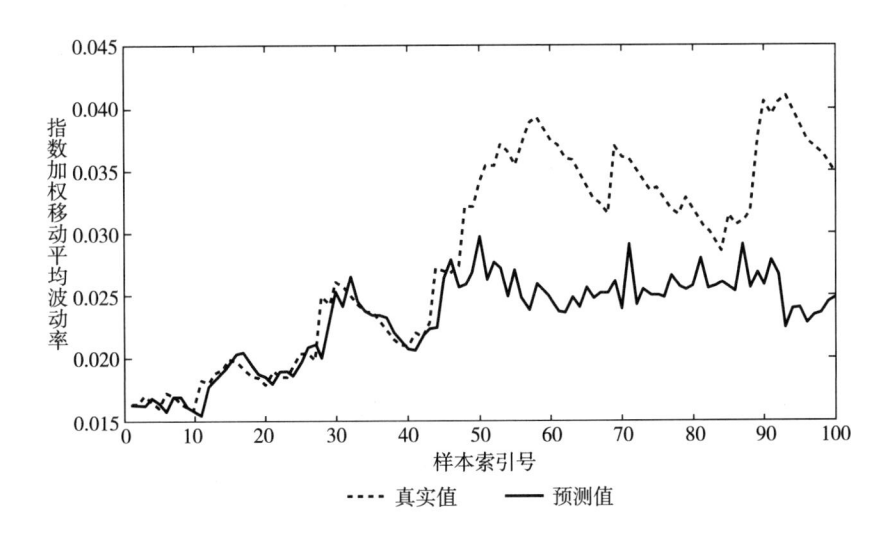

图 4-16　上证综指日波动率 2015 年局部 WAVENN 预测值与实际值

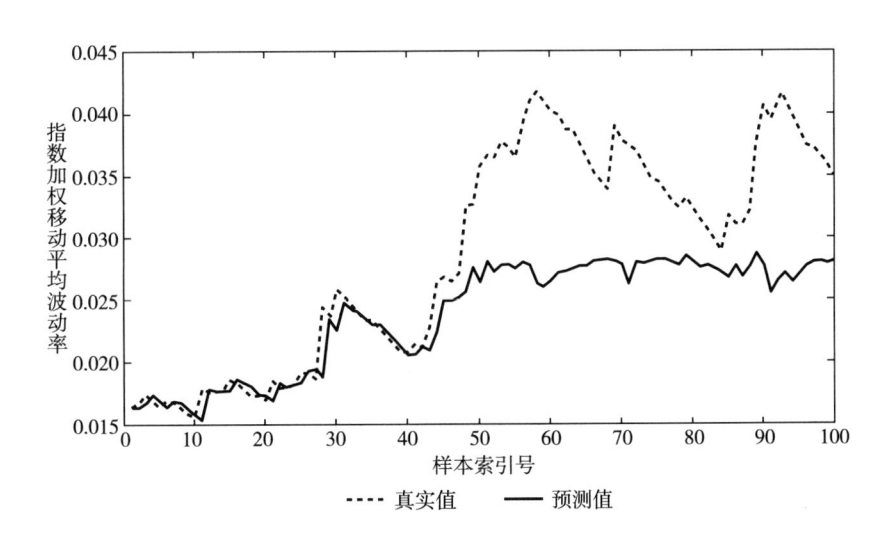

图 4-17　沪深 300 日波动率 2015 年局部 WAVENN 预测值与实际值

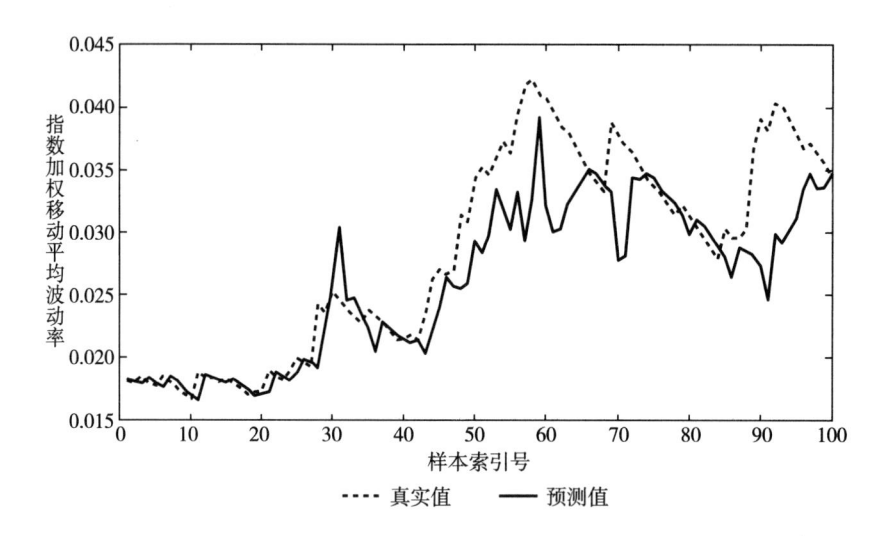

图 4-18　中证 100 日波动率 2015 年局部 WAVENN 预测值与实际值

## 第三节　本章小结

本章对我国股票市场风险预警进行了系统性研究。股票市场作为我国推进供给侧改革过程中重要的一环，维持股市长期的稳定与繁荣是保障供给侧改革在我国高效实施的重要基础，也是我国经济向高质量发展的时代需求。供给侧改革政策的实施需要关注现有固存高危风险点，努力降低我国发生系统性金融风险的可能。在推进供给侧结构性改革的过程中，还需注意短期的风险与挑战，系统、全面地做好股票市场的风险管理具有非常重要的现实意义。本书为了全面、综合地考虑各方面因素，首先挖掘出可能隐含着风险信息的非市场数据，构建了股票市场投资者情绪指数预警模型与供给侧改革热度指数预警模型；此外，基于大数据挖掘视角，我们就股票市场历史数据构建了机器学习人工智能 SVM 类与 NN 类风险预警模型，通过上述数据与模型的高度结合系统性对股票市场的智能风险预警展开研究。

具体而言，本章的实证研究结果表明，我国股票市场中，投资者情绪指数预警模型、供给侧改革热度指数预警模型、SVM 类（CV-SVM、GA-SVM、GWO-SVM）预警模型和 NN 类（BPNN、WAVENN）预警模型都能较好地对股票市场进行风险预警。其中，本研究所构建的SVM类风险预警模型中的GWO-SVM风险预警模型在全局风险预警模型性能中表现最优，具有最出色的预测性能，其对股票市场所经历过的暴跌历史风险极端事件具有准确的刻画能力与泛化推广能力。此外，通过文本挖掘技术处理非结构化数据构建的股票市场投资者情绪指数预警模型在考虑了恰当的滞后期后也能具备良好的预测效果。本研究首次提出的供给侧改革热度指数预警模型基于政策实时热度在一定滞后期表现出的显著性风险预警效果，不仅能让我们充分捕获到由于政策变化致使市场发生风险特征变化的信号，更是拓宽了能通过投资者情绪与政策变化热度等非结构化数据来反映股市风险变化的通道，进一步丰富我国股票市场进行风险管理的视角，提高风险管理质量。值得一提的是，虽然GWO-SVM风险预警模型为最优预测模型，MAE与MSE值最小，但WAVENN等风险预警模型在预测性能上差距并不大，即MAE与MSE值差距不大，其也能对股票市场风险预警提供一定的参考作用，且相较单一风险预警模型的薄弱性，多种风险预警模型的共存性对于股票市场进行风险管理是必要的。

综上所述，对于股票市场的智能风险预警研究，本书以数据与模型的高度契合为出发点，针对供给侧改革背景下的风险特征，挖掘了股票市场所具有的非结构性市场数据，构建了非结构性股票市场数据类智能风险预警模型；通过支持向量机与神经网络机器学习大数据挖掘技术对市场历史数据进行挖掘构建了CA-SVM、GA-SVM、GWO-SVM、BPNN、WAVENN智能风险预警模型，能充分捕获在供给侧改革背景前后市场透露出的真实风险特征信号，进行科学预警与风险管理。最终本书所构建的模型都取得了十分理想的预警效果，为下一步研究工作奠定了基础。

# 第五章

# 债券市场的风险预警研究

## 第一节 问题提出

债券市场不仅是我国货币政策和宏观调控的载体，更是企业直接融资的重要渠道，随着我国金融市场的发展，中国债券市场已成为全球第二大债券市场，形成了以地方债为主、国债为辅的政府信用型市场格局。值得注意的是，我国产能体现出的过剩、落后和污染等特征，难以有效匹配国内不断升级的需求，供给侧问题已成为导致经济下行的重要原因，僵尸企业出清迫在眉睫。因此，为协助我国经济顺利度过转轨时期，我国实行供给侧结构性改革政策，去产能即供给侧改革的五大任务之首。随着供给侧改革进程深入，债券市场作为直接融资市场的代表，其不仅能通过推动储蓄转化为投资，为企业发展提供多元化融资渠道与投资产品，为资本的流动与定价创造有利条件，为银行等金融机构达到资本监管要求，为政府满足日益增长的财政预算。同时，其所具有的债务代理成本相对较低、企业信息披露要求较高等优势可使资本市场的资源配置更有效率，有助于实现以市场手段推动去产能、去僵尸企业等目标。但面对我国债务风险呈现出余额高且增速快的高风险特征，以及地方政府是否能合理安排地方债务的举借、使用和偿还等高风险问题，若不及时进行债务风险防控与管理，势必将给财政系统、地方政府与经济带来巨大的挑战，还可能对我国稳定发展带来巨大的负面效应。

2015年12月，中央经济工作会议指出推进供给侧改革攻坚，着力加强结构性改革，在适度扩大总需求的同时，去产能、去库存、去杠杆、降成本、补短板，提高供给体系质量和效率，提高投资有效性，切实解决源于供给侧结构性问题导致的经济下行问题。该政策的推进，为我国经济的良好发展保驾护航。发展债券市场有利于完善货币政策传导机制，推进我国供给侧结构性改革，债券市场扮演着重要角色。新常态下，发挥市场的决定性作用，推进利率市场化、提高资本配置效率是必要的，完善债券市场可以进一步打通债券市场和信贷市场，有利于货币政策的效果高效地从债券市场传导至其他债务融资市场。同时，在新常态的背景下，供给侧改革强调人力、资本、土地要素优化带来的效率提升，在非金融部门投资债券的条件下，扩大债券发行不会与信贷扩张那样快速增加 M2。通过发展债券市场，有利于提高金融资本要素的配置效率，控制 M2/GDP 不断上升的趋势，这有效地缓解了经济扩张的货币饥渴症。

除此之外，债券市场在"降成本""去杠杆""补短板"上也发挥着其独特的作用，其不仅有助于改善企业"融资难""融资贵"的困境，同时也会降低企业的融资成本；发展债券市场有利于促进地方政府降杠杆，化解地方债务风险，地方政府通过发行低成本、长期限、标准化的地方债券，定向置换那些高成本、短期限、非标准化的存量政府债务，地方政府获得较长期限的稳定资金来源，较大程度上缓解了地方财政即期偿债的压力；运用债券市场支持养老产业发展，既可以促进养老产业投融资机制顺畅，也可以促进债券市场"补短板"。

虽然债券市场的发展能够助力我国供给侧结构性改革的推进，使更多企业有机会进入债券市场进行融资，有助于解决企业融资难、融资贵的问题，特别是对中小企业来说，债券市场为其解决资金短缺问题提供了可能性。但是不容忽视的是，供给侧结构性改革的推进也在一定程度上增加了我国债券市场的潜在风险。中国银行间市场交易商协会秘书长时文朝表示："随着更多低评级的企业进入市场，信用风险问题也会越来越明显，这是一个市场发展到一定阶段的必然结果。"此外，对地方政府债券市场而言，供给侧结构性改革所提出的"三去一降一补"，在一定程度上给地方政府带来了不小的压力，从而增加了地方政府债券市场的潜在风险。

回顾我国债券市场发展历史，自改革开放以来，随着我国资本市场的结构在不断完善，作为资本市场重要组成部分的债券市场经历了以下三个发展阶段：第一阶段是我国债券市场的婴儿时期，是以场外交易为主的时期。该阶段我国债券交易品种以国债和企业债为主，彼时债券市场资金主要解决了财政赤字，以及筹集建设资金和解决改革中的问题，而未考虑我国宏观市场的发展，发行主体较为单一，且未建成全国统一的市场，对资本市场的推动力不足；第二阶段是以交易所交易为主的时期，该时期我国债券市场的发展更具组织性、法制化、正规化。交易方式在不断创新，但也产生了不少问题，例如银行通过融资融券业务而"超额融资"以满足自我的融资需求，助长了股市泡沫蓄积，加剧了股市动荡，增加了金融系统性风险。此时期我国债券市场发展呈现微观主体很积极，但宏观监管落后的特点；第三阶段是以银行间交易为主的时期，该时期我国债券市场在正确发展战略指导下，其品种、规模都得到了有效增加，债券市场体系逐渐确立。同时，在该时期我国债券市场规模迅速壮大，市场创新不断涌现，市场主体日趋多元，市场活跃度稳步提升，对外开放稳步推进，制度框架也逐步完善。目前，中国债券市场已成为全球第二大债券市场。

综上所述，为有效助力供给侧改革政策落实，并且促进债券市场进行高质量发展，应当加强我国债券市场风险的管理与防控，避免风险过度累积。本书将在供给侧结构性改革背景下，考虑地方政府债券在我国债券市场上所占有的重要地位，将债权市场细分为企业债和地方债两个主要部分分别开展风险预警研究，本书基于非结构化数据建立了情绪指数预警模型与供给侧改革热度指数预警模型，并基于结构化数据构建了SVM智能预警模型与神经网络智能预警模型，对我国债券市场进行有效监控和预测。

## 第二节 企业债风险预警实证分析

### 一 企业债情绪指数风险预警分析

（一）模型设计

许多研究都指出，在债券市场上，投资者情绪与债券市场依然具有密切的联系。关耀达（2019）的研究表明，投资者情绪与企业债以及公司债的信用利差之间有显著的负相关关系，当投资者情绪高涨时，债券信用利差下降；反之，当投资者情绪低迷时，债券收益率上升，信用利差扩大，即投资者情绪对债券信用利差具有显著的负向影响。王浩东（2019）、宋文（2019）的研究都表明，当投资者情绪高涨时，投资者对债券的需求会上升，而当投资者情绪低落时，会降低对债券的需求。因此，我们使用文本挖掘技术构建投资者情绪指数用于反映投资者的情绪倾向，并研究其与债券市场的关系，试图建立对债券市场的预警模型。具体思路如下：

1. 构建情绪指数

依据情感词典对分词处理后的文本信息进行语义赋权计算文本得分，而文本的阅读量将很好地反映该文本对其他投资者的影响程度，本研究据此对文本得分再次进行赋权得到最终的投资者情绪指数。

2. 移动平均处理

因为情绪在债券市场中的传递需要一定的时间，本研究对投资者情绪指数和反映债券市场运行情况的价格波动率分别向前和向后进行了移动平均处理，进而考虑了它们的时滞效应。

3. 回归分析

采用 OLS 最小二乘法进行回归分析，将情绪指数作为解释变量，将债券价格波动率作为被解释变量，对不同的滞后期 $i$ 进行回归。

4. 有效性分析

选择最优滞后期 $i$ 对债券市场未来的价格波动率进行预测，并将样本期间的实际波动率画在同一张图上，观察拟合情况。

（二）样本选取

本研究的网络文本信息选取东方财富旗下股票社区的债券吧板块发帖（https：//guba.eastmoney.com/list，zq.html），利用爬虫技术对相关帖子进行爬取，收集其帖子文本信息、发帖时间、阅读量等数据。因为时间较早，帖子数量较少，难以全面反映当日的投资者情绪。我们选择上证公司债价格波动率和中证公司债价格波动率作为债券市场价格波动率的代表。样本时间区间为 2009 年 10 月 1 日至 2020 年 7 月 31 日。

（三）数据处理

本书在对债券吧的帖子链接、帖子标题、阅读量、评论量、发表日期、帖子内容等数据进行爬虫抓取，通过去除空缺值（去除帖子内容为空的帖子）、去除重复数据（去除帖子内容重复的帖子，仅保留一条时间最靠前的帖子）、去除无意义的文本等，对数据进行清洗。由于非交易日的存在，样本数据存在较多的缺失值，我们对缺失值沿用上一期的样本数据作为该期的数据。

（四）投资者情绪指数

我们按照第三章所介绍的方法构建债券市场情绪指数。其取值范围为 [-1, 1]，其中，取值为负表明情感倾向为消极情感，且其绝对值越大，表明消极倾向程度越大，取值为正表明情感倾向为积极情感，且其绝对值越大，表明积极倾向程度越大。

（五）实证分析

1. 描述性统计

债券市场选取上证公司债价格波动率和中证公司债价格波动率作为债券市场价格波动率的代表。从描述性统计的结果可以看出，债券市场情绪指数的最小值为-0.49691，最大值为1，情绪指数均值为0.31590。投资者情绪指数平均数为正，说明情感倾向较为乐观。上证公司债价格波动率最小值为-0.00015，最大值为0.00118，均值为0.00014，标准差为0.00019，中证公司债价格波动率最小值为-0.00019，最大值为0.00118，均值为0.00014，标准差为0.00018，平均而言，在该时间段内，上证公司债的价格波动率和中证公司债的价格波动率均为0.014%，大致处于盈亏平衡的状态，波动性较小。

表 5-1　　　　　　　　　　描述性统计

| 变量 | 均值 | 标准差 | 最小值 | 最大值 |
| --- | --- | --- | --- | --- |
| 债券市场情绪指数 | 0.31590 | 0.21213 | -0.49691 | 1.00000 |
| 上证公司债收盘价 | 205.30190 | 2.91586 | 200.75000 | 209.50000 |
| 上证公司债价格波动率 | 0.00014 | 0.00019 | -0.00015 | 0.00118 |
| 中证公司债收盘价 | 205.70840 | 2.90177 | 201.12000 | 209.90000 |
| 中证公司债价格波动率 | 0.00014 | 0.00018 | -0.00019 | 0.00118 |

2. 回归结果分析

债券市场回归结果如表 5-2 和表 5-3 所示。

表 5-2　　　　　　　债券市场（上证公司债）回归结果

| 变量 | $i=1$ | $i=2$ | $i=3$ | $i=4$ | $i=5$ |
|---|---|---|---|---|---|
| 情绪指数过去 $i$ 日移动平均 | -0.00004<br>(-0.69) | -0.00004<br>(-0.81) | -0.00005<br>(-1.15) | -0.00007<br>(-1.61) | -0.00006<br>(-1.38) |
| Constant | 0.00015***<br>(-7.82) | 0.00015***<br>(-8.68) | 0.00016***<br>(-9.88) | 0.00016***<br>(-10.84) | 0.00016***<br>(-10.83) |
| 变量 | $i=6$ | $i=7$ | $i=8$ | $i=9$ | $i=10$ |
| 情绪指数过去 $i$ 日移动平均 | -0.00008*<br>(-1.82) | -0.00009**<br>(-2.18) | -0.00009**<br>(-2.14) | -0.00010**<br>(-2.18) | -0.00009**<br>(-2.05) |
| Constant | 0.00017***<br>(-11.68) | 0.00017***<br>(-12.29) | 0.00017***<br>(-11.8) | 0.00017***<br>(-11.56) | 0.00017***<br>(-11.29) |
| 变量 | $i=11$ | $i=12$ | $i=13$ | $i=14$ | $i=15$ |
| 情绪指数过去 $i$ 日移动平均 | -0.00009**<br>(-2.03) | -0.00009*<br>(-1.82) | -0.00008<br>(-1.60) | -0.00007<br>(-1.43) | -0.00006<br>(-1.32) |
| Constant | 0.00017***<br>(-11.17) | 0.00017***<br>(-10.9) | 0.00016***<br>(-10.73) | 0.00016***<br>(-10.57) | 0.00016***<br>(-10.33) |

注：***、**、*分别表示在1%、5%、10%的水平下显著；括号内为t值，下同。

表 5-3　　　　　　　债券市场（中证公司债）回归结果

| 变量 | $i=1$ | $i=2$ | $i=3$ | $i=4$ | $i=5$ |
|---|---|---|---|---|---|
| 情绪指数过去 $i$ 日移动平均 | -0.00004<br>(-0.77) | -0.00004<br>(-0.86) | -0.00005<br>(-1.19) | -0.00007<br>(-1.63) | -0.00005<br>(-1.30) |
| Constant | 0.00015***<br>-8.16 | 0.00015***<br>-9.11 | 0.00016***<br>-10.38 | 0.00016***<br>-11.34 | 0.00016***<br>-11.27 |
| 变量 | $i=6$ | $i=7$ | $i=8$ | $i=9$ | $i=10$ |
| 情绪指数过去 $i$ 日移动平均 | -0.00007*<br>(-1.67) | -0.00008*<br>(-1.95) | -0.00008*<br>(-1.83) | -0.00008*<br>(-1.85) | -0.00007*<br>(-1.72) |
| Constant | 0.00016***<br>-12.11 | 0.00017***<br>-12.73 | 0.00017***<br>-12.11 | 0.00017***<br>-11.85 | 0.00016***<br>-11.59 |
| 变量 | $i=11$ | $i=12$ | $i=13$ | $i=14$ | $i=15$ |
| 情绪指数过去 $i$ 日移动平均 | -0.00007*<br>(-1.66) | -0.00006<br>(-1.43) | -0.00005<br>(-1.18) | -0.00004<br>(-0.98) | -0.00004<br>(-0.84) |
| Constant | 0.00016***<br>-11.44 | 0.00016***<br>-11.16 | 0.00016***<br>-10.97 | 0.00015***<br>-10.8 | 0.00015***<br>-10.53 |

从回归结果可以看出，对于上证公司债和中证公司债，当 $6 \leqslant i \leqslant 11$，系数均显著，同时，做出系数随 $i$ 变化的趋势图，如图 5-1 所示（其中，1 表示该系数显著，0 表示该系数不显著）。

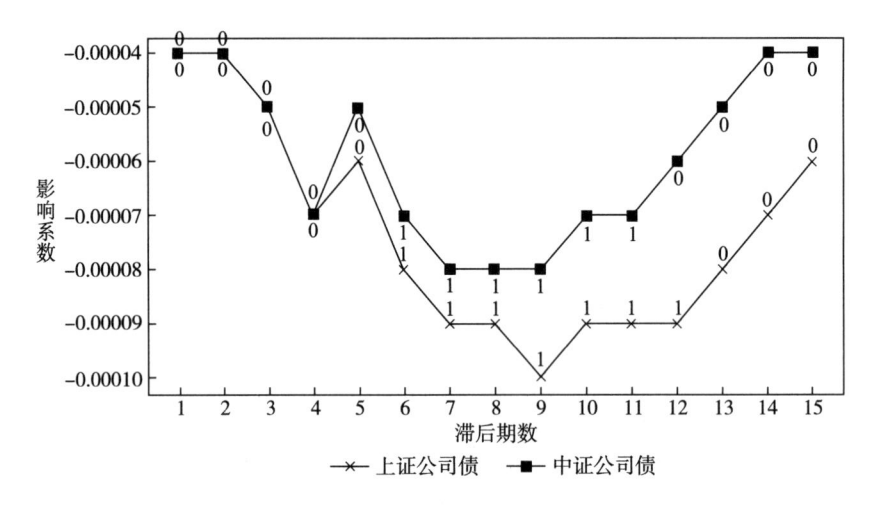

图 5-1 企业债情绪指数回归系数变化趋势

对于债券市场而言，从图 5-1 可以看出，当 $6 \leqslant i \leqslant 11$ 时，情绪指数过去 $i$ 日移动平均系数变化曲线随着期数的增加，呈现先下降后上升的趋势，但是由于系数均为负，因此，情绪指数过去 $i$ 日移动平均对债券市场价格波动率未来 $i$ 日移动平均的影响程度先上升，后下降。因此，对于债券市场而言，同样地，由于受传导路径以及目前效率的影响，信息的传导具有滞后性，导致投资者情绪指数对价格波动率的影响程度是逐渐增加的，且在未来第 9 期达到最大，而后，由于其失去时效性，其对价格波动率的影响又逐渐下降。

当投资者情绪指数对价格波动率的影响达到最大时，即在 $i=9$ 时，情绪指数过去 9 日移动平均系数为负，且显著，即情绪指数过去 9 日移动平均显著负向影响上证公司债价格波动率未来 9 日移动平均。一般而言，当市场情绪恶化时，利率倒挂理论认为，人们普遍会认为短期投资风险会增大，因此会降低对于期限相对较短的债券的需求，转向长期债券，以锁定一个基本的收益，导致期限较短的债券价格降低，收益率上升，期限较长的债券价格上升，收益率降低。对于公司债而言，其发行期限一般在 1 年以上,属于中长期债券,因此,当投资者情绪指数下降时,对公司债的需求会上升,因而导致公司债价格向上波动。

3. 预测效果分析

为验证回归模型的预测效果,本书做出回归预测值与实际价格波动率移动平均的时序图。其中,债券市场 $i$ 的取值为 9,如图 5-2 和图 5-3 所示。

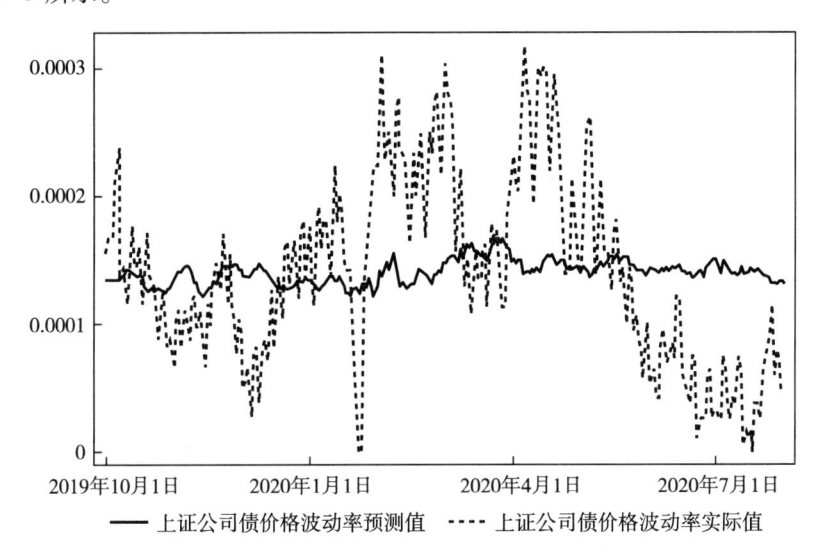

**图 5-2 上证公司债波动率回归预测值与实际值**

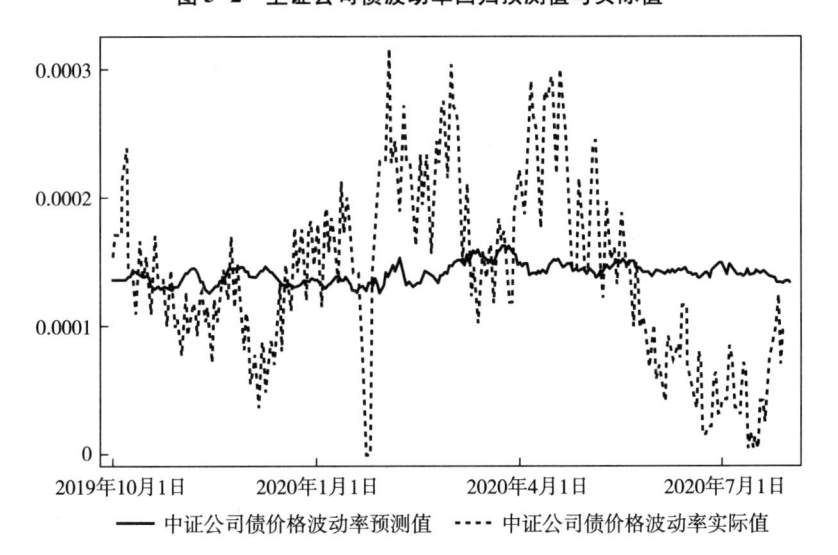

**图 5-3 中证公司债波动率回归预测值与实际值**

可以看出，依据情绪指数构建的滞后期 $i=9$ 的预警模型在总体趋势上是趋于平稳的，但是从具体时间点上来看拟合效果并不十分理想。我们猜测有如下原因：相较股票的投机倾向，债券投资更倾向于保值并增值，因此债券投资者通常购买债券会中长期持有，短期的情绪对其决策行为的影响较为有限。在股吧债券板块中的帖子大量探讨了可转债，这也是一般投资者普遍关心和广泛参与的，而可转债对上证指数或中证指数的影响可能较弱。债券市场的一般投资者相较股票市场更少，因此参与债券吧讨论的人也较少，发帖情况可能对于总体投资者情绪的反映不够全面。

## 二 企业债供给侧改革热度指数风险预警分析

### （一）模型设计

在国家大力实施供给侧改革这一宏观经济政策的背景下，债券市场作为攻坚利器不仅具有举足轻重的作用，同时也深受供给侧改革的影响。王一鸣等（2021）研究表明债券市场配置效率波动较大，但2016年之后债券市场由于受到供给侧改革的显著影响，市场整体配置效率得到大幅度提高。特别是针对产能过剩行业，在2016年电力、热力、燃气及水生产和供应业和采矿业的融资额开始下降。而对于科学研究和技术服务业等短板行业的债券存量开始处于持续上升的状态。供给侧改革的目的就是加强优质供给，减少无效供给，提高全要素生产率，健康稳定的债券市场通过市场的手段能够减少在产能过剩行业和夕阳产业的融资、增加新兴与紧缺行业的融资能力。本书为分析供给侧改革与债券市场的关系，尝试建立债券市场的风险预警模型进行研究，具体思路如下。

1. 构建供给侧改革热度指数

依据供给侧改革政策在国家层面提出后的新闻热度与投资者对相关关键词检索的行为数据进行统计。国家层面召开的若干次会议是政策实行的具体导向，新闻资讯的报道程度将持续性对投资者的投资判断行为进行干预。而投资者对会议相关关键词的检索规模将直接地反映其受政策实行的具体影响程度，因此，本书据此通过对新闻热点程度与相关关键字检索频次进行加总得到最终的供给侧改革热度指数。

2. 移动平均处理

供给侧改革政策的实行到其传递进债券市场中，期间需要一定的时间，因此我们对供给侧改革热度指数和反映公司债与企业债市场运行情况的价格波动率分别向前和向后进行了移动平均处理，进而考虑了它们的时滞效应。

3. 回归分析

我们采用OLS最小二乘法进行回归分析，将供给侧改革热度指数作为解释变量，将公司债与企业债价格波动率作为被解释变量，对不同的滞后期$i$进行回归。

4. 有效性分析

选择最优滞后期$i$对公司债与企业债市场未来的价格波动率进行预测，并将样本期间的实际波动率画在同一张图上，观察拟合情况。

（二）样本选取

我国互联网规模庞大，新闻媒体众多，检索方式也具有多样化，数据零散也庞大，但好在百度作为我国现行互联网搜索引擎综合实力排名第一的互联网公司，不仅影响力家喻户晓，软件人尽皆知与人人用之，更是投资者获得最新信息的首选。长久以来，百度作为主要的互联网搜索网站，不仅能全面检索新闻热点等文本信息，更是积累了数量庞大的投资者行为数据。因此，鉴于其高活跃性、文本信息与行为数据丰富等优点，本书选取百度旗下的以百度海量网民行为数据为基础的数据分析平台百度指数（http://index.baidu.com）为基础，统计新闻资讯与互联网用户对特定关键词的关注、报道及继续变化情况等数据。在2015年11月中央财经领导小组会议上，习近平主席在会上首次提出"供给侧改革"（习近平，2015），因此本书选择的时间区间为2015年11月1日至2020年7月31日。本书选择上证公司债价格波动率和中证公司债价格波动率这两个较为全面的指标反映公司债与企业债市场的运行情况，时间区间同样为2015年11月1日至2020年7月31日。

（三）数据处理

本书在对供给侧改革所涉及的供给侧改革、供给侧结构性改革、实体经济、影子银行、金融风险、"三去一降一补"、地方债、企业债、大众创业万众创新、融资贷款、双循环、高质量发展、扩大内需、新发展格局、新发展理念、创新驱动发展、协调发展、科技创新、内需不足、产能过剩、去杠杆、去杠杆化、去产能、去库存、僵尸企业、金融杠杆共26个关键词进行数据提取并等权重计算出综合供给侧改革热度指数。由于非交易日的存在，我们在对综合供给侧改革热度指数构建时为契合股票市场数据反映出的真实信号，对非交易日的数据进行了剔除，构建了供给侧改革热度指数。

（四）供给侧热度指数

我们按照前述的方法构建供给侧改革热度指数，其值则反映了当日投资者对特定关键词与新闻资讯的检索规模与报道程度，其中取值越趋大，表明该时段供给侧改革热度处于一定的高水平；取值越小，表明该时段供给侧改革热度处于正常水平。

（五）实证分析

1. 描述性统计

选取上证公司债价格波动率和中证公司债价格波动率作为债券市场价格波动率的代表。从描述性统计的结果可以看出，供给侧改革热度指数的最小值为4090，最大值为70176，情绪指数均值为13493.4322。供给侧改革热度指数均值远大于最小值，说明供给侧改革具有持续性热度。上证公司债价格波动率最小值为-0.00015，最大值为0.00118，均值为0.00014，标准差为0.00019，中证公司债价格波动率最小值为-0.00019，最大值为0.00118，均值为0.00014，标准差为0.00018，平均而言，在该时间段内，上证公司债的价格波动率和中证公司债的价格波动率均为0.014%，波动不大。

表5-4  描述性统计

| 变量 | 均值 | 标准差 | 最小值 | 最大值 |
| --- | --- | --- | --- | --- |
| 供给侧改革热度指数 | 13493.43220 | 4195.20420 | 4090.00000 | 70176.00000 |
| 上证公司债收盘价 | 205.30190 | 2.91586 | 200.75000 | 209.50000 |
| 上证公司债价格波动率 | 0.00014 | 0.00019 | -0.00015 | 0.00118 |
| 中证公司债收盘价 | 205.70840 | 2.90177 | 201.12000 | 209.90000 |
| 中证公司债价格波动率 | 0.00014 | 0.00018 | -0.00019 | 0.00118 |

## 2. 回归结果分析

股票市场回归结果如表 5-5 和表 5-6 所示。

**表 5-5　　债券市场（上证公司债）回归结果**

| 变量 | $i=1$ | $i=2$ | $i=3$ | $i=4$ | $i=5$ |
|---|---|---|---|---|---|
| 供给侧改革热度指数过去 $i$ 日移动平均 | −29.07*** (−6.12) | −27.36*** (−5.92) | −30.15*** (−6.18) | −33.08*** (−6.44) | −36.88*** (−6.82) |
| Constant | 190.50*** (−252.56) | 190.30*** (−256.41) | 190.70*** (−247.34) | 191.10*** (−238.69) | 191.60*** (−229.79) |
| 变量 | $i=6$ | $i=7$ | $i=8$ | $i=9$ | $i=10$ |
| 供给侧改革热度指数过去 $i$ 日移动平均 | −40.13*** (−7.13) | −41.84*** (−7.27) | −42.23*** (−7.29) | −41.96*** (−7.26) | −42.10*** (−7.21) |
| Constant | 192.10*** (−223.12) | 192.30*** (−218.88) | 192.40*** (−217.44) | 192.40*** (−217.3) | 192.40*** (−215.76) |
| 变量 | $i=11$ | $i=12$ | $i=13$ | $i=14$ | $i=15$ |
| 供给侧改革热度指数过去 $i$ 日移动平均 | −43.11*** (−7.26) | −44.76*** (−7.38) | −46.36*** (−7.48) | −47.60*** (−7.56) | −48.19*** (−7.61) |
| Constant | 192.60*** (−213.31) | 192.80*** (−210.01) | 193.00*** (−206.83) | 193.20*** (−204.19) | 193.30*** (−202.93) |

**表 5-6　　债券市场（中证公司债）回归结果**

| 变量 | $i=1$ | $i=2$ | $i=3$ | $i=4$ | $i=5$ |
|---|---|---|---|---|---|
| 供给侧改革热度指数过去 $i$ 日移动平均 | −29.30*** (−6.14) | −27.52*** (−5.93) | −30.45*** (−6.21) | −33.61*** (−6.52) | −37.63*** (−6.93) |
| Constant | 187.70*** (−247.91) | 187.50*** (−251.63) | 187.90*** (−242.78) | 188.30*** (−234.38) | 188.90*** (−225.73) |
| 变量 | $i=6$ | $i=7$ | $i=8$ | $i=9$ | $i=10$ |
| 供给侧改革热度指数过去 $i$ 日移动平均 | −41.06*** (−7.27) | −42.93*** (−7.43) | −43.36*** (−7.47) | −43.08*** (−7.43) | −43.34*** (−7.40) |
| Constant | 189.40*** (−219.24) | 189.70*** (−215.12) | 189.70*** (−213.7) | 189.70*** (−213.55) | 189.80*** (−212.06) |
| 变量 | $i=11$ | $i=12$ | $i=13$ | $i=14$ | $i=15$ |
| 供给侧改革热度指数过去 $i$ 日移动平均 | −44.52*** (−7.47) | −46.35*** (−7.61) | −48.13*** (−7.75) | −49.54*** (−7.85) | −50.23*** (−7.90) |
| Constant | 189.90*** (−209.7) | 190.20*** (−206.52) | 190.40*** (−203.44) | 190.60*** (−200.89) | 190.70*** (−199.66) |

从回归结果可以看出，在 $i=1$ 至 $i=15$，即自变量分别为供给侧改革热度指数过去 1—15 日移动平均，因变量分别为上证公司债价格波动率与中证公司债价格波动率未来 1—15 日移动平均时，系数均在 1% 的水平下显著。说明考虑实滞性的供给侧改革热度指数能反映企业债券市场的价格波动现象。同时，做出系数随 $i$ 变化的趋势图，如图 5-4 所示（其中，1 表示该系数显著，0 表示该系数不显著）。

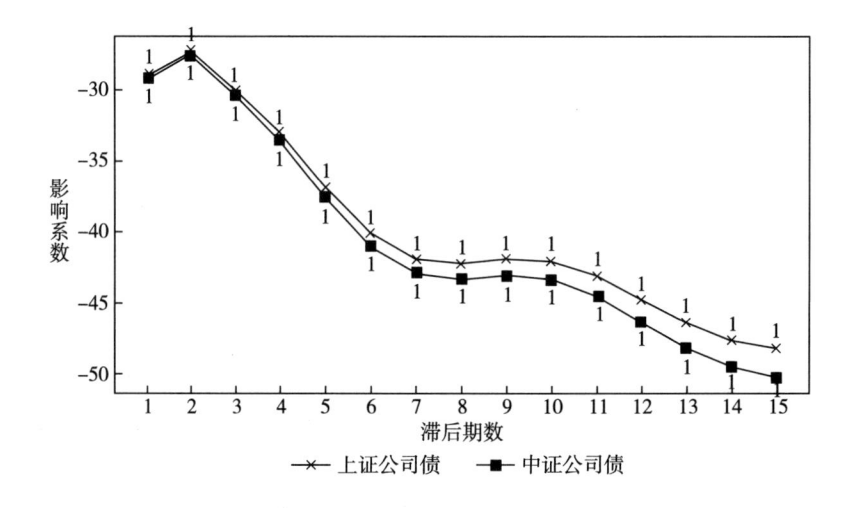

**图 5-4 企业债供给侧改革热度指数回归系数变化趋势**

从图 5-4 可以看出，对于公司债与企业债市场而言，由于受传导路径以及目前我国债券市场效率的影响，信息的传导具有滞后性，在考虑滞后期前 15 期内，供给侧改革热度指数移动平均的系数均显著，即供给侧改革热度指数过去 1—15 日移动平均对公司债与企业债市场价格波动率未来 1—15 日移动平均均能产生显著影响。

3. 预测效果分析

为验证回归模型的预测效果，本书做出回归预测值与实际价格波动率移动平均的时序图。其中，股票市场 $i$ 的取值为 7，如图 5-5 和图 5-6 所示。

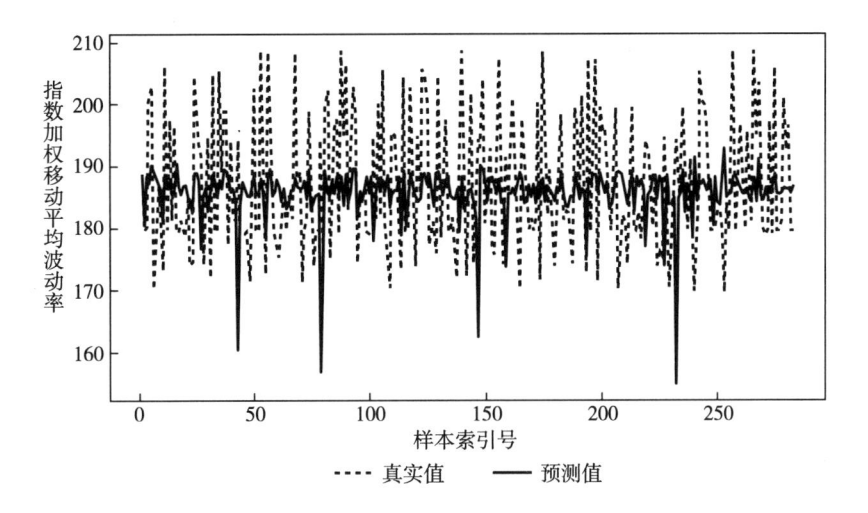

图 5-5　上证公司债价格波动率回归预测值与实际值

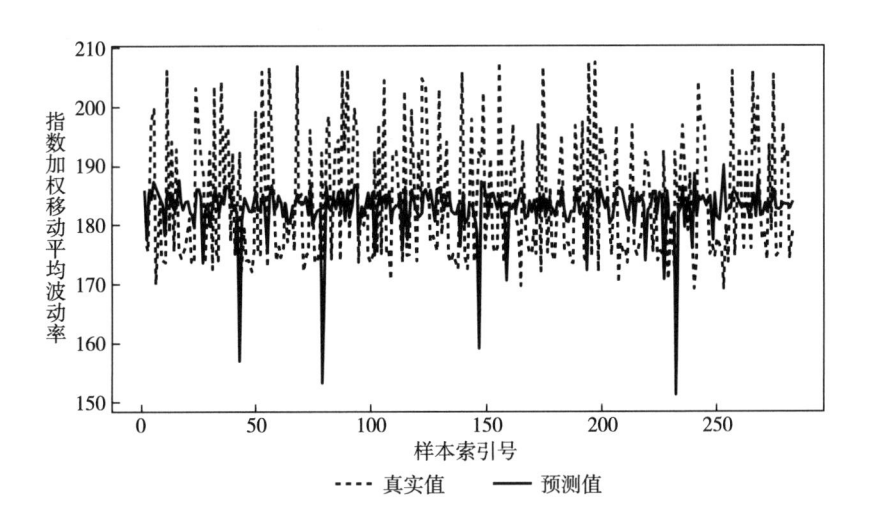

图 5-6　中证公司债价格波动率回归预测值与实际值

可以看到，在考虑时滞性的情况下，拟合值对真实值大致具有相同的变化趋势，即同升同降，回归模型的预测效果较好，可用于对公司债与企业债券市场价格波动率的预测以及对可能出现的价格下降的风险进行预警。

### 三　企业债支持向量机智能风险预警分析

（一）模型设计

我们基于第三章所介绍的金融市场风险的大数据智能预警方法，分别构建了 CV-SVM、GA-SVM、GWO-SVM 模型对债券市场进行风险预警，分别计算了不同参数优化算法下的最优 C 和 g。因为支持向量机 SVM 是人工智能领域的一种机器学习工具，需要进行自我学习和训练以提升模型的预测效果，我们对样本数据的前一半作为训练集，后一半作为测试集用来验证模型的预警效果。

（二）样本选取

债券市场选取中证全债指数值，中证国债指数、企业债指数、公司债指数涨跌幅。这四个指数主要包括中国银行间国债、沪深国债、金融债以及沪深公司债和企业债，覆盖了大部分的债券市场，具有代表性意义。因中证全债指数数据不全，选取样本区间为2011年9月1日至2020年11月18日，样本量为2229个。除全债指数外，其余样本的数据区间为2010年1月4日至2020年7月30日。这三个指标的数据样本量为2571个，将各个指标的前1284个样本作为训练集，全债指数后945个样本作为测试集，其余指标后1287个样本作为测试集。

（三）最优参数选择

表 5-7 和表 5-8 是各个优化算法对不同指数日收益率计算出的最优 C 和 g 值，采用优化算法得出的最优参数代入 SVM 对训练集进行学习，建立相对应的 CV-SVM、GA-SVM、GWO-SVM 债券市场风险预警模型。

表 5-7　　　　　　　　最优参数 C 取值

|  | CV-SVM | GA-SVM | GWO-SVM |
| --- | --- | --- | --- |
| 全债指数 | 0.0359 | 0.1627 | 100.0000 |
| 国债指数 | 0.0039 | 0.4087 | 0.0100 |
| 公司债指数 | 0.1088 | 0.1000 | 56.2094 |
| 企业债指数 | 0.0225 | 0.1577 | 2.7996 |

表 5-8　　　　　　　　　最优参数 g 取值

|  | CV-SVM | GA-SVM | GWO-SVM |
|---|---|---|---|
| 全债指数 | 0.5743 | 1.3966 | 0.0179 |
| 国债指数 | 256.0000 | 6.9124 | 0.0100 |
| 公司债指数 | 9.1896 | 5.7763 | 0.1667 |
| 企业债指数 | 3.0314 | 1.8029 | 12.5327 |

（四）实证分析

1. 描述性统计

表 5-9 是各个指标的描述性统计结果。从均值、标准差和方差结果来看，因为选取的是中证全债指数值，所以全债指数值标准差和方差较大，具有很强的波动性，而其他三个是各个指数的涨跌幅，所以标准差和方差较小。从偏度的结果来看，所有指数都呈现右偏趋势，其中全债指数偏度最低，国债指数偏度最高。从峰度的结果来看，除全债指数外，其余三个指数都具有尖峰特征，其中国债指数峰值最大。具体如表 5-9 所示。

表 5-9　　　　　　　　　描述性统计

|  | 均值 | 标准差 | 方差 | 偏度 | 峰度 |
|---|---|---|---|---|---|
| 全债指数 | 169.10130000 | 20.99490000 | 440.78600000 | 0.11864620 | 1.84813100 |
| 国债指数 | 0.01557470 | 0.04708100 | 0.00221660 | 0.68701160 | 34.29922000 |
| 公司债指数 | 0.02270570 | 0.04664440 | 0.00217570 | 0.44822290 | 12.13068000 |
| 企业债指数 | 0.02385000 | 0.04046170 | 0.00163710 | 0.47077890 | 12.02246000 |

2. 准确率分析

表 5-10 至表 5-12 给出了各个模型针对不同指数预测的平均绝对误差（MAE）、均方误差（MSE）和平均绝对半分比误差（MAPE），可以发现所有的 SVM 模型对所有国债指数、公司债指数和企业债指数的涨跌幅预测都有较好的结果，但是在全债指数的预测上，各个模型预测效果都不是很准确，可能的原因是因为选取的是全债指数的数值而不是涨跌幅，而数值都是在 150 左右，所以对其整体的预测误差偏大，说

明 SVM 模型对于债券市场指数的预测更适用于波动率的预测，对于具体数值的预测还是有一定的误差的。总的来看，所有模型对指数的预测都有一定的可行性，且进行优化过后的模型，在预测准确性上比原始的 SVM 模型有了一定的提高。

表 5-10　　　　　　　平均绝对误差（MAE）结果

| | SVM | CV-SVM | GA-SVM | GWO-SVM |
|---|---|---|---|---|
| 全债指数 | 24.1578 | 19.6523 | 23.6489 | 2.2793 |
| 国债指数 | 0.0274 | 0.0271 | 0.0283 | 0.0270 |
| 公司债指数 | 0.0165 | 0.0168 | 0.0167 | 0.0167 |
| 企业债指数 | 0.0150 | 0.0152 | 0.0152 | 0.0148 |

表 5-11　　　　　　　均方误差（MSE）结果

| | SVM | CV-SVM | GA-SVM | GWO-SVM |
|---|---|---|---|---|
| 全债指数 | 21.9454 | 703.2609 | 972.3927 | 7.6645 |
| 国债指数 | 0.0018 | 0.0017 | 0.0019 | 0.0017 |
| 公司债指数 | 0.0953 | 0.0954 | 0.0950 | 0.0939 |
| 企业债指数 | 0.0760 | 0.0773 | 0.0773 | 0.0726 |

表 5-12　　　　　　平均绝对百分比误差（MAPE）结果

| | SVM | CV-SVM | GA-SVM | GWO-SVM |
|---|---|---|---|---|
| 全债指数 | 0.1213 | 0.0988 | 0.1193 | 0.0118 |
| 国债指数 | 2.5882 | 2.9639 | 3.1600 | 2.9509 |
| 公司债指数 | 0.0452 | 0.0685 | 0.0749 | 0.0643 |
| 企业债指数 | INF | INF | INF | INF |

注：结果为 INF 代表指数存在为 0 的值，导致平均绝对百分比误差计算时为无穷大。

3. 预测效果分析

由上述实证结果可知，GWO-SVM 模型在预测债券市场的价格收益率和波动率上具有很好的适应性，具有较好的拟合能力和预测效果。而我们选取的中证全债指数值是一个较全面的指标，能够综合反映沪深证券交易所和银行间债券市场价格变动的趋势。因此，我们采用该指标来研究 GWO-SVM 模型在原始—预测数据上的准确性。从图 5-7 可以看出，模型的预测值与原始值趋势一致，说明该模型具有很好的预测效果。

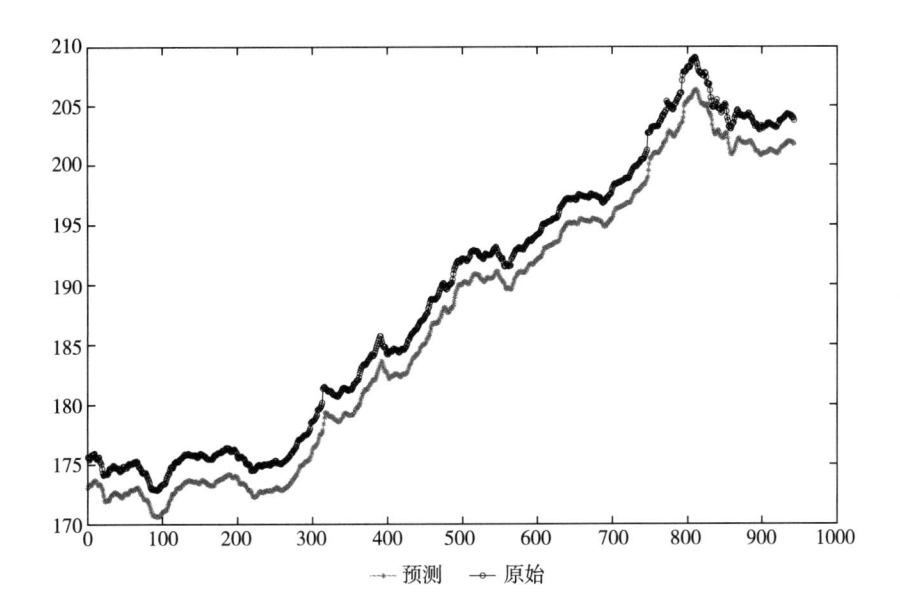

图 5-7 中证全债指数 GWO-SVM 预测值与实际值

### 四 企业债神经网络智能风险预警模型与实证分析

（一）模型设计

为了对公司债与企业债市场系统性风险进行全局性的智能预警研究，我们在运用了 SVM 类算法进行预警的基础上，进一步运用神经网络类智能机器学习算法——小波神经网络对股票市场历史数据进行新的挖掘。小波神经网络通过小波变换对信号进行尺度伸缩和平移的多尺度分析，能有效挖掘出时间序列信号所具有的局部信息。而且，相较 BP 神经网络在结构设计上的盲目性，小波神经网络基于小波分析理论确定的基元和整个结构是更能有效捕捉到时间序列所反映的市场信号，致使小波神经网络拥有更强的学习能力、更简单、收敛速度更快的优点。因此，为了充分对公司债与企业债市场进行智能风险预警研究，我们使用小波神经网络作为公司债与企业债券市场另一智能风险预警工具。

（二）样本选取

为了与前文 SVM 智能预警算法保持一致水平与具有性能可对比性，我们依然选取了 2011 年 9 月 1 日至 2020 年 11 月 18 日累计 2229 个中证全债指数值，2010 年 1 月 4 日至 2020 年 7 月 30 日累计 2571 个中证国债指数、企业债指数、公司债指数涨跌幅共计四个指标。将各个指标的前 1284 个样本作为训练集，全债指数后 945 个样本作为测试集，其余指标后 1287 个样本作为测试集。

（三）实证分析

1. 描述性统计

表 5-13 是各个指标的描述性统计结果。从均值、标准差和方差结果来看，因为选取的是中证全债指数值，所以全债指数值标准差和方差较大，具有很强的波动性，而其他三个是各个指数的涨跌幅，所以标准差和方差较小。从偏度的结果来看，所有指数都呈现右偏趋势，其中全债指数偏度最低，国债指数偏度最高。从峰度的结果来看，除全债指数外，其余三个指数都具有尖峰特征，其中国债指数峰值最大。具体如表 5-13 所示。

表 5-13　　　　　　　　　　描述性统计

| | 均值 | 标准差 | 方差 | 偏度 | 峰度 |
|---|---|---|---|---|---|
| 全债指数 | 169.1013000 | 20.9949000 | 440.7860000 | 0.1186462 | 1.8481310 |
| 国债指数 | 0.0155747 | 0.0470810 | 0.0022166 | 0.6870116 | 34.2992200 |
| 公司债指数 | 0.0227057 | 0.0466444 | 0.0021757 | 0.4482229 | 12.1306800 |
| 企业债指数 | 0.0238500 | 0.0404617 | 0.0016371 | 0.4707789 | 12.0224600 |

2. 准确率分析

表 5-14、表 5-15 和表 5-16 分别给出了 BPNN 和 WAVENN 针对不同指数与涨跌幅的平均绝对误差（MAE）、均方误差（MSE）和平均绝对百分比误差（MAPE），可以发现 BPNN 与 WAVENN 模型对大部分指数的涨跌幅预测都有较好的结果，说明神经网络模型对于公司债与企业

债市场系统性风险的预测是有效的。但是对全债指数值而言，BPNN 模型在预测准确性上比 WAVENN 模型更优。而其他指数从 MAE 来看，BPNN 模型与 WAVENN 模型在平均绝对误差上不分伯仲，但从 MSE 与 MAPE 来看，WAVENN 模型比 BPNN 模型获得了更好的预测结果。综上，BPNN 作为基础神经网络模型对全债指数值具有更优秀的预测性能，但是对其他指数值涨跌幅而言，BPNN 其均方误差相对较大，而 WAVENN 模型虽牺牲小部分 MAE 但大部分降低了 MSE，所以 WAVENN 相较 BPNN 具有优秀的预测效率和能力。

表 5-14　　　　　　　平均绝对误差（MAE）结果

|  | BPNN | WAVENN |
| --- | --- | --- |
| 全债指数 | 1.9413 | 12.1492 |
| 国债指数 | 0.0715 | 0.0715 |
| 公司债指数 | 0.0167 | 0.0175 |
| 企业债指数 | 0.0424 | 0.0368 |

表 5-15　　　　　　　均方误差（MSE）结果

|  | BPNN | WAVENN |
| --- | --- | --- |
| 全债指数 | 1.3729e+04 | 387.5335 |
| 国债指数 | 13.7025 | 0.0108 |
| 公司债指数 | 0.6697 | 0.0006 |
| 企业债指数 | 5.5444 | 0.0034 |

表 5-16　　　　　　平均绝对百分比误差（MAPE）结果

|  | BPNN | WAVENN |
| --- | --- | --- |
| 全债指数 | 0.0096 | 0.0608 |
| 国债指数 | INF | INF |
| 公司债指数 | INF | INF |
| 企业债指数 | 4.6810 | 3.7989 |

注：结果为 INF 代表指数存在为 0 的值，导致平均绝对百分比误差计算时为无穷大。

3. 预测效果分析

由上述实证结果可知，BPNN 对全债指数值有更优秀的预测性能，而 WAVENN 模型在对国债指数、公司债指数、企业债指数市场涨跌幅预测上有很好的适应性，在 MAE 和 MSE 得分上综合得分相对于 BPNN 更优，也印证了神经网络算法具有的较好拟合能力和预测效果，能反映出市场异常突变和系统性风险。同样，为了体现神经网络智能风险预警模型性能，我们继续使用中证全债指数值指标来研究神经网络模型在原始—预测数据上的准确性。从图 5-8 可以看出，模型的预测趋势和实际趋势是一致的，进一步地表明了神经网络模型具有很好的预测性能。

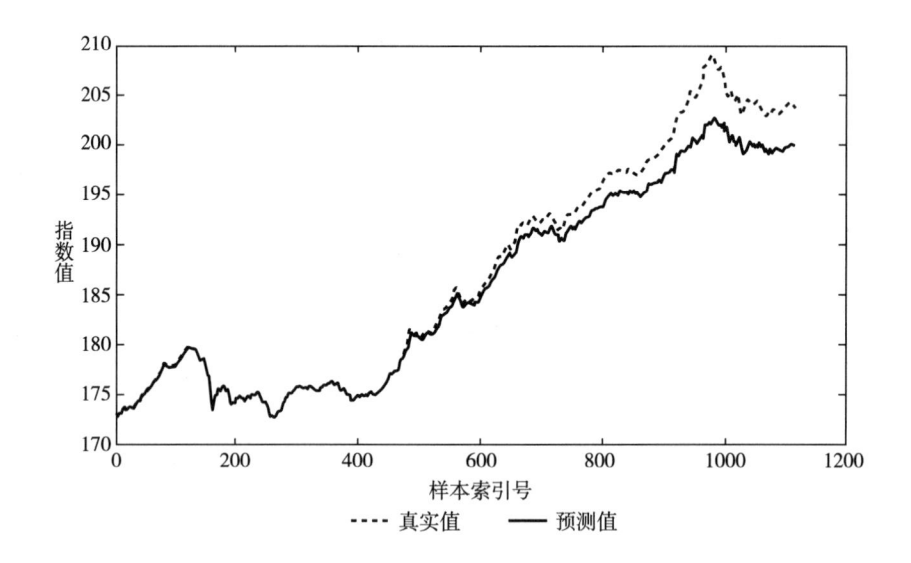

**图 5-8　中证全债指数 BPNN 预测值与实际值**

## 第三节　地方债风险预警实证分析

值得注意的是，地方政府债务作为中国债券市场重要且特殊的一员，它是地方政府以自身信用为担保，通过还本付息筹备资金的一种方式。它的出现有效地解决了地方财政资金不充裕地区的资金短缺问题，也促进了地方政府支出，能够强有力地刺激地方经济乃至国家经济。但它所存在的债务风险作为金融市场风险的重要组成部分，因此防控地方政府债务风险是防控金融市场风险的题中应有之义。特别是，目前我国地方政府债务呈现出余额高且增速快的特点，据国家财政部统计数据，截至2022年6月底，我国地方政府债务余额已高达347503亿元，这引发各界对我国地方政府债务风险的担忧。如不及时防控任其发展，这将给地方政府财政系统带来巨大的挑战；严重的话还会爆发地方政府债务偿还危机，这将给我国金融市场乃至我国经济的稳定发展带来巨大的负面效应。除此之外，供给侧结构性改革的推进也给地方政府债务带来了极大的冲击，其所提出的"三去一降一补"政策会直接对地方政府财政收入和支出造成显著冲击，进而可能在短期内加剧地方政府债务风险，如不立即对地方政府债务风险加以控制，势必会阻碍我国经济的稳定与繁荣。因此，考虑地方政府债务在我国债券市场乃至国家经济中都占据重要地位，同时也考虑到本书是供给侧结构性改革背景下，来对我国金融市场风险开展预警研究，因此为重视我国地方政府债务风险问题，本书在本节中，将单独对地方政府债务风险开展详细的预警研究。

近年来，地方政府为弥补财政资金短缺，在其他资金来源不足的情况下，多通过举借债务的方式筹集所需资金，该做法的确有效地缓解了城市基础设施建设、社会公共事业发展等的资金需求压力，对加快城乡建设进程，提升居民幸福指数，以及促进经济和社会事业协调发展等方面也起到了重要促进作用。然而随着地方政府债务余额规模的逐年扩大，债务风险问题也随之逐步凸显，若放任不管势必会严重威胁到地方财政稳定运转。众所周知，开展风险管理的第一步是有效地识别风险来源。在地方政府债务风险管理过程中，能否有效且全面地分析债务风险来源将直接影响到债务风险管理的效果。因而，本章将对我国地方政府风险来源进行全面整理与分析，力求全面纳入债务风险影响因子。在分析思路上，借鉴洪源（2018）一文中指出的地方政府债务循环全过程，从债务举借环节、使用环节、偿还环节出发，全面分析各环节债务风险来源，以期能够提高地方政府债务风险来源分析的全面性与完整性，并依据此构建出较为全面的地方政府债务风险特征指标体系。

第一，举借环节风险来源分析。地方政府债务举借环节是指地方政府依据地区发展规划，结合自身当前财政情况，通过发行债务方式筹借债务资金的阶段。该阶段是债务风险产生的初始阶段，本书将从以下两个大的角度去分析该环节中所存在的风险影响因子。其一，地方政府能够顺利举借到预期规模的债务的一大决定性因素是当地宏观经济运行环境和未来发展前景，目前常用于衡量地区宏观经济环境与未来发展潜力的指标主要有地区生产总值、贸易开放情况、地区居民生活水平、产业发展结构、金融业发展成熟等，一个地区若宏观经济环境情况良好以及未来发展潜力较高，其地方政府债务举借成功率也会相应较高。除此之外，地方财政收支情况在一定程度上受到地区经济发展情况的影响，而地方财政作为地方政府偿还地方债务本金和利息的重要资金保障，故一个地方宏观经济环境与未来发展情况都会影响地方政府所面临的债务风险。一个地区其宏观经济发展情况较差、未来发展潜力值不足，其地方政府承担债务风险也相对较高，该债务未来发生偿还危机可能性较大。其二，地方政府当前已有债务水平以及自身承担债务能力也将影响地方政府债务举借环节面临债务风险的高低，目前用于衡量地方政府已有债务规模、承担债务能力的常用指标有：地方政府债务率、地方政府债务负担率以及新增债务率等。地方政府债务是地方政府为地区发展以自身信誉为担保以获取资金的一种方式，其本质是资金的错期利用，能够在一定程度上推动地区经济发展。但目前由于我国缺乏评价地方政府官员任职期间政绩的标准，并且地方政府官员在一个地区任职时常是有限的，而地区经济发展是一个长期性过程。很多地方政府工作人员为政绩单数据漂亮，大力通过地方政府发债方式促进地区经济发展，而忽略了地方政府承债能力和地区经济发展可持续性，使许多地方政府其债务水平在短时间内持续上升。目前许多地方政府的债务余额已超过其自身承债能力的最优水平，并且许多地区在其地方政府债务余额逐年上涨的同时，其财政资金并未呈现出相同的上涨趋势。特别是我国经济增速有所放缓且增长动力不足，很多地区其财政收支逐年失衡，财政赤字不断增大，而财政资金作为其偿还债务资金本息的重要资金来源，若债务余额增速与财政收入增速常年失衡，会给地方财政正常运转带来极大的潜在风险。

第二，使用环节风险来源分析。地方政府债务使用环节是其如何规划使用每一笔债务资金的阶段。地方政府筹集债务资金的目的是利用债务资金，推动地区经济增长，以提升当地居民生活水平与幸福指数。资金作为一种生产要素,地方政府举债也是地方政府的一种投资方式,而我们知道投资者进行投资的最终目的是该项投资能为其带来收益,并力求收益要尽可能大于其所付出的成本。对于地方政府而言,因为其特殊的性质,它发放债务资金的最终目的不是为了逐利,而是为促进地区经济发展,从而增加财政收入、生产总值、居民幸福指数等。但债务资金的使用是有成本的,地方政府需要具有足够的偿债能力,才能保证该笔债务资金的资金链不会断裂。众所周知,资金链一旦断裂,会给资金使用者带来极大不利影响,对地方政府而言,资金链断裂会给地方政府财政带来极大冲击,若不能找到合适的方式处理,地方政府会爆发债务危机,会极大地损害地方政府的信誉,给地区经济发展与社会稳定带来极大冲击。由上述分析可知,地方政府债务资金使用环节所存在的风险高低取决于债务资金使用效率的高低,地方政府债务资金使用效率低,则该笔债务资金所带来的收益就较低,即该笔资金就未达到地方政府预期使用效果。地方政府在债务举借时,愿意为该笔债务所付出的成本是依据地方政府预期该笔债务能为地区带来预期收益来决定的,其与地方政府预期收益成正比,当该笔资金在使用环节中,若其使用效率不高,则该笔债务资金带来的收益将会降低。这表明地方政府为该笔资金所付出的成本是大于该笔资金为地方政府带来的收益,即地方政府该笔投资是失败,代表地方政府亏损。若每一笔债务资金使用情况都不好,即资金使用效率低下,这样会使该笔资金所对应的项目无法正常运行,资金链会出现断裂的可能性,则该地区地方政府所面临债务资金偿还风险将会上升,同时会给地方政府财政带来极大的冲击。综上所述,地方政府债务资金使用情况可以通过地方政府财政收入情况、地方政府债务增长率与地方国内生产总值增长率相对程度、地区一般预算收入情况等来反映。而目前可用于衡量地方政府债务使用环节风险的指标主要有:地方财政自给率、经济债务弹性、财政债务弹性、转移支付依赖度等。

第三,偿还环节风险来源分析。地方政府债务偿还环节是指地方政府按期偿还本期应当偿还债务资金本金和利益的阶段。目前常用于衡量地方政府债务偿还环节风险的指标有:财政赤字率、刚性支出占比、土地出让收入比、宏观负税水平、税收收入占比、财政压力、债务财政负担率等。地方政府偿还债务资金主要依靠地方政府财政系统的偿债能力，决定一个地方政府其偿债能力的高低既要考虑短期偿债能力，保证其短周期债务资金的及时偿还，又要考虑债务资金所投入项目的长久收益，保证其长期偿债能力。因此在分析地方政府债务资金偿还环节可能面对的风险来源时，离不开对影响地方政府财政偿债能力相关因素的分析。通过整理相关研究，发现地方政府偿债能力相关影响因素，主要为衡量地方经济发展相关指标、地方财政收支情况以及债务资金使用情况及收益情况等。就地区经济发展情况而言，若一个地区经济发展情况较好，一方面其财政收入相对较充足，而财政收入作为地方政府偿还债务的重要资金来源，故财政收入情况较好，将在一定程度上提升其偿债能力；另一方面将吸引更多资金和人才，而资金和人才作为地区发展必不可少的生产要素，更多资金和人才的进入，又将进一步地促进地区经济发展，形成良性循环，进一步提高了地方政府偿债能力。地方政府债务资金使用情况也在一定程度上决定了地方政府的偿债能力，在前面分析使用环节风险来源中，已分析过债务资金使用效率产生的影响，因此本节便不再赘述。除地方政府自身偿债能力外，已有债务规模也将影响偿债环节所面对债务风险的高低，当一个地区债务规模过高时，会使其当期债务偿还敞口的增大，若地方政府综合财力无法支撑当期应偿还债务敞口，就会造成地方政府发生债务偿还危机。因为地方政府债务是地方政府以自身信誉为担保，若地方政府发生债务偿还危机，会给地方政府信誉带来极大的负面影响，严重的话会影响地区的发展，而每个地区并不是孤立的存在，地区之间有着紧密的联系，因而任何一个地区出现问题都会影响到其他地区的发展，故各地区政府都应该认真管理地方政府债务，防控地方政府债务风险。

为全面分析地方政府债务风险来源，尽可能地纳入因子，以提高债务风险度量的准确性，本书已着眼于地方政府债务循环过程，分别从债务举借环节、使用环节、偿还环节三个环节对我国地方政府债务风险来源进行全面的分析，并列举出相应的常用衡量指标。通过上文的风险来源分析，为更加直观地展示各环节主要风险因子，也为了更好地开展地方政府债务预警研究，本书分别从以上三个环节筛选债务风险影响因子，以构建较为全面的地方政府债务风险特征指标体系。需要说明的是，举借环节所选指标主要反映当前各地方政府经济发展状况、已有负债情况，所挑选的指标用于衡量当期各地方政府举债意愿的大小与举债能力的高低；使用环节所选指标主要反映地方政府债务资金使用情况，债务资金使用情况越好，代表债务资金利用率与回报率越高，则地方政府越有能力偿还债务；偿还环节所选指标主要反映当期地方财政收入结构和财政收支情况，地方政府财政收入作为偿债资金的重要来源，地方政府财政资金情况越好则代表地方政府偿债能力越强，其主要衡量地方政府偿还能力的高低。综合上述分析，本书从地方政府债务举借、使用、偿还环节共筛选出19个地方政府债务风险特征指标。其具体情况如表5-17所示。

表5-17　　　　我国地方政府债务风险综合特征指标体系

| 指标类型 | 指标名称 | 指标说明 | 预警含义 |
| --- | --- | --- | --- |
| 举借环节 | 贸易开放度 | 进出口总额/GDP | 反映地方的经济发展前景 |
| | 产业结构升级 | 第二产业、第三产业增加值总额/GDP | |
| | 各省份GDP占比 | 省级地方政府GDP/全国GDP | |
| | 居民储蓄水平 | 城乡居民储蓄余额/GDP | |
| | 金融发展成熟度 | 金融业增加值/GDP | 反映该地区金融发展程度 |
| | 债务率 | 地方政府年末债务余额/综合财力 | 反映地方财政收入对于债的依存度 |
| | 债务负担率 | 地方政府年末债务余额/GDP | 反映该地区生产总值对于债的依存度 |
| | 新增债务率 | 地方政府年末债务余额增加额/综合财力增加额 | 反映地方经济和债务规模平衡性 |
| 使用环节 | 地方财政自给率 | 一般预算收入/一般预算支出 | 反映地方政府财政自给情况 |
| | 经济债务弹性 | 地方政府年末债务余额增长率/GDP增加率 | 反映地方生产总值增长率与债务增长率平衡性 |
| | 财政债务弹性 | 地方政府年末债务余额增长率/一般预算收入增长率 | 反映地区债务增长与财务收入增长是否具有可持续性 |
| | 转移支付依赖度 | 地方政府转移支付收入/一般预算收入 | 反映地方财政对中央政府转移性收入依赖程度 |

续表

| 指标类型 | 指标名称 | 指标说明 | 预警含义 |
|---|---|---|---|
| 偿还环节 | 赤字率 | （一般预算支出-一般预算收入）/GDP | 反映地区偿债能力 |
| | 刚性支出占比 | 刚性支出/综合财力 | 反映地区剩余偿债能力 |
| | 土地出让收入比 | 土地出让收入/一般预算收入 | 反映地区一般预算收入中来源于土地出让收入的比例 |
| | 宏观负税水平 | 税收收入/GDP | 反映地方政府的税收征收和运行情况 |
| | 税收收入占比 | 税收收入/一般预算收入 | 反映地区税收收入占一般预算收入的比例 |
| | 财政压力 | 财政收入与财政支出需求之间持续紧张的状态 | 反映地区财政收入与财政支出的关系 |
| | 债务财政负担率 | 地方政府年末债务余额/一般预算收入 | 反映地区债务与预算收入是否平衡 |

## 一 地方政府债务风险的度量

（一）模型设计

因子分析法可以将具有相同本质的地方政府债务风险特征指标纳入一个公因子中，既实现了风险指标体系的降维，又能够更好地解释原始指标体系。运用因子分析法可得到地方政府债务风险特征指标体系中所划分的一级指标的权重，运用改进层次分析法可得到各二级指标的权重，将一层级、二层级权重相乘即可求得出本书所构建的地方政府债务风险特征指标体系中各风险特征指标的主观权重。运用因子分析法和改进层次分析法相结合的方法，可以较为全面且准确地计算出我国地方政府债务风险特征指标体系中各风险指标的对应主观权重。故本书首先通过因子分析法和改进层次分析法可以得到地方政府债务风险特征指标体系中各特征指标的主观权重，其次采用熵权法得到各特征指标的客观权重。因考虑到主、客观赋权法各具优劣，为克服两种赋权法存在的缺点，使本书确定的风险特征指标对应权重更具说服力，以提高债务风险度量的准确性，为后文进行风险预警模型奠定牢固基础。本书选择将主客观赋权法相结合，以确定我国地方政府债务风险指标的最终组合权重。在求取各风险特征指标最终组合权重过程中，所面临的一大难题是：如何利用上文所得主、客观权重，来确定风险指标的最终组合权重。本书采用刘媛媛等（2020）一文中所采用的线性组合法解决此问题。我们可利用债务风险特征指标的主观权重 $W'_i$ 和客观权重 $W''_i$，计算出组合权重 $W_i$。为得到更为准确的最终组合权重，应剔除较大波动数据的干扰，使 $W'_i$ 与 $W''_i$ 间的差异程度和 $\alpha$ 与 $\beta$ 的差异程度一致，故引入距离函数的概念确定组合权重的表达式，具体计算公式如下：

$$W_i = \alpha W'_i + \beta W''_i \tag{5-1}$$

式中，$\alpha$ 和 $\beta$ 表示主、客观权重的分配系数，其中 $\alpha+\beta=1$。

主观权重和客观权重之间的距离函数表达式，如下所示：

$$d(W'_i, W''_i) = \left[\frac{1}{2}\sum_{i=1}^{n}(W'_i - W''_i)^2\right]^{\frac{1}{2}} \tag{5-2}$$

$\alpha$ 和 $\beta$ 之间的差值是分配系数间的差异：

$$D = |\alpha - \beta| \tag{5-3}$$

根据上述构造方程组，如下所示：

$$\begin{cases} d(W', W'')^2 = (\alpha-\beta)^2 \\ \alpha+\beta=1 \end{cases} \tag{5-4}$$

（二）样本选取

为全面度量我国各地方政府的债务风险，本书最初考虑将全国除两个特别行政区、台湾省外的其余31个省级行政区的地方政府作为本书的研究对象，但后为避免数据可获得性和完整性对债务风险度量准确性的影响，本书最终选择除西藏、新疆外，其余29个省级行政区，研究时间区间为2011—2018年，这里需要指出本书所用数据均为各地方政府相关指标的年度数据。本书数据来源于国家统计局、各省级行政区统计局、财政厅年度财政预决算报告、年度经济公报、年度政府工作报告、统计年鉴以及财经新闻相关报道。

（三）实证分析

联立上述式（5-1）至式（5-4）的方程，将我国省级行政区2011—2018年相关年度数据代入，对方程组进行求解，可求得方程式中的 $\alpha$ 和 $\beta$，即本书所需的主、客观权重的分配系数，其中主观权重分配系数 $\alpha$ 为0.7175，客观权重分配系数 $\beta$ 为0.2825。将所求主客观权重分配系数与各风险特征指标对应的主、客观权重代入方程，即可求出我国地方政府债务风险特征指标体系中各风险特征指标的最终组合权重 $W_i$。

我们将所得到的主、客观权重进行组合得到了我国地方政府债务风险特征指标体系中各指标的最终组合权重。在本节中，将我国省级行政区 2011—2018 年各风险特征指标数据与最终组合权重代入公式，即可求得我国除两个特别行政区、台湾、西藏、新疆外其余 29 个省级行政区，其 2011—2018 年度地方政府债务风险综合评估值 F，具体结果如表 5-18 所示，至此已实现对我国地方政府债务风险的度量。

表 5-18　　　　地方政府债务风险综合指标体系最终权重

| 目标层 | 一级指标层 | 二级指标层 | 权重 FA-AHP 法 | 权重 熵权法 | 权重 组合法 |
|---|---|---|---|---|---|
| 地方政府债务风险综合指标体系 | 财政风险 | 转移支付依赖度 | 0.0529 | 0.1611 | 0.0834 |
| | | 财政压力 | 0.1437 | 0.0926 | 0.1293 |
| | | 赤字率 | 0.1437 | 0.1084 | 0.1338 |
| | | 地方财政自给率 | 0.1437 | 0.0852 | 0.1272 |
| | 经济环境风险 | 金融发展成熟度 | 0.0471 | 0.0605 | 0.0509 |
| | | 宏观赋税水平 | 0.0604 | 0.0453 | 0.0561 |
| | | 贸易开放度 | 0.0285 | 0.0405 | 0.0319 |
| | | 产业结构升级 | 0.0604 | 0.0309 | 0.0521 |
| | 偿债风险 | 债务率 | 0.0736 | 0.0803 | 0.0755 |
| | | 负担率 | 0.0378 | 0.0786 | 0.0493 |
| | | 债务财政负担率 | 0.0236 | 0.1034 | 0.0461 |
| | 潜在风险 | 税收入占比 | 0.0859 | 0.0010 | 0.0619 |
| | | 土地出让收入比 | 0.0316 | 0.0711 | 0.0428 |
| | 社会环境风险 | 居民储蓄水平 | 0.0180 | 0.0372 | 0.0235 |
| | | 各省份 GDP 占比 | 0.0490 | 0.0041 | 0.0363 |

由表 5-19 可以知道 2011—2018 年我国 29 个省级行政区每年的债务风险综合评价值，而后文构建地方政府债务风险预警模型时，需要我们对我国地方政府债务风险状况有着清晰的量化判断，因此我们应该对我国各省级行政区债务风险状况开展评级研究。众所周知，人为划分债

务风险状态区间过于主观，会给我国地方政府债务风险预警研究带来负面影响。为避免该情况的发生，力求更为准确且有效地划分地方政府债务综合风险的状态区间，本书最终决定采用K-均值聚类分析法对所求取的债务风险综合评估值进行进一步的评级研究。通过K-均值聚类分析法将本书232个样本的债务综合风险评估值F划分为以下三种风险状态区间：当F∈[0, 0.3635)为轻度风险区间，记为1，表明当前地方政府所面临的债务风险较小；当F∈[0.3635, 0.5755)为中度风险区间，记为2，表明当前地方政府债务风险情况不容乐观；当F∈[0.5755, 1)为重度风险状态，记为3，表明当前地方政府面临债务风险较大，表明其债务情况极为严重。

表5-19　　2011—2018年29个省级行政区地方政府债务风险综合评估值

| 省级行政区 | 2011年 | 2012年 | 2013年 | 2014年 | 2015年 | 2016年 | 2017年 | 2018年 |
|---|---|---|---|---|---|---|---|---|
| 北京 | 0.1706 (1) | 0.2021 (1) | 0.2079 (1) | 0.1892 (1) | 0.1687 (1) | 0.1809 (1) | 0.1915 (1) | 0.1748 (1) |
| 天津 | 0.2932 (1) | 0.2867 (1) | 0.2734 (1) | 0.2528 (1) | 0.2511 (1) | 0.2806 (1) | 0.3271 (1) | 0.3222 (1) |
| 河北 | 0.4208 (2) | 0.4160 (2) | 0.4014 (2) | 0.4080 (2) | 0.4224 (2) | 0.4159 (2) | 0.4075 (2) | 0.4209 (2) |
| 上海 | 0.1719 (1) | 0.1783 (1) | 0.1724 (1) | 0.1612 (1) | 0.1467 (1) | 0.1298 (1) | 0.1430 (1) | 0.1483 (1) |
| 江苏 | 0.3099 (1) | 0.2952 (1) | 0.2954 (1) | 0.2546 (1) | 0.2519 (1) | 0.2620 (1) | 0.2807 (1) | 0.2878 (1) |
| 浙江 | 0.2754 (1) | 0.2623 (1) | 0.2798 (1) | 0.2767 (1) | 0.3004 (1) | 0.2881 (1) | 0.2949 (1) | 0.3010 (1) |
| 福建 | 0.3238 (1) | 0.3151 (1) | 0.3120 (1) | 0.3129 (1) | 0.3528 (1) | 0.3655 (2) | 0.3745 (2) | 0.3784 (2) |

续表

| 省级行政区 | 2011年 | 2012年 | 2013年 | 2014年 | 2015年 | 2016年 | 2017年 | 2018年 |
|---|---|---|---|---|---|---|---|---|
| 山东 | 0.3185(1) | 0.3280(1) | 0.3278(1) | 0.3391(1) | 0.3234(1) | 0.3234(1) | 0.3309(1) | 0.3427(1) |
| 广东 | 0.2292(1) | 0.2362(1) | 0.2308(1) | 0.2116(1) | 0.2361(1) | 0.2275(1) | 0.2358(1) | 0.2332(1) |
| 海南 | 0.4875(2) | 0.4919(2) | 0.4738(2) | 0.4547(2) | 0.4343(2) | 0.4611(2) | 0.4591(2) | 0.4626(2) |
| 山西 | 0.3655(2) | 0.3980(2) | 0.3965(2) | 0.3472(1) | 0.3789(2) | 0.3913(2) | 0.3756(2) | 0.3721(2) |
| 安徽 | 0.4595(2) | 0.4665(2) | 0.4563(2) | 0.4414(2) | 0.4397(2) | 0.4294(2) | 0.4479(2) | 0.4638(2) |
| 江西 | 0.4632(2) | 0.4410(2) | 0.4385(2) | 0.4307(2) | 0.4172(2) | 0.4299(2) | 0.4467(2) | 0.4840(2) |
| 河南 | 0.4369(2) | 0.4543(2) | 0.4423(2) | 0.4319(2) | 0.4234(2) | 0.4312(2) | 0.4340(2) | 0.4642(2) |
| 湖北 | 0.4536(2) | 0.4831(2) | 0.4720(2) | 0.4092(2) | 0.4088(2) | 0.4124(2) | 0.4189(2) | 0.4620(2) |
| 湖南 | 0.4558(2) | 0.5145(2) | 0.5066(2) | 0.5350(2) | 0.5146(2) | 0.4700(2) | 0.4771(2) | 0.5045(2) |
| 内蒙古 | 0.4437(2) | 0.4662(2) | 0.4598(2) | 0.4861(2) | 0.4807(2) | 0.4718(2) | 0.5105(2) | 0.5033(2) |
| 广西 | 0.4954(2) | 0.5181(2) | 0.4994(2) | 0.5284(2) | 0.5234(2) | 0.5133(2) | 0.5268(2) | 0.5414(2) |
| 重庆 | 0.4023(2) | 0.4745(2) | 0.4653(2) | 0.4206(2) | 0.3757(2) | 0.3845(2) | 0.4091(2) | 0.4190(2) |
| 四川 | 0.4647(2) | 0.4462(2) | 0.4468(2) | 0.4468(2) | 0.4383(2) | 0.4432(2) | 0.4558(2) | 0.4619(2) |

续表

| 省级行政区 | 2011年 | 2012年 | 2013年 | 2014年 | 2015年 | 2016年 | 2017年 | 2018年 |
| --- | --- | --- | --- | --- | --- | --- | --- | --- |
| 贵州 | 0.6115 (3) | 0.5688 (2) | 0.5458 (2) | 0.6187 (3) | 0.6081 (3) | 0.6015 (3) | 0.5953 (3) | 0.5928 (3) |
| 云南 | 0.5209 (2) | 0.5051 (2) | 0.4810 (2) | 0.5159 (2) | 0.5099 (2) | 0.5237 (2) | 0.5469 (2) | 0.5559 (2) |
| 陕西 | 0.4869 (2) | 0.5282 (2) | 0.5254 (2) | 0.5592 (2) | 0.5481 (2) | 0.5627 (2) | 0.4460 (2) | 0.4965 (2) |
| 甘肃 | 0.4882 (2) | 0.5001 (2) | 0.4966 (2) | 0.4862 (2) | 0.5328 (2) | 0.5504 (2) | 0.6130 (3) | 0.5668 (2) |
| 青海 | 0.7735 (3) | 0.7595 (3) | 0.6948 (3) | 0.7159 (3) | 0.7227 (3) | 0.7688 (3) | 0.7708 (3) | 0.7907 (3) |
| 宁夏 | 0.5188 (2) | 0.5400 (2) | 0.5189 (2) | 0.5411 (2) | 0.5242 (2) | 0.5432 (2) | 0.5414 (2) | 0.5435 (2) |
| 辽宁 | 0.3910 (2) | 0.3686 (2) | 0.3760 (2) | 0.3163 (1) | 0.3814 (2) | 0.4476 (2) | 0.4321 (2) | 0.4204 (2) |
| 吉林 | 0.4971 (2) | 0.5094 (2) | 0.5005 (2) | 0.4679 (2) | 0.4765 (2) | 0.4897 (2) | 0.5116 (2) | 0.5211 (2) |
| 黑龙江 | 0.4842 (2) | 0.4760 (2) | 0.4714 (2) | 0.4654 (2) | 0.5363 (2) | 0.5411 (2) | 0.5608 (2) | 0.5626 (2) |

注：表格中数值表示历年我国各省级行政区地方政府债务综合风险评估值；括号内的数值1、2、3则分别代表地方政府债务综合风险评估值所处债务风险区间：轻度风险、中度风险、重度风险。

进一步分析表5-19，可将我国各省级行政区地方政府债务风险情况进行统计分析，具体结果如下所述：首先，从总体上来看，我国各省级行政区2011—2018年债务风险综合评估值处于轻度风险区间共计63次，所占比重为27.16%；处于中度风险区间共计154次，占比为66.38%；处于重度风险区间共计15次，所占比重为6.47%。以上结果可以看出，2011—2018年我国各省级行政区地方政府债务风险综合评估值处于重度风险区间的情况相对较少，总体比例仅为6.47%，但值得注意的是，各省级行政区地方政府债务风险综合评估值处于中度风险区间所占比例已高达66.38%，由此可见，我国地方政府债务风险水平虽总体处于可控范围，但情况也不容乐观。其次，从不同经济区域来看，由各地区地方政府债务风险综合评估值实际统计结果可以看出，我国东部发达地区债务风险综合评估值总体要低于其他区域，并且债务风险综合评估值处于轻度风险区间的省级行政区均来自东部地区，而债务风险综合评估值处于重度风险区间的省级行政区也均来自西部欠发达地区，特别是当中的青海省，其地方政府2011—2018年的债务风险综合评估值均处于重度风险区间。而中部地区、东北地区虽未出现重度风险的情况，但其债务风险综合评估值也并不低，全部都属于中度风险区间。以上结果反映出，地区的经济发展水平在很大程度上影响着地方政府债务风险水平。东部发达地区其债务规模总体水平较高，但其经济发展快且质量高，对应财政资金也相对充裕，因此其承债能力自然就较强。这个结果与理论分析结果也是一致的，因为地方财政收入是地方政府偿还债务资金的重要保障。当地区经济发展水平较低时，其财政收入就相对较差，同时地区的经济发展也离不开人才与资金，而经济发展水平越差的地区其人才流失率和资金流失率也相对较高，这些地区想发展就更为困难，地方政府为改变现状，在本身资金不充沛的情况下，就只能依靠大力举债来满足自身资金需求。然而经济发展水平较低的地区其资金投资回报率又相对较低，又在一定程度上缩减地方政府资金来源，这就形成了恶性循环，因此在一定程度上又加重地方政府所面临的债务风险。

通过K-均值聚类分析法已经将我国地方政府债务风险综合评估值划分为三个等级的债务风险区间，又考虑到后续采用SVM模型开展地方政府债务预警研究，需要对地方政府债务综合风险状况做出更为清晰的量化判断，因此当前我们应该思考的问题是：地方政府债务风险评估值具体为多少时，能够表明该地方政府已发生债务危机，即应该确定我国地方政府债务风险综合评估值的债务风险阈值。三大债务风险区间中，重度风险区间理应纳入发生债务危机风险范围，现应思考的是在中度风险区间中，确定债务风险综合值的阈值。为避免人为划分风险阈值对我国地方政府风险预警研究所带来的主观负面影响，本书将继续采用K-均值聚类分析法确定我国地方政府债务风险综合评估值的风险阈值。将本书所处于中度债务风险区间的154个样本数据录入SPSS软件，对处于中度债务风险区间的样本数据进行K-均值聚类分析，将154个样本数据划分为两类：一类为未发生债务危机样本数据；另一类为发生债务危机样本数据。最终分析结果数据显示：本研究中我国地方政府债务风险综合评估值的风险阈值为0.4712，即表示地方政府债务风险评估值F小于0.4712时，表示当前地方政府债务风险评估值较低，未发生地方政府债务偿还危机；而当地方政府债务风险评估值F大于或等于0.4712时，表示当前地方政府债务风险评估值较高，地方政府发生债务偿还危机。该值将作为后文债务风险预警研究中，判断地方政府是否发生债务危机的风险阈值。

## 二 地方政府债务风险智能预警分析

（一）模型设计

传统SVM模型在处理样本类别分布不均衡问题时以及确定模型重要参数时，存在可改进的地方。本书将从这两个方面出发，对所构建的基于传统SVM模型的我国地方政府债务风险预警模型进行改进处理，以期提高预警模型的运行速度与预测性能，使所构建的风险预警模型达到最优状态。

目前针对数据不平衡处理的方法主要有两种：数据采样处理和算法改进。本书最终选择数据采样处理来平衡本研究的样本集，而现有的方法主要有两种，即欠采样法和过采样法。但这两种方法均存在各自的劣势：过采样方法需要新生成数据，会产生冗余数据带来新的噪声；而欠采样方法需要剔除一些多数类样本，会造成信息丢失。为避免因数据处理方法所存在的劣势影响本书预警研究的准确性，本研究决定综合欠采样和过采样技术的优势，提出一种混合处理样本数据的方法来实现样本数据集的类别分布平衡。假设研究样本数据集未发生债务危机的样本数量为$a$，发生债务危机的样本数量为$b$，采取过采样方法将少数类样本数量变为$ceil\left(\frac{a+b}{2}\right)$个，采用欠采样方法将多数类样本数量变为$ceil\left(\frac{a+b}{2}\right)$个（其中$ceil$为向上取整函数）（肖进等，2016）。

本书研究中过采样技术所选用方法为较为经典的 SMOTE（Synthetic Minority Oversampling Technique）算法，该算法克服了采用随机过采用方法造成的模型过拟合问题。其具体思路大致可归纳为：首先计算出多数类与少数类样本数量的差异数；其次为每个少数类样本，在其 $k$ 个邻近点样本中随机挑选的一个样本；最后将每个少数类样本与所选样本进行线性组合运算，产生一个新的少数类样本，该过程持续至生成的新少数类样本数量达到差异数（Chawla et al., 2002）。而欠采样方法，本书是借鉴王磊等（2020）一文中提出的聚类欠采样加权法，该方法的思路为：利用 $K$-means 算法对多数类样本进行聚类，并引入欧式距离作为欠采样时各组样本具体分配样本个数的权重依据。该方法相较随机欠采样方法，所选取的样本更具有代表性，避免丢失相对重要的样本点，极大程度上保护了样本信息。

在处理该问题时，本书最开始仅选择采用基于 SMOTE 算法的过采样方法平衡样本数据类别分布，并对比了传统 SVM 模型以及 SMOTE 算法与常用的预警模型相结合的模型的预测性能，所选用的评价指标为 $G$-means 值、$F$-measure 值以及 $AUC$ 值，该三个指标是常用于评价面对不平衡数据是模型预测性能的常用指标。具体评判标准如下所述：

设 $FP$ 为将未发生债务危机样本错划分为债务危机样本的数量，$FN$ 为将债务危机样本错划为未发生债务危机样本的数量；而 $TP$ 为债务危机样本正确划分的数量，$TN$ 为未发生债务危机样本正确划分的数量，基于此构造相应混淆矩阵（见表 5-20）。

表 5-20　　　　　　　　　　　混淆矩阵

|  | 判断为未发生债务危机样本 | 判断为债务危机样本 |
| --- | --- | --- |
| 实际为债务危机样本 | $TN$ | $FP$ |
| 实际为未发生债务危机样本 | $FN$ | $TP$ |

计算 $G$-means 值、$F$-measure 值之前，需要先计算灵敏度（$SE$）、特异度（$SP$）以及查准率（$P$）。其中灵敏度（$SE$）$=\dfrac{TP}{TP+FN}$；特异度

$(SP) = \frac{TN}{TN+FP}$；查准率（$P$）$= \frac{TP}{TP+FP}$，则 $G\text{-}means$ 值为 $\sqrt{SE \times SP}$；$F\text{-}measure$ 值为 $\frac{2 \times SE \times P}{SE+P}$。而 $AUC$ 值为 $ROC$ 曲线下的面积。以上三个值的评价标准都为值越大则表示模型预测性能越好。本书已有对比几种模型预测性能结果如表 5-21 所示。

表 5-21　　　　常用模型针对不平衡数据预测性能对比

| 模型 | $G\text{-}means$ | $F\text{-}measure$ | $AUC$ |
| --- | --- | --- | --- |
| SVM | 0.2357 | 0.9318 | 0.6190 |
| SMOTE-Logit | 0.3871 | 0.7018 | 0.6429 |
| SMOTE-BPNN | 0.6880 | 0.8340 | 0.7262 |
| SMOTE-Distance | 0.6403 | 0.7373 | 0.7143 |
| SMOTE-SVM | 0.7895 | 0.8521 | 0.8333 |

从表 5-21 结果可知，SMOTE-SVM 模型下的所有指标几乎都显著大于基于 SMOTE 模型下的其他预测模型，由此可以表明对传统 SVM 模型进行 SMOTE 算法改进，在一定程度上提高了 SVM 模型的预测性能。后考虑到采用基于 SMOTE 过采样方法生成新的少数类样本以实现样本类别的分布，这样会给该研究引入新的噪声，从而影响地方政府债务风险预警研究的准确性，为尽可能减少因平衡样本而对本书研究所造成的负面影响，本书又引入了聚类欠采样加权法的欠采样方法，该方法是依据数据本身的重要程度来对多数类样本进行删减，以实现样本类别分布的平衡。本书希望通过将过采样与欠采样方法相结合的方式，在尽可能不造成数据信息丢失，同时将因平衡样本所引入的噪声尽可能小的情况下，实现样本类别分布的均衡，以克服传统 SVM 模型在处理类别分布不平衡样本数据时的缺陷，为验证经混合抽样法处理的样本数据优于仅采用 SMOTE 算法处理的样本数据，本书将两种方法又进行了对比分析，具体情况如表 5-22 所示。

表 5-22　　改进后 SVM 模型针对不平衡数据预测性能对比

| 模型 | G-means | F-measure | AUC |
| --- | --- | --- | --- |
| SMOTE-SVM | 0.7895 | 0.8521 | 0.8333 |
| 混合抽样-SVM | 0.8723 | 0.8495 | 0.8425 |

由表 5-22 结果可知，本书将运用混合抽样法平衡样本类别分布后的 SVM 改进模型与已有研究 SMOTE-SVM 模型性能进行了对比，发现采用混合抽样法的 SVM 模型其 G-means 和 AUC 值都高于 SMOTE-SVM 值，由此说明采用混合抽样法平衡样本数据比仅采用过采样的 SMOTE 方法更好，因为该方法能够尽量在避免过多丢失数据信息的基础上，产生较少的冗余数据。特别是 G-means 值得到显著提升，因为 G-means 值主要是用于合理评价不平衡数据集总体的分类性能，该值显著增高表明采用混合抽样法平衡数据的 SVM 模型对不平衡数据处理的更具有效性。其 F-measure 值与 SMOTE-SVM 模型几乎持平的原因，主要是因为该指标是由灵敏度和查准率这两个指标决定，而这两个指标之间具有一定的互斥性，不能完全满足同时兼顾。

（二）模型性能分析

传统的 SVM 模型需要人工自行调节最优惩罚因子 $C$ 与最优核函数参数 $g$ 这两个参数以到达期望值，这样不仅会浪费研究者时间，而且也无法确定是否所选的参数就是最优参数。众所周知，以上两个参数的选择对 SVM 模型来说至关重要，因为 $C$ 值的大小会影响预警模型的拟合情况，过大会导致过度拟合，过小又会导致欠拟合；而核函数参数 $g$ 的大小会影响预警模型的运行时间和测试准确性，$g$ 值越大，支持向量将越少，则对未知样本预测准确性降低，由此出现训练结果好而测试准确率低的现象；反之则相反。所以，在 SVM 的建模过程中应该充分思考如何设置超参数的 $C$ 和 $g$，这一直也是研究 SVM 模型的热点问题，而 GWO 算法的出现为解决该问题提供了有效途径。GWO 算法，也称为灰狼优化算法（Grey Wolf Optimizer，GWO）。该算法具有较强的收敛性能、操作简单、容易实现等特点。将 GWO 算法与 SVM 模型结合，可以利用该算法为预警模型选择到该研究样本下最优的惩罚因子 $C$ 和核函

数的参数 $g$，这样能够在较短的时间内选择到使模型到达最优预测状态的 $C$ 和 $g$，显著地提高了模型的预测精度与运行速度。为证明经 GWO 算法改进后的 SVM 模型具有更高的预测精度，本研究将 GWO-SVM 与传统 SVM 以及几种常用改进的 SVM 模型进行了性能比较。本研究通过整理已有的相关文献，选择了均方误差（Mean Square Error，MSE）、平均绝对误差（Mean Absolute Error，MAE）以及平均绝对百分比误差（Mean Absolute Percentage Error，MAPE）来检验模型的预测性能，以上三个值的取值范围均属于$[0, +\infty)$，越小则代表预测值越接近于真实值，即模型预测性能越好。具体的对比结果如表 5-23 所示。

表 5-23　　　　　　　　　模型预测性能对比

| 模型 | MSE | MAE | MAPE |
| --- | --- | --- | --- |
| SVM | 0.0101 | 0.0664 | 0.1931 |
| CV-SVM | 0.0097 | 0.067 | 0.1957 |
| GA-SVM | 0.0097 | 0.0677 | 0.1968 |
| PSO-SVM | 0.0101 | 0.0664 | 0.1931 |
| GWO-SVM | 0.0097 | 0.0658 | 0.1816 |

表 5-23 结果表明所有模型的三个评价指标实际值都较低，由此说明用 SVM 模型对我国地方政府债务风险开展预警研究其预测结果是优良的。除此之外，还可以看出经过 GWO 算法改进的 SVM 模型这三个值相较其他模型都是最低的，这可以表明采用 GWO 算法能够找到最适合于当前所构建 SVM 模型的惩罚因子 $C$ 和核函数参数 $g$，进而使预警模型的预测精度得到显著提升。综上分析，本研究选择 GWO-SVM 模型作为我国地方政府债务风险预警模型是正确且有效的。

（三）预测效果分析

基于数据可获得性和完整性，本书收取了 2011—2018 年我国省级行政区中的 29 个地方政府债务数据共计 232 个数据。SVM 模型的构建需要将样本数据划分为测试样本数据集与检验样本数据集，而目前对于样本划分常用的标准为样本集的 75% 作为训练样本，25% 作为检验样本。依照此划分标准，本研究将我国各省级行政区2011—2016年样本数据作为预警模型的训练样本集共计174个，将2017—2018年样本数据作为预警模型的检验样本集共计58个。

本研究选择训练样本为各省级行政区地方政府2011—2016年相关债务年度数据，共174个样本。上文经过K-均值聚类分析法已经确定债务危机风险阈值$F$为0.4712，当$F<0.4712$时，表示未发生债务危机，记为-1；当$F \geq 0.4712$时，表示发生债务危机，记为1。训练集共计174个样本数据，其中发生债务危机数据共计66个；未发生债务危机数据共计108个，训练集样本数据不平衡率为1.6364。训练集样本数据分析结果表明对训练集样本数据进行类别平衡处理是十分有必要的。

在本研究的训练样本中，样本类别不平衡率为1.6364，其中发生债务危机样本（少数类样本）的样本容量为66，未发生债务危机样本（多数类样本）的样本容量为108个。根据本书提出的混合抽样方法的具体操作步骤，本研究采用SMOTE算法将少数类样本数量扩充为$ceil\left(\frac{66+108}{2}\right)$，计算结果为87个；应该采用聚类欠采样加权法处理多数类样本集，将多数类样本容量缩减为$ceil\left(\frac{66+108}{2}\right)$，即为87个。经过上述处理，我们将得到类别分布均衡的训练样本集，共计174个样本。

将通过类别平衡处理后的训练样本集代入所构建的GWO-SVM风险预警模型，我们就可以得到预测结果最优的风险预警模型，即改进SVM方法的我国地方政府债务风险预警模型，训练结果显示该模型的最优惩罚因子$C$取值应为29.6913，而核函数参数$g$取值应为0.0136。

经过上述处理可以得到基于改进SVM方法的我国地方政府债务风险最优预警模型。在本节中，将本研究的测试样本的相关数据代入所构建的模型中，即可以得到测试样本的预测情况，具体情况如表5-24所示。

表5-24 测试样本真实值与测试值的对比情况

| 测试样本 | 北京 2017年 | 北京 2018年 | 天津 2017年 | 天津 2018年 | 河北 2017年 | 河北 2018年 | 上海 2017年 | 上海 2018年 | 江苏 2017年 | 江苏 2018年 |
|---|---|---|---|---|---|---|---|---|---|---|
| 真实综合值 | 0.1915 | 0.1748 | 0.3271 | 0.3222 | 0.4075 | 0.4209 | 0.5105 | 0.5033 | 0.4321 | 0.4204 |
| 真实风险区间 | 轻度 | 轻度 | 轻度 | 轻度 | 中度 | 中度 | 中度 | 中度 | 中度 | 中度 |
| 预测综合值 | 0.1895 | 0.1722 | 0.3109 | 0.3347 | 0.3867 | 0.4148 | 0.4826 | 0.4996 | 0.4555 | 0.4253 |
| 预测风险区间 | 轻度 | 轻度 | 轻度 | 轻度 | 中度 | 中度 | 中度 | 中度 | 中度 | 中度 |
| 绝对百分比精度（%） | 98.95 | 98.55 | 95.07 | 96.11 | 94.90 | 98.54 | 94.53 | 99.27 | 94.58 | 98.84 |

| 测试样本 | 浙江 2017年 | 浙江 2018年 | 福建 2017年 | 福建 2018年 | 山东 2017年 | 山东 2018年 | 广东 2017年 | 广东 2018年 | 海南 2017年 | 海南 2018年 |
|---|---|---|---|---|---|---|---|---|---|---|
| 真实综合值 | 0.5116 | 0.5211 | 0.5608 | 0.5626 | 0.1430 | 0.1483 | 0.2807 | 0.2878 | 0.2949 | 0.3010 |
| 真实风险区间 | 中度 | 中度 | 中度 | 中度 | 轻度 | 轻度 | 轻度 | 轻度 | 轻度 | 轻度 |
| 预测综合值 | 0.4873 | 0.5099 | 0.5403 | 0.5541 | 0.1506 | 0.1485 | 0.2888 | 0.2986 | 0.3035 | 0.3084 |
| 预测风险区间 | 中度 | 中度 | 中度 | 中度 | 轻度 | 轻度 | 轻度 | 轻度 | 轻度 | 轻度 |
| 绝对百分比精度（%） | 95.24 | 97.86 | 96.35 | 98.49 | 94.69 | 99.85 | 97.12 | 96.25 | 97.10 | 97.53 |

| 测试样本 | 山西 2017年 | 山西 2018年 | 安徽 2017年 | 安徽 2018年 | 江西 2017年 | 江西 2018年 | 河南 2017年 | 河南 2018年 | 湖北 2017年 | 湖北 2018年 |
|---|---|---|---|---|---|---|---|---|---|---|
| 真实综合值 | 0.3745 | 0.3784 | 0.3309 | 0.3427 | 0.2358 | 0.2332 | 0.5268 | 0.5414 | 0.4591 | 0.4626 |
| 真实风险区间 | 中度 | 中度 | 轻度 | 轻度 | 轻度 | 轻度 | 中度 | 中度 | 中度 | 中度 |
| 预测综合值 | 0.3658 | 0.3782 | 0.3440 | 0.3410 | 0.2256 | 0.2453 | 0.4989 | 0.5198 | 0.4826 | 0.4639 |

续表

**块一：湖南、内蒙古、广西、重庆、四川**

| | 湖南 2017年 | 湖南 2018年 | 内蒙古 2017年 | 内蒙古 2018年 | 广西 2017年 | 广西 2018年 | 重庆 2017年 | 重庆 2018年 | 四川 2017年 | 四川 2018年 |
|---|---|---|---|---|---|---|---|---|---|---|
| 预测风险区间 | 中度 | 中度 | 轻度 | 轻度 | 轻度 | 轻度 | 中度 | 中度 | 中度 | 中度 |
| 绝对百分比精度（%） | 97.67 | 99.96 | 96.06 | 99.51 | 95.68 | 94.85 | 94.71 | 96.03 | 94.90 | 99.72 |
| 真实综合值 | 0.4091 | 0.4190 | 0.4558 | 0.4619 | 0.5953 | 0.5928 | 0.5469 | 0.5559 | 0.4460 | 0.4965 |
| 预测综合值 | 0.4154 | 0.4168 | 0.4433 | 0.4585 | 0.5814 | 0.5758 | 0.5597 | 0.5502 | 0.4619 | 0.4812 |

**块二：贵州、云南、陕西、甘肃、青海**

| | 贵州 2017年 | 贵州 2018年 | 云南 2017年 | 云南 2018年 | 陕西 2017年 | 陕西 2018年 | 甘肃 2017年 | 甘肃 2018年 | 青海 2017年 | 青海 2018年 |
|---|---|---|---|---|---|---|---|---|---|---|
| 预测风险区间 | 中度 | 中度 | 重度 | 重度 | 中度 | 中度 | 中度 | 中度 | 中度 | 中度 |
| 绝对百分比精度（%） | 98.46 | 99.47 | 97.26 | 99.27 | 97.67 | 97.13 | 97.67 | 98.99 | 96.43 | 96.91 |
| 真实综合值 | 0.6130 | 0.5668 | 0.7708 | 0.7907 | 0.5414 | 0.5435 | 0.3756 | 0.3721 | 0.4479 | 0.4638 |
| 预测综合值 | 0.5898 | 0.5682 | 0.7280 | 0.7687 | 0.5631 | 0.5393 | 0.3931 | 0.3711 | 0.4233 | 0.4550 |

**块三：宁夏、辽宁、吉林、黑龙江**

| | 宁夏 2017年 | 宁夏 2018年 | 辽宁 2017年 | 辽宁 2018年 | 吉林 2017年 | 吉林 2018年 | 黑龙江 2017年 | 黑龙江 2018年 |
|---|---|---|---|---|---|---|---|---|
| 预测风险区间 | 重度 | 中度 | 重度 | 重度 | 中度 | 中度 | 中度 | 中度 |
| 绝对百分比精度（%） | 96.22 | 99.75 | 94.44 | 97.22 | 95.99 | 99.23 | 95.35 | 99.74 |
| 真实综合值 | 0.4467 | 0.4840 | 0.4340 | 0.4642 | 0.4189 | 0.4620 | 0.4771 | 0.5045 |

续表

| 真实风险区间 | 中度 | 中度 | 中度 | 中度 | 中度 | 中度 | 中度 |
|---|---|---|---|---|---|---|---|
| 预测综合值 | 0.4521 | 0.4714 | 0.4491 | 0.4556 | 0.4123 | 0.4487 | 0.4698 | 0.4968 |
| 预测风险区间 | 中度 | 中度 | 中度 | 中度 | 中度 | 中度 | 中度 | 中度 |
| 绝对百分比精度（%） | 98.79 | 97.41 | 96.53 | 98.13 | 98.43 | 97.14 | 98.48 | 98.49 |
| 均方误差 | 0.000218 |
| 平均绝对百分比精度（%） | 97.28 |

分析表5-24，统计了本研究测试样本的真实值与预测值的情况对比，从表内数据可以看出，本研究所构建的基于改进SVM方法的我国地方政府债务风险预警模型的均方误差仅为0.000218（该值越接近0代表准确性越高），即预警模型预测出的债务综合值与真实值之间的差异程度较小，这就代表本研究所构建的预警模型具有良好的预测精准度，能够较为准确地预测出我国地方政府债务风险综合评价值。同时，本研究所构建的预警模型对地方政府债务风险综合评估值所处风险状态区间的预测正确率高达100，以上58个样本的真实风险区间与预测风险区间完全一致，这再次证明本研究所构建的基于改进SVM方法的风险预警模型能够有效地对我国地方政府债务风险进行预测评价。除此之外，本研究所构建的预警模型的平均绝对百分比精度高达97.28%，具体到每个样本来看，本研究的58个测试样本中，就有49个样本（所占比重为84.48%）的绝对百分比精度超过95.00%，虽说有9个样本的绝对百分比精度略低于95.00%，但这9个样本中绝对百分比精度最低的样本，其值都高达94.45%。因此，总体来说，本研究所构建的风险预警模型预测精度是较好的、预测结果也是十分令人满意的，用本模型对我国地方政府债务风险进行预警研究，可以得到不错的结果。

为了更加清晰地刻画出预警模型所预测的债务风险评价值与研究样本真实值之间的差异，本研究还将测试集中各样本真实值与预测值数据作了对比折线图。通过图我们可以十分直观地了解到本研究所构建模型的拟合情况。从图5-9可以看出，测试样本集中各样本的债务风险综合评价值的真实值与本研究所预测出的债务风险综合评价值之间其轨迹几乎重叠，这说明真实值与预测值之间仅存在较小的出入，又再次证明本书构建的基于改进SVM方法的我国地方政府债务风险预警模型具有优越的预测性能。

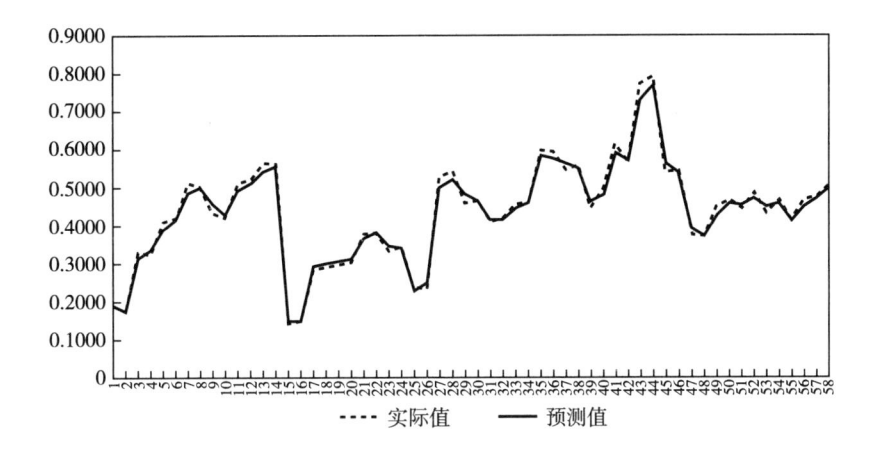

图 5-9 我国地方政府债务风险预测值与实际值

## 第四节 本章小结

本章对我国债券市场风险预警进行了深入研究。本书首先对我国债券市场的运行现状进行了分析，在此基础上对一般债券市场的非结构化数据构建了情绪指数预警模型与供给侧改革热度指数预警模型；还对结构化数据构建了 SVM 智能预警模型与神经网络预警模型。对于地方政府债务风险，本研究首先采用了主客观赋权法对我国 29 个省级行政区的地方债务进行了风险度量，其次构建了 GWO-SMOTE-SVM 智能预警模型。

实证结果表明，本研究所构建的投资者情绪指数预警模型、供给侧改革热度指数预警模型、SVM 类（CV-SVM、GA-SVM、GWO-SVM、GWO-SMOTE-SVM）预警模型和 NN 类（BPNN、WAVENN）预警模型都能较好地对债券市场进行风险预警。其中，经过 GWO 算法优化的 SVM 风险预警模型与 SMOTE-SVM 风险预警模型在公司债与企业债和地方债务风险预警中表现出最出色的预测性能。此外，通过文本挖掘技术处理非结构化数据，构建的股票市场投资者情绪指数预警模型在考虑了恰当的滞后期后也能具备良好的预测效果。本章的供给侧改革热度指数预警模型基于政策实时热度在一定滞后期表现出的显著性风险预警效果，不仅能让我们充分捕获到由于政策变化致使市场增添新风险特征的信号，更能让我们通过该信号对市场进行准确科学的风险管理。而对于神经网络预警模型（BPNN、WAVENN），整体上其具有十分优异的预测性能，但 BPNN 与 WAVENN 针对不同指标预警时预测性能各有千秋，实证结果并不能直接表明 BPNN 与 WAVENN 谁更适合用于债券市场风险预警，面对风险发生的重创性，本书认为多模型的组合运用对风险管理是有必要的。

综上所述，在现如今供给侧改革逐渐深入的背景下，债券市场进行有效的风险预警管理有助于我国经济的高质量持续性发展。本章从债券市场的非结构化数据与结构化数据入手，通过支持向量机、神经网络智能算法的结合全面挖掘隐藏在债券市场数据中的各种风险特征，对债券市场的风险预警展开了深入研究，结果证明供给侧改革政策与债券市场之间具有高度的相关性，这为债券市场进行风险预警管理提供了新视角，丰富了风险预警管理方法。

# 第六章

# 外汇市场的风险预警研究

## 第一节 问题提出

外汇市场是维持国际贸易、控制通货膨胀以及跨国金融结算的重要金融子市场，是发挥汇率价格发现、资源配置和避险功能的重要场所。在我国当前经济发展所面临的供给侧问题以及经济全球化与经济格局调整的时代背景下，应当充分通过优化资源配置、践行"三去一降一补"措施，切实解决所暴露出的经济下行问题，这也就要求供给侧改革既要着眼于国内，也要放眼于全球。外汇市场作为整合金融市场开放渠道、促进国内国际产能合作、扩大出口规模、借助国际市场改变融资结构、引进资源人才技术、提升跨境贸易自由化的载体，能提高我国金融市场的国际化水平，强化我国践行供给侧改革政策。为了维持我国经济长久稳定的发展、提高国际贸易的效率、控制通货膨胀与助力供给侧结构性改革，对外汇市场风险的预警是至关重要的。

供给侧改革通过解决现有供给侧问题，顺应经济发展的变化，同时需要金融体系的鼎力支持与配合方能适应经济转型升级的需要。根据中国国家外汇管理局数据显示，截至2020年12月末，中国外汇储备为32165亿美元，相比2019年末增加约1086亿美元，2020年全年增幅约为3.5%，稳居世界第1位，中国外汇储备规模接近全球外汇储备总量的30%，居全球外汇储备排名榜首位。

为了更好助力供给侧改革的实践，外汇市场也正在大刀阔斧地进行变革。目前已累计共取消了28项外汇行政审批程序，特别是服务贸易购付汇管理已实行零审批流程，旨在促进国际贸易投资便利化。同时，为了拓宽国内企业融资渠道、降低国内企业融资成本，外汇市场全力推进全口径跨境融资业务，打破禁止中资企业借入外债的政策限制，允许企业在宏观审慎指标约束下从境外借入资金。为了降低企业资金占用与使用成本，跨国公司外汇资金集中运营业务已正式投入使用，企业可以统一支配外债额度，分别从境内外两个资金主账户归集和使用外汇资金。外汇市场的发展既是顺应当前经济发展的需求，也是在不断地提升我国金融市场的国际化水平。

虽然外汇市场具有较为扎实稳定的基础与得天独厚的优越条件，但现如今世界经济形势复杂严峻，新冠疫情带来的衍生风险尚未褪去，国际金融市场存在较多不确定性因素，面对大量外在市场风险的冲击，我国外汇市场如何在变革中谋求高质量发展，是值得我们认真思考的问题。同时，纵观我国外汇市场的发展历史，大致可以划分为探索期、形成期、发展期三个阶段。第一个阶段为1949—1978年，彼时没有形成公开的外汇交易市场，但是出台了明确的外汇管理制度和汇率体系，该时期的艰难探索为我国外汇市场的建设提供了宝贵的经验。第二个阶段为1978—2013年，随着改革开放的推进和社会主义市场经济体制的建设，外汇市场成为开放型经济体系目标下不可或缺的重要组成部分。而该阶段具体来说又可以分为三步：第一步（1978—1989年）开始逐步建立其专门的外汇管理机构，由多家金融机构经营外汇，实行外汇留成，在深圳设立外汇调剂中心，在上海开办外汇调剂公开市场，基本形成了外汇市场的尝试形态。第二步（1989—1994年）汇率双轨制形成，允许居民个人持有和使用外汇，增强外汇调剂市场的功能，形成了外汇市场的基本框架。第三步（1994—2013年）将外汇的双轨制转变为单一市场汇率，实行银行结售汇制度，并于1994年建立了全国统一银行间外汇市场；在2005年实行了汇率机制改革，中国开始实行以市场供求为基础、参考"一篮子"货币进行调节、有管理的浮动汇率制度。人民币汇率不再盯住单一美元，形成更富弹性的人民币汇率机制，至此我国外汇市场和相关制度逐渐完善、日益成熟。第三个阶段为2013年至今。2013年召开的党的十八届三中全会通过的《中共中央关于全面深化改革若干重大问题的决定》强调："建设统一开放、竞争有序的市场体系，是使市场在资源配置中起决定性作用的基础"，要"建立健全宏观审慎管理框架下的外债和资本流动管理体系"。这实际上进一步明确了外汇管理的目标和职能，为进一步深化外汇市场发展指明了方向。而随着中国经济增长速度换挡期、结构调整阵痛期、前期刺激政策消化期同时集中出现，我国经济进入了"三期叠加"的新常态，我国的外汇市场稳定面临着巨大的挑战。以美元为例，2015年8月11日，人民币兑美元汇率中间价贬值了2%，并随后与中国股市的异常波动相互叠加，使汇率波动加剧，进一步增加了汇率波动风险和跨境资本的外部冲击。而2017年的美元走势持续颓废，导致人民币升值压力增加，对我国商品出口贸易产生了影响，如图6-1所示。

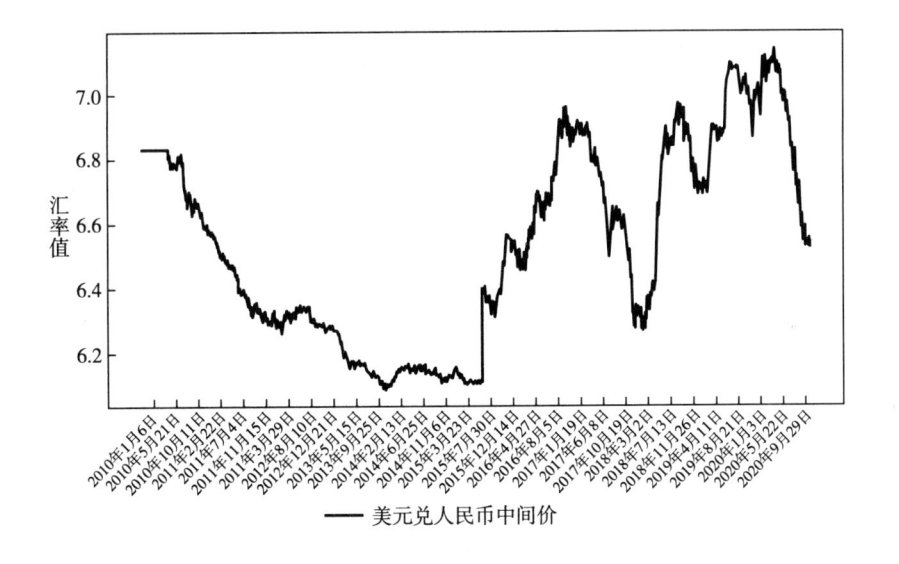

**图6-1　2010—2020年我国人民币兑美元汇率中间价**

根据外汇市场健康发展的愿景，许多学者对外汇市场的风险展开了研究。谢赤等（2012）使用小波多分辨分析研究了我国外汇市场和股票市场的波动溢出效应，研究发现从短期看主要表现为从股票市场向外汇市场的溢出，在人民币汇率机制改革之后，受到国际金融危机的影响，大量国外热钱卖出股票导致中国股票市场暴跌进而引发了外汇市场的短期剧烈波动；而从长期来看，外汇市场和股票市场表现出了显著的双向溢出效应；何诚颖等（2013）认为，投资者异质性是汇率和股价波动间存在关联效应的重要决定因素，并采用SV-TVP-SVAR模型实证研究了汇率和股价的相关关系，认为货币当局及时的外汇干预能起到稳定汇率的作用，避免外部冲击通过外汇市场传递到资本市场。周爱民等（2017）通过GARCH-时变Copula-CoVaR模型测度了上证综指、恒生指数、在岸和离岸人民币四个市场两两间的风险溢出效应，指出同一类型的金融市场间的风险溢出最大，在汇率改革后的股市和外汇市场间存在正向的风险溢出。同时，杨子晖等（2020）的研究还指出中国境外市场对中国金融市场存在显著的风险冲击，而外汇市场是风险的主要接受者。

综上所述，为供给侧改革提供优越的改革空间与实力，外汇市场所受到的不仅来源于其他紧密联系的金融子市场的风险冲击，更是其适应时代政策推进自身发展变革所带来的风险。2019年2月，中共中央政治局就完善金融服务、防范金融风险举行了第十三次集体学习，习近平总书记强调"防范化解金融风险特别是防止发生系统性金融风险，是金融工作的根本性任务"。因此，我们需要高度关注外汇市场自身，以及与其他金融市场的关联性和风险情况，及时防范和化解外汇市场风险，切实维护我国外汇市场稳定，守住不发生系统性金融风险的底线。所以本书期望通过全面地考虑结构化数据和非结构化数据，构建外汇市场的风险预警模型，为维护外汇市场平稳发展提供有价值的参考。

## 第二节　外汇市场的风险预警实证分析

### 一　外汇市场情绪指数风险预警模型分析

（一）模型设计

投资者情绪与外汇市场的关系十分密切。司登奎等（2019）在开放经济框架下构建了包含投资者情绪、股价与汇率变动的内生动态系统，并从理论层面刻画了三者之间的非线性联动效应，研究结果表明，投资者情绪对股价的影响在短期内明显，而对汇率的影响具有滞后性。叶陈勇（2012）利用外汇期货期权中隐含的中性风险概率作为投资者情绪指标,根据风险中性概率的峰度值、偏度值来判断投资者情绪处于悲观时期还是乐观时期,并与外汇市场收益的变化进行直观比较,发现其与市场周期具有很好的一致性。因此,本书在前人研究的基础上通过文本挖掘技术构建外汇市场的投资者情绪,建立起对外汇市场的风险预警模型。

具体思路如下:

1. 构建情绪指数

本章依据情感词典对分词处理后的文本信息进行语义赋权计算文本得分,而文本的阅读量将很好地反映该文本对其他投资者的影响程度,本书据此对文本得分再次进行赋权得到最终的投资者情绪指数。

2. 移动平均处理

情绪在外汇市场中的传递需要一定的时间,我们对投资者情绪指数和反映外汇市场运行情况的价格波动率分别向前和向后进行了移动平均处理,进而考虑了它们的时滞效应。

3. 回归分析

我们采用 OLS 最小二乘法进行回归分析,将情绪指数作为解释变量,将外汇价格波动率作为被解释变量,对不同的滞后期 $i$ 进行回归。

4. 有效性分析

选择最优滞后期 $i$ 对外汇市场未来的价格波动率进行预测,并将样本期间的实际波动率画在同一张图上,观察拟合情况。

(二)样本选取

本书的网络文本信息选自东方财富旗下股票社区的外汇吧板块发帖(http://guba.eastmoney.com/list,waihui.html),利用爬虫技术对相关帖子进行爬取,收集其帖子文本信息、发帖时间、阅读量等数据。因为时间较早,帖子数量较少,难以全面反映当日的投资者情绪。我们选取人民币兑 100 美元的价格和人民币兑 100 港元的价格作为汇率的代表。样本时间区间为 2009 年 10 月 1 日至 2020 年 7 月 31 日。

(三)数据处理

本书在对外汇吧的帖子链接、帖子标题、阅读量、评论量、发表日期、帖子内容等数据进行爬虫抓取,通过去除空缺值、重复数据、无意义的文本等,对数据进行清洗。由于非交易日的存在,样本数据存在较多的缺失值，我们对缺失值沿用上一期的样本数据作为该期的数据。

（四）投资者情绪指数

我们按照第三章所介绍的方法构建外汇市场情绪指数。其取值范围为 [-1, 1]，其中，取值为负表明情感倾向为消极情感，且其绝对值越大，表明消极倾向程度越大，取值为正表明情感倾向为积极情感，且其绝对值越大，表明积极倾向程度越大。

（五）实证分析

1. 描述性统计

本书选取人民币兑 100 美元的价格和人民币兑 100 港元的价格作为汇率的代表。从描述性统计的结果可以看出，外汇市场情绪指数的最小值为-1，最大值为1，情绪指数均值为 0.22016。投资者情绪指数平均数为正，说明情感倾向较为乐观。汇率（美元）价格波动率最小值为 -0.00643，最大值为 0.00765，均值为 -0.00004，标准差为 0.00165，汇率（港元）价格波动率最小值为 -0.00644，最大值为 0.00815，均值为 -0.000001，标准差为 0.00166，平均而言，在该时间段内，汇率（美元）价格波动率为 0.004%，汇率（港元）价格波动率为 0.0001%，大致处于盈亏平衡的状态，波动性较小。

表 6-1　　　　　　　　　　描述性统计

| 变量 | 均值 | 标准差 | 最小值 | 最大值 |
| --- | --- | --- | --- | --- |
| 外汇市场情绪指数 | 0.22016 | 0.14145 | -1.00000 | 1.00000 |
| 汇率（美元） | 702.73900 | 5.98789 | 686.06000 | 713.16000 |
| 汇率（美元）价格波动率 | -0.00004 | 0.00165 | -0.00643 | 0.00765 |
| 汇率（港元） | 90.32783 | 0.88195 | 88.28100 | 91.99800 |
| 汇率（港元）价格波动率 | -0.000001 | 0.00166 | -0.00644 | 0.00815 |

2. 回归结果分析

外汇市场回归结果如表 6-2 和表 6-3 所示。

表 6-2　　　　　　　　外汇市场（美元）回归结果

| 变量 | $i=1$ | $i=2$ | $i=3$ | $i=4$ | $i=5$ |
|---|---|---|---|---|---|
| 情绪指数过去 $i$ 日移动平均 | -0.00075<br>(-1.13) | 0.00076<br>(1.07) | 0.00132*<br>(1.83) | 0.00130*<br>(1.81) | 0.00085<br>(1.20) |
| constant | 0.00013<br>(0.72) | -0.00021<br>(-1.21) | -0.00033*<br>(-1.95) | -0.00033**<br>(-1.97) | -0.00023<br>(-1.41) |
| 变量 | $i=6$ | $i=7$ | $i=8$ | $i=9$ | $i=10$ |
| 情绪指数过去 $i$ 日移动平均 | -0.00027<br>(-0.40) | -0.00133**<br>(-2.01) | -0.00213***<br>(-3.40) | -0.00251***<br>(-4.23) | -0.00271***<br>(-4.81) |
| constant | 0.00001<br>(0.09) | 0.00024<br>(1.62) | 0.00042***<br>(2.94) | 0.00050***<br>(3.72) | 0.00054***<br>(4.26) |
| 变量 | $i=11$ | $i=12$ | $i=13$ | $i=14$ | $i=15$ |
| 情绪指数过去 $i$ 日移动平均 | -0.00264***<br>(-4.90) | -0.00251***<br>(-4.85) | -0.00231***<br>(-4.61) | -0.00209***<br>(-4.27) | -0.00183***<br>(-3.83) |
| constant | 0.00053***<br>(4.33) | 0.00050***<br>(4.27) | 0.00045***<br>(4.02) | 0.00040***<br>(3.68) | 0.00035***<br>(3.25) |

注：***、**、*分别表示在1%、5%、10%的水平下显著；括号内为t值，下同。

表 6-3　　　　　　　　外汇市场（港元）回归结果

| 变量 | $i=1$ | $i=2$ | $i=3$ | $i=4$ | $i=5$ |
|---|---|---|---|---|---|
| 情绪指数过去 $i$ 日移动平均 | -0.00037<br>(-0.55) | 0.00072<br>(1.03) | 0.00142**<br>(1.99) | 0.00130*<br>(1.83) | 0.00086<br>(1.24) |
| constant | 0.00008<br>(0.45) | -0.00016<br>(-0.95) | -0.00032*<br>(-1.88) | -0.00029*<br>(-1.76) | -0.00019<br>(-1.21) |
| 变量 | $i=6$ | $i=7$ | $i=8$ | $i=9$ | $i=10$ |
| 情绪指数过去 $i$ 日移动平均 | -0.00025<br>(-0.37) | -0.00128*<br>(-1.96) | -0.00207***<br>(-3.34) | -0.00244***<br>(-4.18) | -0.00266***<br>(-4.79) |
| constant | 0.00005<br>(0.31) | 0.00027*<br>(1.83) | 0.00044***<br>(3.15) | 0.00053***<br>(3.96) | 0.00057***<br>(4.55) |
| 变量 | $i=11$ | $i=12$ | $i=13$ | $i=14$ | $i=15$ |
| 情绪指数过去 $i$ 日移动平均 | -0.00262***<br>(-4.93) | -0.00254***<br>(-4.97) | -0.00236***<br>(-4.78) | -0.00216***<br>(-4.47) | -0.00191***<br>(-4.04) |
| constant | 0.00056***<br>(4.69) | 0.00054***<br>(4.72) | 0.00050***<br>(4.54) | 0.00046***<br>(4.24) | 0.00041***<br>(3.82) |

从回归结果可以看出，当 $i=3$、$i=4$ 以及 $7 \leqslant i \leqslant 15$ 时，系数显著，同时，做出系数随 $i$ 变化的趋势图，如图 6-2 所示（其中，1 表示该系数显著，0 表示该系数不显著）。

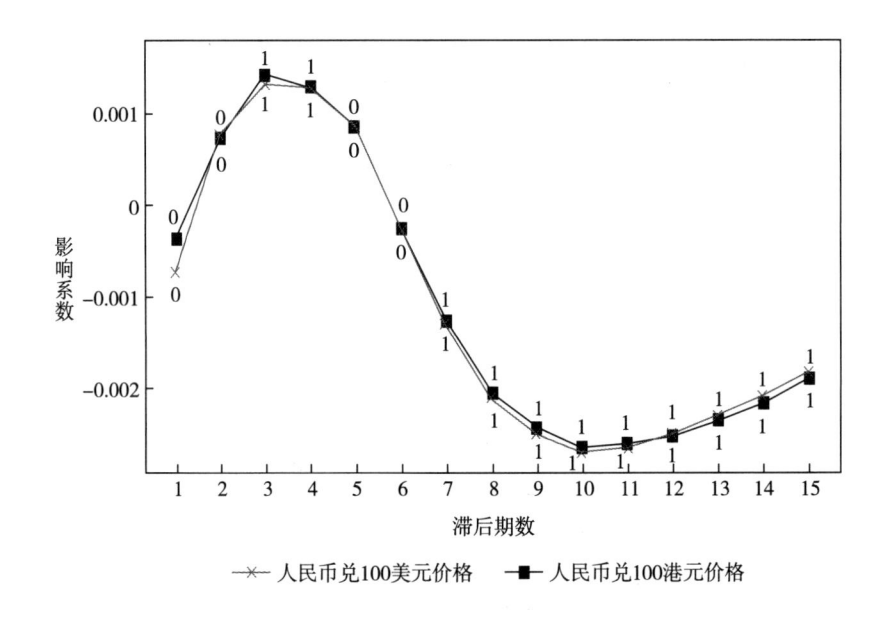

图 6-2 外汇市场情绪指数回归系数变化趋势

从图 6-2 可以看出，对于外汇市场而言，当 $i=3$ 和 $i=4$ 时，情绪指数过去 $i$ 日移动平均系数显著为正，而当 $7 \leqslant i \leqslant 15$ 时，情绪指数过去 $i$ 日移动平均系数随着期数的增加，呈现先下降后上升的趋势，但是由于系数均为负，因此，情绪指数过去 $i$ 日移动平均对汇率的价格波动率未来 $i$ 日移动平均的影响程度先上升后下降。可见，在外汇市场上由于受传导路径以及目前我国外汇市场效率的影响，信息的传导具有滞后性，导致投资者情绪指数对价格波动率的影响程度是逐渐增加的，且在未来第 10 期达到最大，随后，由于失去时效性，其对价格波动率的影响逐渐下降。

按常理，当投资者情绪指数为正，即为积极情绪时，人民币应当升值（汇率的价格应当向下波动），但是由于保持人民币比值稳定对于投资、消费以及进出口等方面都具有十分重要的意义，当投资者情绪变化时，为保持人民币币值的稳定，央行会采取一定的措施以减小投资者情绪对汇率的影响，而央行的措施相比投资者情绪而言，其对市场的作用会更加迅速，因此，当 $i=3$ 和 $i=4$ 时，央行的行动开始作用于汇率，导致汇率的价格向上波动，而后，当 $i=7$ 时，投资者情绪开始作用于汇率，使汇率价格向下波动。保持汇率稳定的重要性、央行调节措施的及时性以及投资者情绪的滞后性，导致当 $i=3$ 和 $i=4$ 时，情绪指数过去 $i$ 日移动平均系数为正，而当 $7 \leqslant i \leqslant 15$ 时，情绪指数过去 $i$ 日移动平均系数为负。

当投资者情绪指数对价格波动率的影响达到最大时，即当 $i=10$ 时，情绪指数过去 10 日移动平均系数显著为负，情绪指数过去 10 日移动平均显著降低汇率价格波动率未来 10 日移动平均。

3. 预测效果分析

为验证回归模型的预测效果，本书做出回归预测值与实际价格波动率移动平均的时序图。其中，外汇市场 $i$ 的取值为 10，如图 6-3 和图 6-4 所示。

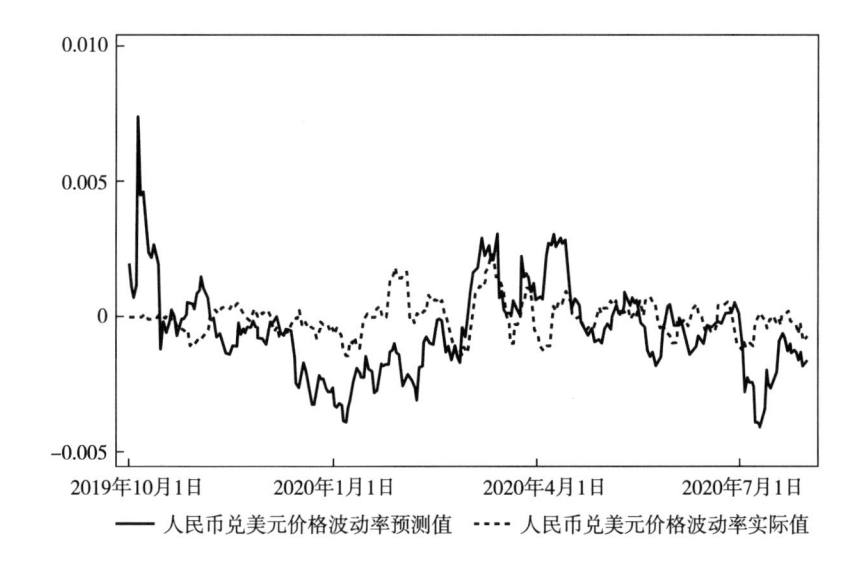

**图 6-3　人民币兑美元波动率回归预测值与实际值**

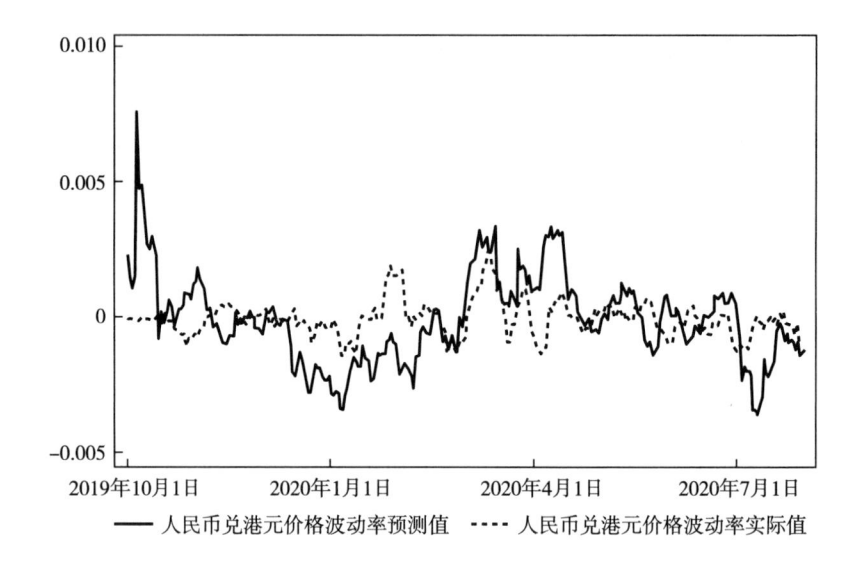

**图 6-4　人民币兑港元波动率回归预测值与实际值**

可以看出，在考虑时滞性的情况下，拟合值与真实值大致具有相同的趋势，表现出同升同降，回归模型的预测效果较好，可用于对金融市场价格波动率的预测以及对可能出现的价格下降的风险进行预警。

## 二　外汇市场供给侧改革热度指数风险预警分析

### （一）模型设计

供给侧改革热度与外汇市场的关系十分密切。供给侧改革的实行，不仅激励外汇市场实行更高质量的市场内部变革以顺应经济发展的需求，更是磨炼外汇市场以更高效状态解决我国经济呈现出的供给侧难题。随着供给侧改革的深入，外汇市场陆续通过加宽融资渠道、促进国际结算便利化、鼓励产品创新等方面发力，为供给侧改革创造更好条件。同时，企业在"走出去"过程中面临的汇率大幅度波动、人民币汇率贬值等制约条件也将严重影响与抑制企业进行外汇融资和境外融资的需求，以及现有外汇风险防范机制的不健全，使外汇市场支持供给侧改革也具有一定风险。因此，本章尝试建立外汇市场的风险预警模型。

1. 构建供给侧改革热度指数

我们依据供给侧改革政策在国家层面提出后的新闻热度与投资者

对相关关键词检索的行为数据进行统计。国家层面召开的若干次会议是政策实行的具体导向，新闻资讯的报道程度将持续性对投资者的投资判断行为进行干预。而投资者对会议相关关键词的检索规模将直接地反映其受政策实行的具体影响程度，因此，本书据此通过对新闻热点程度与相关关键字检索频次进行加总得到最终的供给侧改革热度指数。

2. 移动平均处理

供给侧改革政策的实行到其传递进外汇市场中，期间需要一定的时间，因此我们对供给侧改革热度指数和反映股票市场运行情况的价格波动率分别向前和向后进行移动平均处理，进而考虑它们的时滞效应。

3. 回归分析

我们采用 OLS 最小二乘法进行回归分析，将供给侧改革热度指数作为解释变量，将外汇价格波动率作为被解释变量，对不同的滞后期 $i$ 进行回归。

4. 有效性分析

选择最优滞后期 $i$ 对外汇市场未来的价格波动率进行预测，并将样本期间的实际波动率画在同一张图上，观察拟合情况。

（二）样本选取

我国互联网规模庞大，新闻媒体众多，检索方式也具有多样化，数据零散也庞大，但好在百度作为我国现行互联网搜索引擎综合实力排名第一的互联网公司，不仅影响力家喻户晓，软件人尽皆知与人人用之，更是投资者获得最新信息的首选。长久以来，百度作为主要的互联网搜索网站，不仅能全面地检索新闻热点等文本信息，更是积累了数量庞大的投资者行为数据。因此，鉴于其高活跃性、文本信息与行为数据丰富等优点，本书选取百度旗下的以百度海量网民行为数据为基础的数据分析平台百度指数（http：//index.baidu.com）为基础，统计新闻资讯与互联网用户对特定关键词的关注、报道及继续变化情况等数据。本书选择时间区间为 2009 年 10 月 1 日至 2020 年 7 月 31 日的人民币兑 100 美元的价格和人民币兑 100 港元的价格作为汇率的代表，这两个较为全面的指标反映外汇市场的运行情况。

(三) 数据处理

本书在对供给侧改革所涉及的供给侧改革、供给侧结构性改革、实体经济、影子银行、金融风险、"三去一降一补"、地方债、企业债、大众创业万众创新、融资贷款、双循环、高质量发展、扩大内需、新发展格局、新发展理念、创新驱动发展、协调发展、科技创新、内需不足、产能过剩、去杠杆、去杠杆化、去产能、去库存、僵尸企业、金融杠杆共 26 个关键词进行数据提取并等权重计算出综合供给侧改革热度指数。由于非交易日的存在，我们在对综合供给侧改革热度指数构建时为契合外汇市场数据反映出的真实信号，对非交易日的数据进行了剔除，构建了供给侧改革热度指数。

(四) 供给侧改革热度指数

我们按照前述的方法构建供给侧改革热度指数，其值则反映了当日投资者对特定关键词与新闻资讯的检索规模与报道程度，其中取值越趋大，表明该时段供给侧改革热度处于一定的高水平；取值越小，表明该时段供给侧改革热度处于正常水平。

(五) 实证分析

1. 描述性统计

选取汇率（美元）价格波动率和汇率（港元）价格波动率作为外汇市场价格波动率的代表。从描述性统计的结果可以看出，供给侧改革热度指数的最小值为 4090.000000，最大值为 70176.000000，均值为 13493.432200。供给侧改革热度指数波动程度相对而言较大，能充分反映国家召开相关会议带来的热度上涨情况。汇率（美元）价格波动率最小值为 -0.006430，最大值为 0.007650，均值为 -0.000040，标准差为 0.001650，汇率（港元）波动率最小值为 -0.006440，最大值为 0.0081500，均值为 -0.000001，标准差为 0.001660，具体如表 6-4 所示。

表 6-4　　　　　　　　　　　描述性统计

| 变量 | 均值 | 标准差 | 最小值 | 最大值 |
| --- | --- | --- | --- | --- |
| 供给侧改革热度指数 | 13493.432200 | 4195.204200 | 4090.000000 | 70176.000000 |

续表

| 变量 | 均值 | 标准差 | 最小值 | 最大值 |
|---|---|---|---|---|
| 汇率（美元） | 702.739000 | 5.987890 | 686.060000 | 713.160000 |
| 汇率（美元）价格波动率 | -0.000040 | 0.001650 | -0.006430 | 0.007650 |
| 汇率（港元） | 90.327830 | 0.881950 | 88.281000 | 91.998000 |
| 汇率（港元）价格波动率 | -0.000001 | 0.001660 | -0.006440 | 0.008150 |

2. 回归结果分析

外汇市场回归结果如表6-5和表6-6所示。

表6-5　　　　　外汇市场（美元）回归结果

| 变量 | $i=1$ | $i=2$ | $i=3$ | $i=4$ | $i=5$ |
|---|---|---|---|---|---|
| 供给侧改革热度指数过去$i$日移动平均 | -63.25*** (-6.59) | -60.10*** (-6.44) | -66.41*** (-6.74) | -72.59*** (-7.01) | -80.44*** (-7.38) |
| Constant | 682.80*** (-448.16) | 682.50*** (-455.52) | 683.30*** (-439.43) | 684.20*** (-423.91) | 685.30*** (-407.86) |
| 变量 | $i=6$ | $i=7$ | $i=8$ | $i=9$ | $i=10$ |
| 供给侧改革热度指数过去$i$日移动平均 | -87.21*** (-7.70) | -91.08*** (-7.86) | -92.08*** (-7.91) | -91.59*** (-7.89) | -92.62*** (-7.90) |
| Constant | 686.20*** (-395.91) | 686.80*** (-388.59) | 687.00*** (-386.26) | 687.00*** (-386.23) | 687.20*** (-383.86) |
| 变量 | $i=11$ | $i=12$ | $i=13$ | $i=14$ | $i=15$ |
| 供给侧改革热度指数过去$i$日移动平均 | -95.25*** (-8.00) | -99.07*** (-8.14) | -103.00*** (-8.31) | -106.40*** (-8.46) | -108.10*** (-8.54) |
| Constant | 687.50*** (-379.71) | 688.00*** (-373.97) | 688.60*** (-368.57) | 689.10*** (-364.26) | 689.40*** (-362.29) |

表6-6　　　　　外汇市场（港元）回归结果

| 变量 | $i=1$ | $i=2$ | $i=3$ | $i=4$ | $i=5$ |
|---|---|---|---|---|---|
| 供给侧改革热度指数过去$i$日移动平均 | -8.593*** (-6.93) | -8.187*** (-6.79) | -9.043*** (-7.11) | -9.889*** (-7.39) | -10.950*** (-7.78) |
| Constant | 87.610*** (-445.15) | 87.570*** (-452.39) | 87.680*** (-436.44) | 87.800*** (-421.07) | 87.950*** (-405.18) |

续表

| 变量 | $i=6$ | $i=7$ | $i=8$ | $i=9$ | $i=10$ |
|---|---|---|---|---|---|
| 供给侧改革热度指数过去 $i$ 日移动平均 | -11.870***<br>(-8.12) | -12.420***<br>(-8.30) | -12.570***<br>(-8.36) | -12.520***<br>(-8.34) | -12.680***<br>(-8.37) |
| Constant | 88.080***<br>(-393.34) | 88.160***<br>(-386.05) | 88.190***<br>(-383.71) | 88.190***<br>(-383.64) | 88.210***<br>(-381.27) |
| 变量 | $i=11$ | $i=12$ | $i=13$ | $i=14$ | $i=15$ |
| 供给侧改革热度指数过去 $i$ 日移动平均 | -13.050***<br>(-8.48) | -13.590***<br>(-8.64) | -14.140***<br>(-8.83) | -14.630***<br>(-8.99) | -14.870***<br>(-9.09) |
| Constant | 88.260***<br>(-377.16) | 88.340***<br>(-371.49) | 88.420***<br>(-366.14) | 88.490***<br>(-361.86) | 88.530***<br>(-359.87) |

从回归结果可见，当 $i=1$ 至 $i=15$ 时，即自变量分别为供给侧改革热度指数过去1—15日移动平均，因变量分别为美元与港元汇率波动率未来1—15日移动平均时，系数均在1%的水平下显著。说明考虑实滞性的供给侧改革热度指数能反映外汇市场的价格波动现象，这一点证明前述理论所阐述观点可行性与供给侧改革热度指数构建的必要性。同时，做出系数随 $i$ 变化的趋势图，如图6-5所示（其中，1表示该系数显著，0表示该系数不显著）。

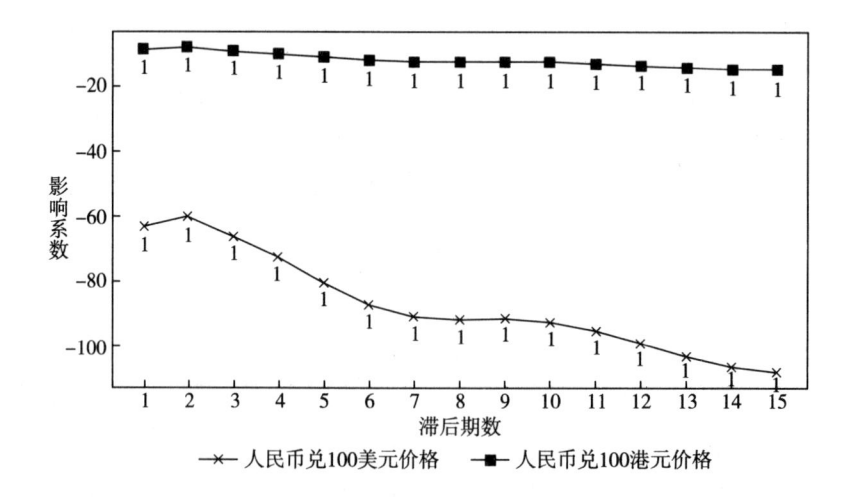

图6-5 外汇市场供给侧改革热度指数回归系数变化趋势

从图 6-5 可以看出，供给侧改革热度指数在滞后期 15 期内都具有显著性，但是由于系数均为负，供给侧改革热度指数过去 $i$ 日移动平均对汇率的价格波动率未来 $i$ 日移动平均的影响程度呈下降趋势。可见，外汇市场受传导路径以及目前我国外汇市场效率的影响，信息的传导具有滞后性，导致供给侧改革热度指数对价格波动率的影响程度是逐渐递减的，且在未来第 2 期达到最大，随后，由于失去时效性，其对价格波动率的影响又逐渐下降。

当供给侧改革热度指数对价格波动率的影响达到最大时，即 $i=2$ 时，热度指数过去 2 日移动平均系数显著为负，供给侧改革热度指数过去 2 日移动平均显著地降低汇率价格波动率未来 2 日移动平均，因为这里汇率采用的是人民币兑 100 外币的价格，故而汇率价格波动率未来 2 日移动平均为负意味着人民币兑 100 外币的价格的下降，即人民币升值。

3. 预测效果分析

为验证回归模型的预测效果，本书做出回归预测值与实际价格波动率移动平均的时序图。其中，外汇市场 $i$ 的取值为 10，如图 6-6 和图 6-7 所示。

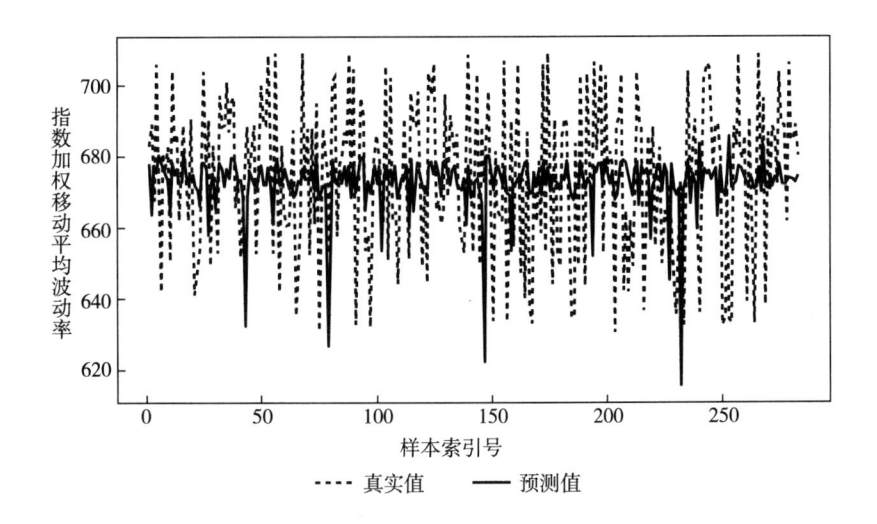

图 6-6 人民币兑美元波动率回归预测值与实际值

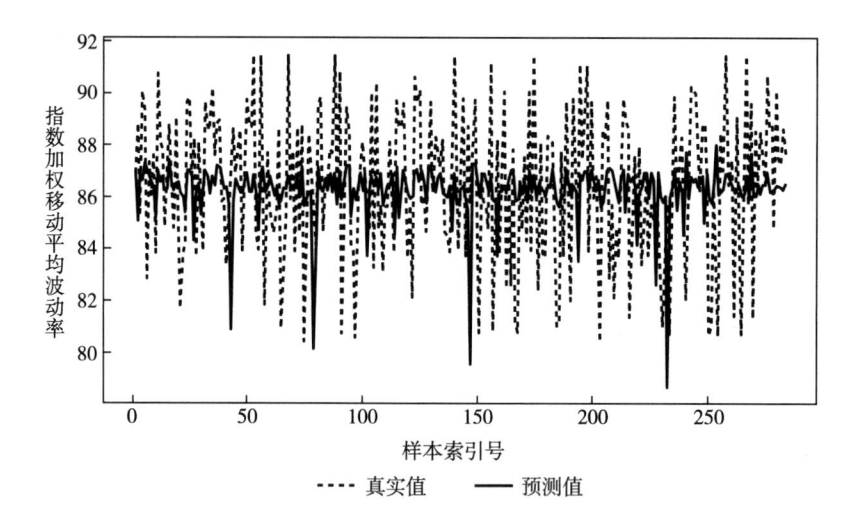

图 6-7 人民币兑港元波动率回归预测值与实际值

### 三 外汇市场支持向量机智能风险预警分析

（一）模型设计

我们基于第三章所介绍的金融市场风险的大数据智能预警方法，分别构建了 CV-SVM、GA-SVM、GWO-SVM 模型对债券市场进行风险预警，分别计算了不同参数优化算法下 $C$ 和 $g$ 的最优值。同样，我们对样本数据的前一半作为训练集，后一半作为测试集用来验证模型的预警效果。

（二）样本选取

选取人民币兑美元隐含波动率，兑美元、日元、欧元汇率代表外汇市场。美国是现最大的经济体且是中国最大的进出口贸易伙伴，所以选取人民币兑美元隐含波动率和兑美元汇率来代表外汇市场风险，美元兑人民币隐含波动率包含过去汇率波动的信息，也在一定程度上透露了外汇市场未来的汇率波动，反映出风险的变化情况。其次，日元、欧元也是国际上重要的结算货币，与我国外汇市场也存在十分紧密的关系。样本的数据区间为 2010 年 1 月 4 日至 2020 年 7 月 30 日。每个指标的数据样本量为 2571 个，将各个指标的前 1284 个样本作为训练集，后 1287 个样本作为测试集。

### (三) 最优参数选择

表 6-7 和表 6-8 是各个优化算法对不同指数日收益率计算出的 $C$ 和 $g$ 的最优值，采用优化算法得出的最优参数代入 SVM 对训练集进行学习，建立相对应的 CV-SVM、GA-SVM、GWO-SVM 外汇市场风险预警模型。

表 6-7　　　　　　　　　　最优参数 $C$ 取值

|        | CV-SVM  | GA-SVM  | GWO-SVM |
|--------|---------|---------|---------|
| 隐含波动率 | 1.7411  | 0.2179  | 18.6675 |
| 美元汇率  | 5.2780  | 10.0496 | 69.4067 |
| 日元汇率  | 16.0000 | 9.2485  | 85.0433 |
| 欧元汇率  | 9.1896  | 2.2790  | 45.4065 |

表 6-8　　　　　　　　　　最优参数 $g$ 取值

|        | CV-SVM | GA-SVM | GWO-SVM |
|--------|--------|--------|---------|
| 隐含波动率 | 1.0000 | 6.3632 | 0.0100  |
| 美元汇率  | 0.0625 | 0.9138 | 0.0100  |
| 日元汇率  | 0.0118 | 0.3515 | 0.0272  |
| 欧元汇率  | 0.3299 | 0.9285 | 0.0597  |

1. 描述性统计

表 6-9 是各个指标的描述性统计结果。从均值、标准差和方差结果来看，欧元和美元的标准差和方差都很大，说明欧元兑人民币汇率具有较强的波动性；日元的标准差和方差较小，说明日元兑人民币汇率较为稳定。从偏度的结果来看，除了隐含波动率为左偏，美元、日元和欧元汇率都呈现右偏趋势。从峰度的结果来看，除美元汇率外，其余三个指标都具有尖峰的特征。

表 6-9　　　　　　　　　　描述性统计

|        | 均值      | 标准差     | 方差      | 偏度        | 峰度       |
|--------|-----------|-----------|-----------|-------------|-----------|
| 隐含波动率 | 4.1139960 | 0.8995588 | 0.8092060 | -0.1430600  | 3.0991450 |

续表

|  | 均值 | 标准差 | 方差 | 偏度 | 峰度 |
|---|---|---|---|---|---|
| 美元 | 652.9944000 | 30.2161500 | 913.0156000 | 0.1887890 | 1.7296470 |
| 日元 | 6.5481230 | 0.9521032 | 0.9065005 | 0.4800775 | 2.0706190 |
| 欧元 | 797.6164000 | 65.4444700 | 4282.9790000 | 0.4219205 | 2.9903170 |

2. 准确率分析

表6-10至表6-12给出了各个模型针对不同指数预测的平均绝对误差（MAE）、均方误差（MSE）和平均绝对百分比误差（MAPE）。从美元的角度来看，SVM模型对隐含波动率的预测都是较为准确的，但是对汇率的预测存在一定的误差，因为兑美元汇率一般是在600—700徘徊，而SVM对数值较大序列的预测准确性会降低，这也印证了在债券市场的结论。从日元汇率和欧元汇率的角度来看，SVM模型对日元汇率的预测结果更为准确，对欧元汇率的预测结果虽然其MSE超过了10，但是其MAE与MAPE都在接受范围内，所以是具有一定可行性的。总的来看，在外汇市场上，经过优化的模型，CV-SVM与GA-SVM不一定能有效降低预测的误差，但是GWO-SVM等在一定程度上降低了预测误差。

表6-10　　　　　　　　平均绝对误差（MAE）结果

|  | SVM | CV-SVM | GA-SVM | GWO-SVM |
|---|---|---|---|---|
| 隐含波动率 | 0.1884 | 0.1630 | 0.2415 | 0.1093 |
| 美元汇率 | 11.9613 | 4.8091 | 11.9950 | 2.3513 |
| 日元汇率 | 0.0320 | 0.0320 | 0.0360 | 0.0264 |
| 欧元汇率 | 2.8050 | 3.0521 | 4.0838 | 2.5710 |

表6-11　　　　　　　　均方误差（MSE）结果

|  | SVM | CV-SVM | GA-SVM | GWO-SVM |
|---|---|---|---|---|
| 隐含波动率 | 0.1755 | 0.1050 | 0.2581 | 0.0323 |
| 美元汇率 | 521.1721 | 50.8801 | 415.8164 | 9.2997 |
| 日元汇率 | 0.0020 | 0.0020 | 0.0031 | 0.0013 |

续表

|  | SVM | CV-SVM | GA-SVM | GWO-SVM |
|---|---|---|---|---|
| 欧元汇率 | 14.5171 | 17.2571 | 31.0966 | 12.4203 |

表6-12　　　　　平均绝对百分比误差（MAPE）结果

|  | SVM | CV-SVM | GA-SVM | GWO-SVM |
|---|---|---|---|---|
| 隐含波动率 | 0.0428 | 0.0391 | 0.0589 | 0.0226 |
| 美元汇率 | 0.0171 | 0.0070 | 0.0172 | 0.0035 |
| 日元汇率 | 0.0053 | 0.0053 | 0.0063 | 0.0044 |
| 欧元汇率 | 0.0038 | 0.0041 | 0.0055 | 0.0035 |

3. 预测效果分析

由上可见，GWO-SVM 能够有效地提高预警模型的预测效率并降低误差率，外汇市场中的隐含波动率、美元汇率、日元汇率、欧元汇率的波动率都具有良好的拟合能力。如图 6-8 至图 6-11 所示，本章将经过 GWO-SVM 模型训练后得到的预警模型对后半段数据进行预测，并与实际值进行对比。可见，本章的预警模型对外汇市场的各个指标具有较好的预测效果，为外汇市场风险防控提供有益的参考。

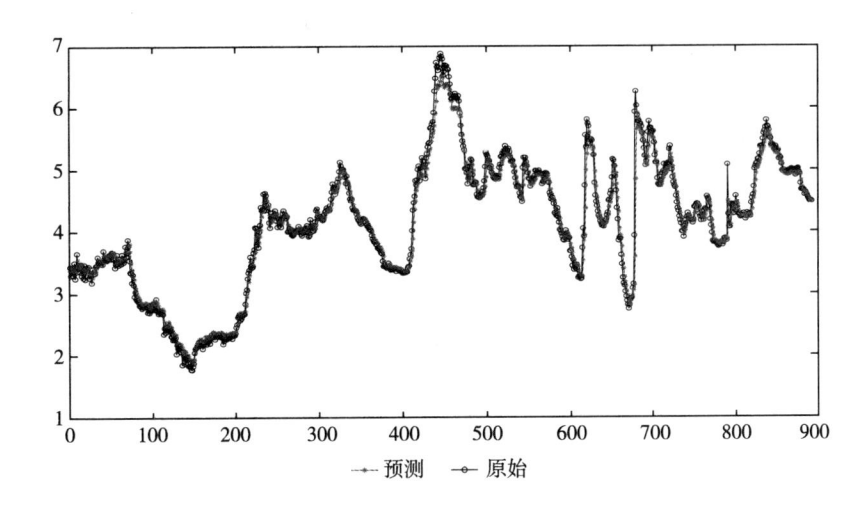

图 6-8　人民币兑美元隐含波动率 GWO-SVM 预测值与实际值

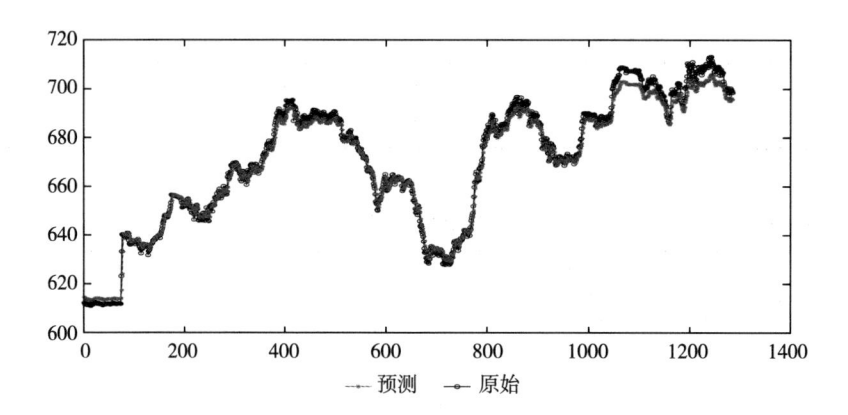

图 6-9 人民币兑美元汇率 GWO-SVM 预测值与实际值

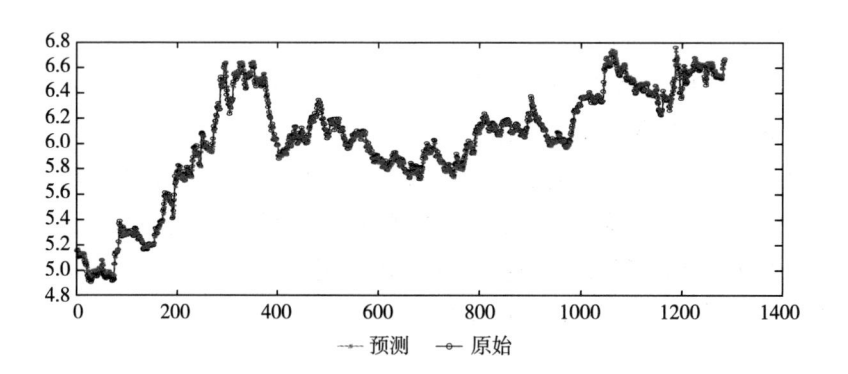

图 6-10 人民币兑日元汇率 GWO-SVM 预测值与实际值

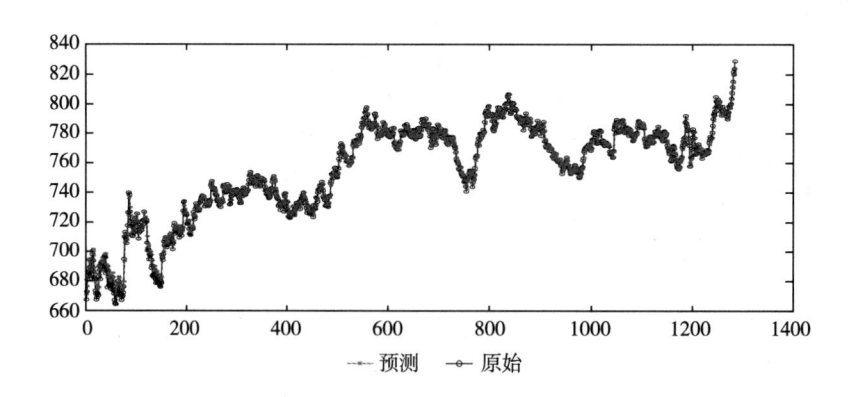

图 6-11 人民币兑欧元汇率 GWO-SVM 预测值与实际值

## 四 外汇市场神经网络智能风险预警分析

（一）模型设计

为了对外汇市场系统性风险进行全局性的智能预警研究，我们在运用了SVM类算法进行预警的基础上，进一步运用了神经网络类智能机器学习算法——BP神经网络与小波神经网络对外汇市场历史数据进行了新的挖掘预警。小波神经网络对信号进行尺度伸缩和平移的多尺度分析，能有效挖掘出时间序列信号所具有的局部信息。因此，为了充分对外汇市场进行智能风险预警研究，我们使用BP神经网络与小波神经网络作为外汇市场另一智能风险预警工具。

（二）样本选取

为了与前文SVM智能预警算法保持一致水平与具有性能可对比性，我们依然选取了兑美元隐含波动率，兑美元、日元、欧元汇率共计四个指数在2010年1月4日至2020年7月30日的样本作为本章节的样本数据，其中每个指标的数据样本量为2571个。同时将各个指标的前1284个样本作为训练集，后1287个样本作为测试集。

（三）实证分析

1. 描述性统计

表6-13是各个指标收益率的描述性统计结果。从均值、标准差和方差结果来看，欧元和美元的标准差和方差都很大，说明欧元兑人民币汇率具有较强的波动性；日元的标准差和方差较小，说明日元兑人民币汇率较为稳定。从偏度的结果来看，除了隐含波动率为左偏，美元、日元和欧元汇率都呈现右偏趋势。从峰度的结果来看，除美元汇率外，其余三个指标都具有尖峰的特征。

表6-13　　　　　　　　　描述性统计

|  | 均值 | 标准差 | 方差 | 偏度 | 峰度 |
| --- | --- | --- | --- | --- | --- |
| 隐含波动率 | 4.113996 | 0.899558 | 0.809206 | -0.143060 | 3.099145 |
| 美元 | 652.994400 | 30.216150 | 913.015600 | 0.188789 | 1.729647 |
| 日元 | 6.548123 | 0.952103 | 0.906501 | 0.480077 | 2.070619 |
| 欧元 | 797.616400 | 65.444470 | 4282.979000 | 0.421921 | 2.990317 |

## 2. 准确率分析

表6-14至表6-16给出了BPNN和WAVENN针对不同指数预测的平均绝对误差（MAE）、均方误差（MSE）和平均绝对百分比误差（MAPE），可以发现BPNN模型与WAVENN模型对所有指数的预测都有较好的结果，说明神经网络模型对于股票市场系统性风险的预测是有效的。从MAE来看，BPNN模型比WAVENN模型在平均绝对误差上更有优势。从MSE来看，BPNN模型比WAVENN模型获得了更好的预测结果，WAVENN模型在对美元汇率与欧元汇率上有更大的误差。最后从MAPE值可以看出，BPNN预警模型得分均小于WAVENN，因此对于外汇市场风险预警，BPNN模型拥有更好的预测性能。

表6-14　　　　　　　　平均绝对误差（MAE）结果

|  | BPNN | WAVENN |
| --- | --- | --- |
| 隐含波动率 | 0.0212 | 0.0273 |
| 美元汇率 | 1.4948 | 6.5914 |
| 日元汇率 | 0.0258 | 0.0372 |
| 欧元汇率 | 2.6074 | 4.0029 |

表6-15　　　　　　　　均方误差（MSE）结果

|  | BPNN | WAVENN |
| --- | --- | --- |
| 隐含波动率 | 0.5579 | 0.0018 |
| 美元汇率 | 5.7707e+03 | 105.3436 |
| 日元汇率 | 1.6222 | 0.0028 |
| 欧元汇率 | 1.6632e+04 | 38.3768 |

表6-16　　　　　　　平均绝对百分比误差（MAPE）结果

|  | BPNN | WAVENN |
| --- | --- | --- |
| 隐含波动率 | 0.0031 | 0.0040 |
| 美元汇率 | 0.0022 | 0.0095 |
| 日元汇率 | 0.0044 | 0.0064 |
| 欧元汇率 | 0.0035 | 0.0054 |

3. 预测效果分析

实证结果表明，BPNN 模型在对外汇市场的日收益率预测上有很好的适应性，在 MAE 和 MSE 得分上综合得分相对于 WAVENN 更优，对汇率有很好的拟合能力和预测效果，能反映出外汇市场异常突变和系统性风险。同样，为了直观显示 BPNN 智能风险预警模型性能，即 BPNN 模型在原始—预测数据上的准确性。从图 6-12 至图 6-15 可以看出，BPNN 模型对日波动率的预测趋势和实际趋势是一致的，具有较好的预测性能。

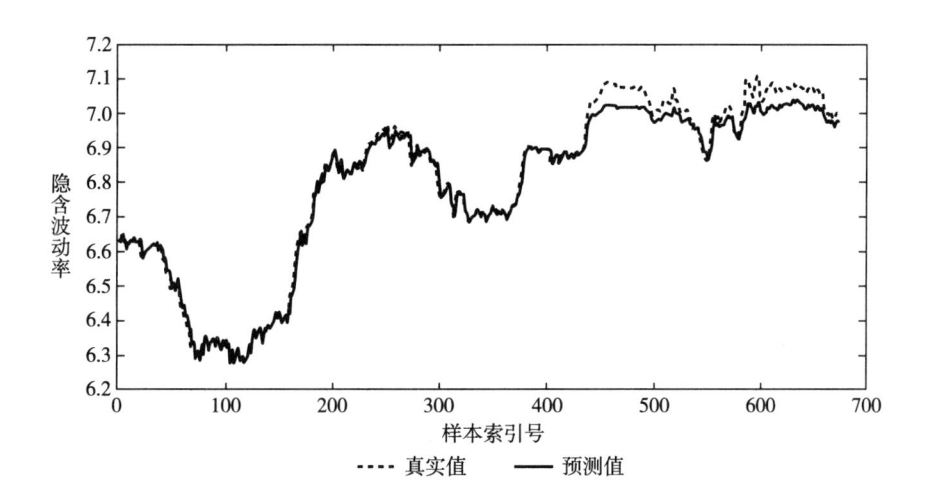

**图 6-12** 人民币兑美元隐含波动率 BPNN 预测值与实际值

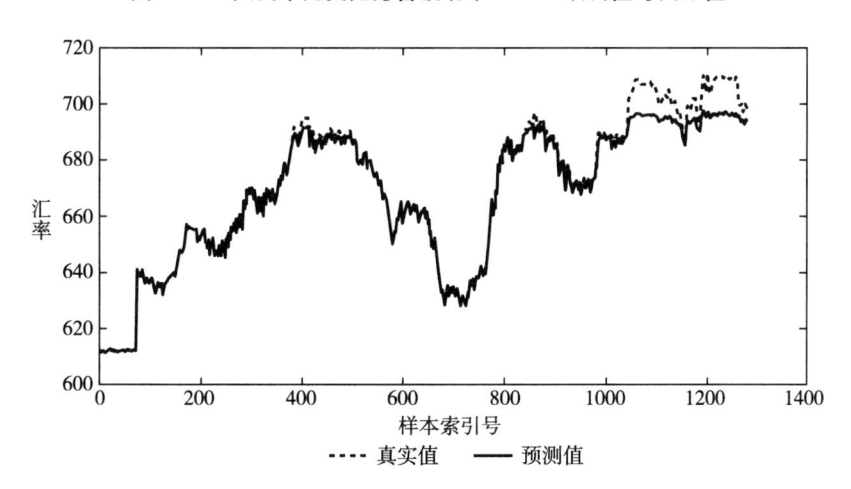

**图 6-13** 人民币兑美元汇率 BPNN 预测值与实际值

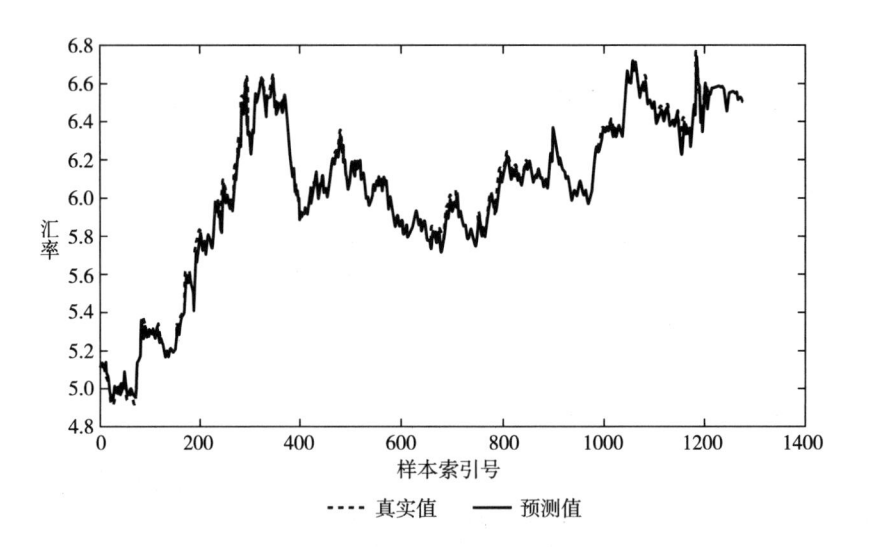

**图 6-14　人民币兑日元汇率 BPNN 预测值与实际值**

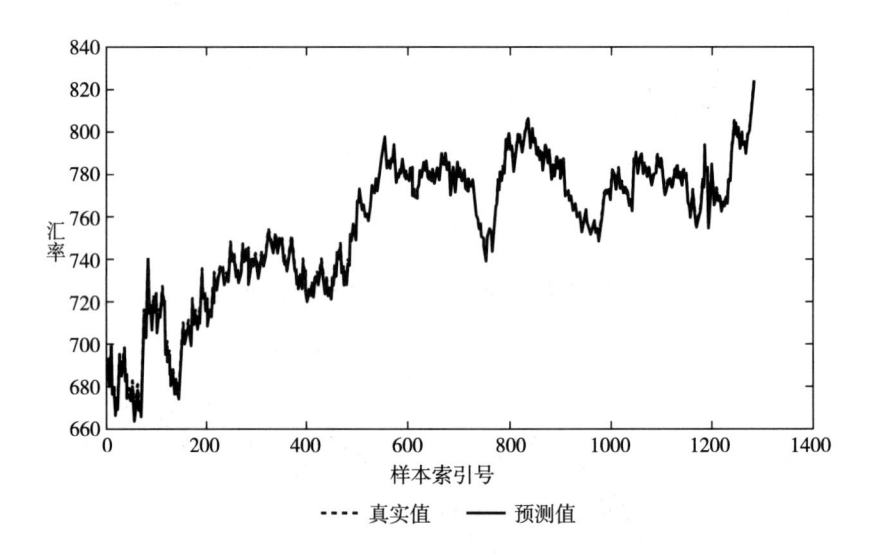

**图 6-15　人民币兑欧元汇率 BPNN 预测值与实际值**

## 第三节　本章小结

本章对我国外汇市场的风险预警进行了研究。分析了供给侧改革与

# 第六章  外汇市场的风险预警研究

外汇市场的相互依存关系，发现在供给侧改革政策的实行下，外汇市场处于一个健康稳定并持续向高质量发展的状态，并对我国更有效践行供给侧改革贡献自己的力量，其通过突破固有的市场机制，打开企业获得境外融资的大门。为了外汇市场长久健康高质量发展，及时防控国际不确定金融风险的冲击，更高效支持供给侧改革实践，对我国外汇市场进行风险防控与管理是必要且重要的。本章基于非结构化数据构建了外汇市场风险情绪指数预警模型；基于供给侧改革热度构建了供给侧改革热度指数预警模型；采用了支持向量机与神经网络两大机器学习智能算法，对外汇市场进行更全面的风险预警研究。

实证研究结果表明，对于外汇市场风险情绪指数预警模型，在考虑了时滞效应，将滞后期 $i$ 设定为 10 之后发现，所构建的情绪指数对外汇市场风险具有较强的解释性，具备良好的预测效果。对于供给侧改革热度指数预警模型，在考虑了 15 期的时滞效应后，发现所构建的供给侧改革热度指数对外汇市场风险具有十分显著的解释性，这更证明了供给侧改革与外汇市场之间存在显著的相关性，预警模型具有良好的预测效果。同时，本章基于结构化数据构建了以数据挖掘为基础的外汇市场风险 SVM 智能预警模型与神经网络智能预警模型，针对测试集数据，利用 GWO-SVM 智能预警模型与 BPNN 智能预警模型研究发现两个模型都能对外汇市场的历史数据进行挖掘并进行风险预测，预测值与实际值的拟合程度与趋势都处于高水平状态，但是 WAVENN 智能预警模型并未发挥其优势，学习程度并不及 BPNN，这可能是由于 WAVENN 内部参数设置不合理而导致其没有很好地发挥预测性能。

综上所述，本章所构建的智能预警模型大多数能对外汇市场进行较好的风险预警，特别是供给侧改革热度指数预警模型在其 15 期滞后期的解释能力，能准确捕获供给侧改革与外汇市场之间的风险特征，丰富了外汇市场进行风险管理的研究视角。此外，支持向量机与神经网络智能在风险预警方面的优越性在外汇市场上再一次得到证实，其基于历史数据的挖掘能力即风险特征捕获能力与预测能力出色，且具有较强的现实意义。

# 第七章

## 商业银行市场的风险预警研究

### 第一节 问题提出

随着经济增长放缓和供给侧改革稳步推进，利率市场化基本得以实现，通过市场化定价的存款替代产品快速增加，银行体系资金成本逐渐上升，存贷利差收窄，盈利能力下降，银行部门传统发展与盈利模式面临挑战。当前供给侧改革通过淘汰过剩产能，降低杠杆率，提高资产配置效率，以市场化的方式实现企业的关、停、并、转带动了金融市场的结构调整，从间接融资转向直接融资，从银行为主转向资本市场为主，使银行过度依赖规模扩张来实现自身盈利的生存方式难以持续。自2015年以来，全球汇率市场、股票市场和大宗商品市场的波动进一步加剧，我国资本市场出现较大波动，投资者偿债能力减弱，加之经济下行压力增大，不良贷款率攀升，银行业风险逐渐暴露。为了维护银行业的健康发展，杜绝系统性金融风险的发生，保障供给侧改革有效实施与我国经济的顺利转型，构建一个能准确预测我国银行部门风险状况的预警模型是重要且必要的。

自2007年以来，我国经济发展下行压力逐渐增大，须加快转变经济发展方式，从粗放式的高速发展向中高速的高质量发展转变，经济发展进入新常态。这就要求我国要转变生产方式，调整经济结构，在供给侧发力，化解过剩产能、降低企业经营成本、化解房地产库存和防范金融风险。银行业作为金融服务的供给方和需求方，其与实体经济相互依存，共生共荣。一方面，实体经济的健康稳定高质量发展带动银行业的可持续的发展；另一方面，银行业多元化优质的金融产品与服务将助力企业可持续性发展。因此，推进供给侧结构性改革、着力解决制约发展的深层次问题十分关键。

银行业服务好供给侧改革既是立身之本，也是发展所需。银行部门作为我国实体企业最依赖的重要融资渠道，其自身发展面临多方面风险的困扰。学者们对银行业的风险研究也越发深入，发现风险是基于多层面而产生的，有面对宏观环境的变化而产生的利率风险、市场风险，也有银行自身管理造成的操作风险等。习近平总书记指出："防范化解金融风险，特别是防止发生系统性金融风险，是金融工作的根本任务，也是金融工作的永恒主题。"做好银行业的风险管理有助于监管金融系统性风险、防范金融系统性危机。

回顾银行业近十年的发展，我国银行业迎来新的生机与进一步的开放，但也面临多重挑战。2014年银监会宣布开展民营银行试点工作，互联网银行出现。天津金城银行、深圳微众银行、上海华瑞银行、温州民商银行和浙江网商银行是我国首批试点的民营银行。截至2019年5月，全国已有18家民营银行获批运营。其中，微众银行、网商银行和四川新网银行是纯粹的互联网银行，没有线下网点；三家互联网银行根据自身资源禀赋优势，推出了一系列特色产品，创新经营模式，为我国商业银行的数字化转型做出了有益的探索。除民营银行的试点外，金融开放也进入了新的阶段。2014年之后，国务院修改《中华人民共和国外资银行管理条例》，进一步放宽了外资银行准入条件和经营人民币业务的限制；银监会发布多项通知，进一步拓宽了外资银行在中国境内的业务范围，包括允许外资银行参与中国企业债投资和交易、批准外资银行发行二级资本债、开展国债承销等。自2018年以来，新一轮金融开放的节奏加快。2018年12月，中国银保监会已启动《中华人民共和国外资银行管理条例实施细则》修订工作，并向社会公开征求意见。同时，银行业各项开放措施持续落地，多项市场准入申请已获受理和批准，取消单家中资银行和单家外资银行对中资商业银行的持股比例上限等措施也将逐步落地。尽管经历十年高速发展期，但是银行逐渐也开始面临三重挑战：不良率周期开启、互联网金融冲击、强监管周期开启。2013年以来，商业银行不断地放大杠杆，超额准备金率不断下降，银行的超额准备金不断减少，银行体系流动性的边际承受力也因此下降。

　　李麟（2009）通过以经济波动与不良贷款的关系为切入点，研究得到在我国经济波动的信贷周期特征下，经济波动与不良贷款之间呈现出一种较强的反向动态变动关系，银行信贷行为的亲周期性则更加强化了这种关系，从而导致银行业不可避免地面临着严重的系统性风险。杨子晖（2018）对我国177家银行在面临外生冲击时研究发现，银行间负债规模和杠杆倍数的提高将加重银行面对外部冲击时的期望损失与风险传染程度，从而显著提高了银行业整体的系统性金融风险。刘孟飞（2021）基于2008—2018年中国26家上市银行的非平衡面板数据研究发现：金融科技的高速发展，提高了银行业的风险承担倾向，加重了银行业的系统性风险，同时经济增长、金融发展、货币政策、人民币实际汇率以及国际利差等因素都对商业银行系统性风险溢出存在不同程度的影响。

　　从前人的研究中不难看出，在诸多风险因素与风险冲击的影响下，在经济发展进入新常态的背景下，我国银行业发展道路并非一片坦途，银行业的发展需借助实体经济发展，但实体经济下跌，银行规模扩张受阻。供给侧改革促使银行业贷款利率议价水平下滑，导致其利率定价具备较强被动性，利差收入会相应缩减，使商业银行经由存贷利差获取效益的空间变窄，生存压力剧增。因此，我们需要高度关注银行业风险状态，以及其与其他金融市场的风险关联性与风险溢出效应，及时防范和化解银行业风险，切实维护我国银行业稳定，守住不发生系统性金融风险的底线。本章期望通过全面地考虑结构化数据和非结构化数据，构建银行业的风险预警模型，为维护银行业平稳发展提供可靠依据。

## 第二节　商业银行市场的风险预警分析

### 一　商业银行供给侧改革热度指数风险预警模型分析

（一）模型设计

　　供给侧改革热度与银行部门关系十分紧密。供给侧改革的实行，一方面激励银行部门实行更高质量的市场内部变革以顺应经济发展的需求缓解银行业固有的高风险压力状态；另一方面银行部门更是解决资源要素优化配置，满足实体经济金融服务需求，改善新兴科技企业金融资源供需结构失衡状况，缓解融资难融资贵，降低实体经济成本等供给侧改革措施的主力。同样，银行业也受经济下行的影响，其高利润收益难以得到持续，净利润增幅呈下降趋势，其中建设银行净利润甚至接近零增长，银行业经营困境凸显，风险水平持续升高。因此，我们为探究供给侧改革与银行业的具体影响关系，从而建立起对银行业的风险预警模型。

1. 构建供给侧改革热度指数

我们依据供给侧改革政策在国家层面提出后的新闻热度与投资者对相关关键词检索的行为数据进行统计。国家层面召开的若干次会议是政策实行的具体导向，新闻资讯的报道程度将持续性对投资者的投资判断行为进行干预。而投资者对会议相关关键词的检索规模将直接地反映其受政策实行的具体影响程度，因此，本书据此通过对新闻热点程度与相关关键字检索频次进行加总得到最终的供给侧改革热度指数。

2. 移动平均处理

供给侧改革政策的实行到其传递进外汇市场中，期间需要一定的时间，因此我们对供给侧改革热度指数和反映股票市场运行情况的价格波动率分别向前和向后进行了移动平均处理，进而考虑了它们的时滞效应。

3. 回归分析

我们采用 OLS 最小二乘法进行回归分析，将供给侧改革热度指数作为解释变量，将上海银行间同业拆放利率波动率与银行间同业拆放利率波动率作为被解释变量，对不同的滞后期 $i$ 进行回归。

4. 有效性分析

选择最优滞后期 $i$ 对外汇市场未来的价格波动率进行预测，并将样本期间的实际波动率画在同一张图上，观察拟合情况。

（二）样本选取

我国互联网规模庞大，新闻媒体众多，检索方式也具有多样化，数据零散也庞大，但好在百度作为我国现行互联网搜索引擎综合实力排名第一的互联网公司，不仅影响力家喻户晓，软件人尽皆知与人人用之，更是投资者获得最新信息的首选。长久以来，百度作为主要的互联网搜索网站，不仅能全面检索新闻热点等文本信息，更是积累了数量庞大的投资者行为数据。因此，鉴于其高活跃性，文本信息与行为数据丰富等优点，本书选取百度旗下的以百度海量网民行为数据为基础的数据分析平台百度指数（http://index.baidu.com）为基础，统计新闻资讯与互联网用户对特定关键词的关注、报道及继续变化情况等数据。本书选择时间区间为2015年11月2日至2020年6月30日的上海银行间同业拆放利率与银行间同业拆放利率作为银行业的代表，这两个较为全面的指标反映银行业的运行情况。

（三）数据处理

本书在对供给侧改革所涉及的供给侧改革、供给侧结构性改革、实体经济、影子银行、金融风险、"三去一降一补"、地方债、企业债、大众创业万众创新、融资贷款、双循环、高质量发展、扩大内需、新发展格局、新发展理念、创新驱动发展、协调发展、科技创新、内需不足、产能过剩、去杠杆、去杠杆化、去产能、去库存、僵尸企业、金融杠杆共26个关键词进行数据提取，再采用等权重计算出综合供给侧改革热度指数。由于非交易日的存在，我们在对综合供给侧改革热度指数构建时为契合银行业数据反映出的真实信号，对非交易日的数据进行了剔除，构建了供给侧改革热度指数。

（四）供给侧改革热度指数

我们按照前述的方法构建供给侧改革热度指数，其值则反映了当日投资者对特定关键词与新闻资讯的检索规模与报道程度，其中取值越趋大，表明该时段供给侧改革热度处于一定的高水平；取值越小，表明该时段供给侧改革热度处于正常水平。

（五）实证分析

1. 描述性统计

针对银行业选取上海银行间同业拆放利率波动率与银行间同业拆放利率波动率作为银行业波动率的代表。从描述性统计的结果可以看出，供给侧改革热度指数的最小值为4090，最大值为70176，均值为13493.432218。供给侧改革热度指数波动程度相对而言较大，能充分反映国家召开相关会议带来的热度上涨情况。上海银行间同业拆放利率波动率最小值为1.020281，最大值为2.806123，均值为2.233492，标准差为 0.385390。银行间同业拆放利率波动率最小值为 1.100833，最大值为 3.491109，均值为 2.412527，标准差为 0.407931。具体如表 7-1 所示。

表 7-1　　　　　　　　　　描述性统计

| 变量 | 均值 | 标准差 | 最小值 | 最大值 |
| --- | --- | --- | --- | --- |
| 供给侧改革热度指数 | 13493.432218 | 4195.204154 | 4090.000000 | 70176.000000 |
| 上海银行间同业拆放利率 | 2.231153 | 0.468855 | 0.660000 | 3.000000 |
| 上海银行间同业拆放利率波动率 | 2.233492 | 0.385390 | 1.020281 | 2.806123 |
| 银行间同业拆放利率 | 2.409040 | 0.814885 | 0.710000 | 7.980000 |
| 银行间同业拆放利率波动率 | 2.412527 | 0.407931 | 1.100833 | 3.491109 |

2. 回归结果分析

外汇市场回归结果如表 7-2 和表 7-3 所示。

表 7-2　　　　银行业（上海银行间同业拆放利率）回归结果

| 变量 | $i=1$ | $i=2$ | $i=3$ | $i=4$ | $i=5$ |
| --- | --- | --- | --- | --- | --- |
| 供给侧改革热度指数过去 $i$ 日移动平均 | 0.853*** (-4.95) | 0.814*** (-4.86) | 0.918*** (-5.19) | 1.034*** (-5.57) | 1.166*** (-5.96) |
| Constant | 2.110*** (-77.21) | 2.115*** (-78.72) | 2.101*** (-75.31) | 2.085*** (-72) | 2.067*** (-68.53) |
| 变量 | $i=6$ | $i=7$ | $i=8$ | $i=9$ | $i=10$ |
| 供给侧改革热度指数过去 $i$ 日移动平均 | 1.278*** (-6.28) | 1.354*** (-6.51) | 1.378*** (-6.6) | 1.376*** (-6.6) | 1.400*** (-6.66) |
| Constant | 2.051*** (-65.89) | 2.040*** (-64.28) | 2.036*** (-63.77) | 2.036*** (-63.79) | 2.033*** (-63.31) |
| 变量 | $i=11$ | $i=12$ | $i=13$ | $i=14$ | $i=15$ |
| 供给侧改革热度指数过去 $i$ 日移动平均 | 1.446*** (-6.77) | 1.506*** (-6.9) | 1.557*** (-6.99) | 1.592*** (-7.04) | 1.603*** (-7.05) |
| Constant | 2.027*** (-62.41) | 2.019*** (-61.17) | 2.012*** (-60.01) | 2.008*** (-59.1) | 2.006*** (-58.68) |

注：***、**、*分别表示在 1%、5%、10%的水平下显著；括号内为 t 值，下同。

表7-3　　　　　银行业（银行间同业拆放利率）回归结果

| 变量 | $i=1$ | $i=2$ | $i=3$ | $i=4$ | $i=5$ |
|---|---|---|---|---|---|
| 供给侧改革热度指数过去$i$日移动平均 | 1.175*** (−6.5) | 1.177*** (−6.7) | 1.337*** (−7.23) | 1.480*** (−7.61) | 1.628*** (−7.96) |
| Constant | 2.243*** (−78.13) | 2.241*** (−79.52) | 2.219*** (−75.95) | 2.200*** (−72.61) | 2.179*** (−69.11) |
| 变量 | $i=6$ | $i=7$ | $i=8$ | $i=9$ | $i=10$ |
| 供给侧改革热度指数过去$i$日移动平均 | 1.755*** (−8.25) | 1.851*** (−8.52) | 1.887*** (−8.64) | 1.897*** (−8.71) | 1.952*** (−8.89) |
| Constant | 2.162*** (−66.43) | 2.148*** (−64.76) | 2.142*** (−64.2) | 2.140*** (−64.16) | 2.133*** (−63.61) |
| 变量 | $i=11$ | $i=12$ | $i=13$ | $i=14$ | $i=15$ |
| 供给侧改革热度指数过去$i$日移动平均 | 2.029*** (−9.11) | 2.119*** (−9.33) | 2.206*** (−9.53) | 2.281*** (−9.72) | 2.312*** (−9.8) |
| Constant | 2.122*** (−62.67) | 2.110*** (−61.39) | 2.099*** (−60.17) | 2.088*** (−59.19) | 2.083*** (−58.72) |

从回归结果可以看出，$i=1$至$i=15$，即自变量分别为供给侧改革热度指数过去1—15日移动平均，因变量分别为上海银行间同业拆放利率波动率与银行间同业拆放利率波动率未来1—15日移动平均时，系数均在1%的水平下显著。说明考虑实滞性的供给侧改革热度指数能反映银行系统的波动，这一点证明前文所阐述观点可行性与供给侧改革热度指数构建的必要性。同时，做出系数随$i$变化的趋势图，如图7-1所示（其中，1表示该系数显著，0表示该系数不显著）。

从图7-1可以看出，供给侧改革热度指数在滞后期15期内均显著为正，供给侧改革热度指数过去$i$日移动平均对汇率的价格波动率未来$i$日移动平均的影响程度呈上升趋势。对于银行业而言，由于受传导路径以及目前我国银行业效率的影响，信息的传导具有滞后性，导致供给侧改革热度指数对拆放利率波动率的影响程度是逐渐递增的。当供给侧改革热度指数对价格波动率的影响达到最大时，即$i=15$时，供给侧改革热度指数过去15日移动平均系数显著为正，供给侧改革热度指数过去15日移动平均显著正向影响汇率价格波动率未来15日移动平均，因为这里汇率采用的是银行同业间拆放利率，故而银行间同业拆放利率波动率未来 15 日移动平均为正意味着银行间同业拆放利率上涨。

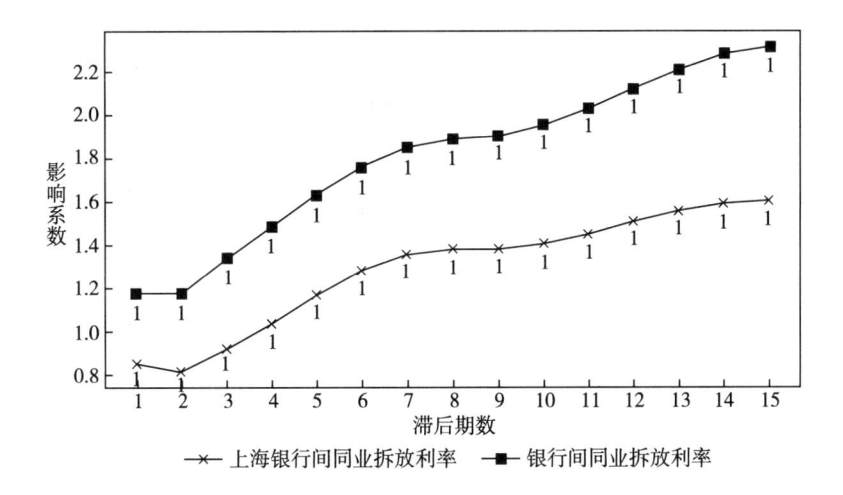

图 7-1　商业银行市场供给侧改革热度指数回归系数变化趋势

3. 预测效果分析

为验证回归模型的预测效果，本书做出回归预测值与实际价格波动率移动平均的时序图。其中，外汇市场 $i$ 的取值为 10，如图 7-2 和图 7-3 所示。

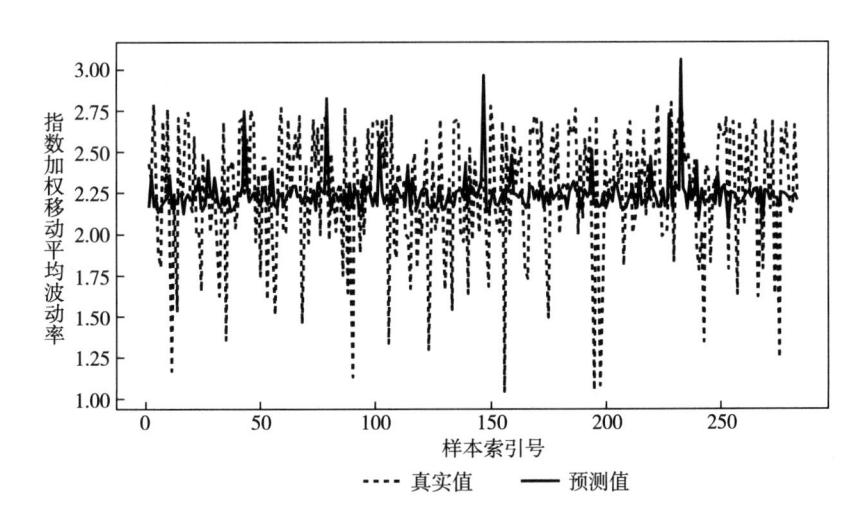

图 7-2　银行间同业拆放利率波动率回归预测值与实际值

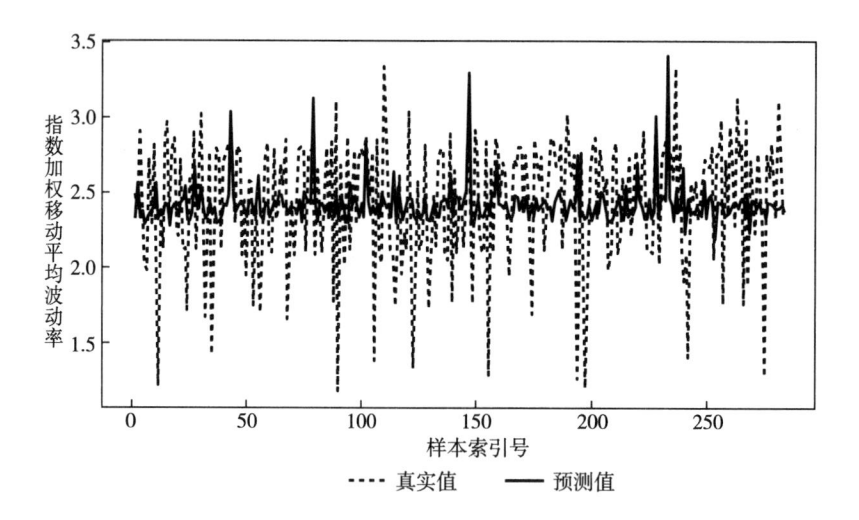

图 7-3 上海银行间同业拆放利率波动率回归预测值与实际值

可以看出，在考虑时滞性的情况下，拟合值对真实值大致具有相同的趋势，即同升同降，回归模型的预测效果较好，可用于对银行业波动率的预测以及对可能出现的价格下降的风险进行预警。

**二 商业银行支持向量机智能风险预警分析**

（一）模型设计

我们基于第三章所介绍的金融市场风险的大数据智能预警方法，分别构建了 CV-SVM、GA-SVM、GWO-SVM 模型对银行业进行风险预警，计算了不同参数优化算法下 $C$ 和 $g$ 的最优取值。将样本数据的前一半作为训练集，后一半作为测试集用来验证模型的预警效果。

（二）样本选取

本章选取汇率、利率、存贷比、不良贷款率、流动性比例、资本充足率、资本利润率、资产利润率、拨备覆盖率、存款准备金率、隔夜拆借利率、存款余额增长率、贷款余额增长率、短期资金贷款比例和经常项目逆差占 GDP 比重十五个指标。其中，流动性比例、拨备覆盖率、存款准备金率与存贷比 4 个指标用于反映银行业流动风险；资产利润率与资本利润率用于反映银行业经营风险；经常项目逆差占 GDP 比重与汇率用于衡量银行业国际业务往来；利率水平、不良贷款率、资本充足率与隔夜拆借利率用于反映银行业资本风险；存款余额增长率、贷款余额增长率与短期资金贷款比例用于反映信贷收支风险。以上十五个指标涵盖面广，基本上能表征整个银行业的运行情况，也常被用作衡量整个市场的风险。基于数据可获得性，样本为季度数据，样本的数据区间为 2010 年 12 月至 2022 年 12 月。每个指标的数据样本量为 49，将各个指标的前 24 个样本作为训练集，后 25 个样本作为测试集。

（三）最优参数选择

表 7-4 和表 7-5 是各个优化算法对不同指数日收益率计算出的 $C$ 和 $g$ 最优值，采用优化算法得出的最优参数代入 SVM 对训练集进行学习，建立相对应的 CV-SVM、GA-SVM、GWO-SVM 股票市场风险预警模型。

表 7-4　　　　　　　　　最优参数 $C$ 取值

|  | CV-SVM | GA-SVM | GWO-SVM |
| --- | --- | --- | --- |
| 汇率 | 16.00000 | 0.52806 | 0.19000 |
| 利率 | 16.00000 | 2.42607 | 100.00000 |
| 存贷比 | 0.70711 | 0.46823 | 0.01060 |
| 不良贷款率 | 11.31370 | 1.44219 | 0.01000 |
| 流动性比例 | 16.00000 | 82.28330 | 64.23760 |
| 资本充足率 | 16.00000 | 45.93570 | 16.81760 |
| 资本利润率 | 1.00000 | 0.83312 | 96.82540 |
| 资产利润率 | 1.00000 | 58.23280 | 100.00000 |
| 拨备覆盖率 | 16.00000 | 92.96030 | 5.59590 |
| 存款准备金率 | 8.00000 | 13.59330 | 12.63600 |
| 隔夜拆借利率 | 0.50000 | 8.35161 | 0.01000 |
| 存款余额增长率 | 1.00000 | 10.08280 | 100.00000 |
| 贷款余额增长率 | 0.70711 | 43.66990 | 100.00000 |
| 短期资金贷款比例 | 16.00000 | 52.76590 | 75.96450 |
| 经常项目逆差占 GDP 比重 | 2.00000 | 52.27550 | 0.06530 |

表 7-5　　　　　　　　　最优参数 $g$ 取值

|  | CV-SVM | GA-SVM | GWO-SVM |
| --- | --- | --- | --- |
| 汇率 | 0.062500 | 4.745950 | 100.000000 |

续表

|  | CV-SVM | GA-SVM | GWO-SVM |
|---|---|---|---|
| 利率 | 0.062500 | 1.077680 | 1.802600 |
| 存贷比 | 5.656850 | 7.456530 | 34.715100 |
| 不良贷款率 | 0.125000 | 0.257580 | 100.000000 |
| 流动性比例 | 0.088388 | 20.384600 | 0.532200 |
| 资本充足率 | 0.500000 | 0.185173 | 100.000000 |
| 资本利润率 | 0.176777 | 0.350375 | 0.010000 |
| 资产利润率 | 1.000000 | 0.151447 | 0.010200 |
| 拨备覆盖率 | 0.088388 | 2.481800 | 0.010000 |
| 存款准备金率 | 0.088388 | 0.214708 | 0.012400 |
| 隔夜拆借利率 | 0.707107 | 0.129058 | 100.000000 |
| 存款余额增长率 | 1.000000 | 0.293498 | 1.017400 |
| 贷款余额增长率 | 1.414210 | 27.726700 | 0.022000 |
| 短期资金贷款比例 | 0.176777 | 0.105621 | 0.012000 |
| 经常项目逆差占 GDP 比重 | 16.000000 | 23.767900 | 14.131500 |

（四）实证分析

1. 描述性统计

表 7-6 是各个指标收益率的描述性统计结果。从均值、标准差和方差结果来看，各指数都具有一定的稳定性。从偏度的结果可以看出，除存款余额增长率、贷款余额增长率和经常项目逆差占 GDP 比重 3 个指标呈现右偏的趋势，其余 12 个指标都呈现左偏的趋势，其中贷款余额增长率的偏度最大，其次是存款余额增长率，最低的是隔夜拆借利率。从峰度的结果来看，15 个指数都呈现低峰态趋势，出现这样的原因主要是本书该章节所用数据为季度数据，并非前述章节为日度数据。具体如表 7-6 所示。

表 7-6　　　　　　　　描述性统计

|  | 均值 | 标准差 | 方差 | 偏度 | 峰度 |
|---|---|---|---|---|---|
| 汇率 | 6.529244 | 0.293075 | 0.085893 | -1.040678 | 0.327345 |
| 利率 | 5.948571 | 0.983571 | 0.967412 | -0.758857 | 0.310364 |

续表

|  | 均值 | 标准差 | 方差 | 偏度 | 峰度 |
|---|---|---|---|---|---|
| 存贷比 | 70.053143 | 5.291469 | 27.999646 | −1.294683 | 0.506467 |
| 不良贷款率 | 1.497469 | 0.369942 | 0.136857 | −1.488016 | −0.532834 |
| 流动性比例 | 50.866551 | 6.453170 | 41.643409 | −1.249594 | 0.380519 |
| 资本充足率 | 13.498204 | 0.958816 | 0.919328 | −1.089837 | 0.140434 |
| 资本利润率 | 15.514184 | 4.428276 | 19.609624 | −1.393499 | 0.212732 |
| 资产利润率 | 1.101122 | 0.220688 | 0.048703 | −1.383869 | 0.012973 |
| 拨备覆盖率 | 216.228469 | 42.482705 | 1804.780243 | −0.942037 | 0.845463 |
| 存款准备金率 | 16.596871 | 3.343690 | 11.180265 | −1.385573 | −0.272119 |
| 隔夜拆借利率 | 2.378571 | 0.630074 | 0.396993 | −0.220623 | 0.391098 |
| 存款余额增长率 | 11.332653 | 2.771837 | 7.683078 | 1.861725 | 1.340776 |
| 贷款余额增长率 | 13.755102 | 1.759979 | 3.097526 | 2.154125 | 1.177405 |
| 短期资金贷款比例 | 0.334104 | 0.047998 | 0.002304 | −1.323484 | −0.173450 |
| 经常项目逆差占 GDP 比重 | −0.017604 | 0.011810 | 0.000139 | 1.548106 | 0.640957 |

2. 准确率分析

表 7-7 至表 7-9 给出了各个模型针对不同指数预测的平均绝对误差（MAE）、均方误差（MSE）和平均绝对百分比误差（MAPE），可以发现所有的 SVM 模型对所有指数的预测都有较好的结果，说明 SVM 模型对于股票市场系统性风险的预测是有效的。

表 7-7　　银行业 SVM 智能预警平均绝对误差（MAE）结果

|  | CV-SVM | GA-SVM | GWO-SVM |
|---|---|---|---|
| 汇率 | 0.1722 | 0.1451 | 0.4539 |
| 利率 | 0.1568 | 0.1781 | 0.6349 |
| 存贷比 | 1.2361 | 1.2126 | 9.8561 |
| 不良贷款率 | 0.0452 | 0.0444 | 0.7414 |
| 流动性比例 | 1.2463 | 2.2727 | 13.3557 |
| 资本充足率 | 0.2458 | 0.2412 | 1.5665 |
| 资本利润率 | 0.7074 | 0.6886 | 0.8615 |

续表

|  | CV-SVM | GA-SVM | GWO-SVM |
|---|---|---|---|
| 资产利润率 | 0.0545 | 0.0567 | 0.0627 |
| 拨备覆盖率 | 3.6159 | 4.1762 | 8.4126 |
| 存款准备金率 | 0.3008 | 0.3409 | 1.2617 |
| 隔夜拆借利率 | 0.2751 | 0.2658 | 0.6252 |
| 存款余额增长率 | 0.5208 | 0.528 | 0.9336 |
| 贷款余额增长率 | 0.4854 | 0.4721 | 0.5207 |
| 短期资金贷款比例 | 0.0043 | 0.0043 | 0.0075 |
| 经常项目逆差占 GDP 比重 | 0.0088 | 0.0086 | 0.0114 |

表7-8　银行业 SVM 智能预警均方误差（MSE）结果

|  | CV-SVM | GA-SVM | GWO-SVM |
|---|---|---|---|
| 汇率 | 0.0459000 | 0.0321000 | 0.2667000 |
| 利率 | 0.0347000 | 0.0496000 | 0.7561000 |
| 存贷比 | 2.5713000 | 2.4835000 | 105.7586000 |
| 不良贷款率 | 0.0037000 | 0.0037000 | 0.5575000 |
| 流动性比例 | 2.5527000 | 8.1569000 | 196.2185000 |
| 资本充足率 | 0.0984000 | 0.0983000 | 2.7313000 |
| 资本利润率 | 0.7045000 | 0.7033000 | 0.9049000 |
| 资产利润率 | 0.0046000 | 0.0050000 | 0.0051000 |
| 拨备覆盖率 | 24.3234000 | 29.9347000 | 86.9368000 |
| 存款准备金率 | 0.1446000 | 0.1814000 | 2.1192000 |
| 隔夜拆借利率 | 0.1127000 | 0.1058000 | 0.5654000 |
| 存款余额增长率 | 0.3673000 | 0.4046000 | 1.2745000 |
| 贷款余额增长率 | 0.2953000 | 0.4108000 | 0.3542000 |
| 短期资金贷款比例 | 0.0000265 | 0.0000270 | 0.0000863 |
| 经常项目逆差占 GDP 比重 | 0.0001402 | 0.0001330 | 0.0002463 |

表 7-9　　　银行业 SVM 智能预警平均绝对百分比误差
(MAPE) 结果

|  | CV-SVM | GA-SVM | GWO-SVM |
|---|---|---|---|
| 汇率 | 0.0252 | 0.0214 | 0.0664 |
| 利率 | 0.0291 | 0.0329 | 0.1336 |
| 存贷比 | 0.0166 | 0.0163 | 0.1295 |
| 不良贷款率 | 0.0253 | 0.0247 | 0.4120 |
| 流动性比例 | 0.0213 | 0.0393 | 0.2299 |
| 资本充足率 | 0.0174 | 0.0171 | 0.1076 |
| 资本利润率 | 0.0621 | 0.0606 | 0.0790 |
| 资产利润率 | 0.0613 | 0.0644 | 0.0682 |
| 拨备覆盖率 | 0.0191 | 0.0222 | 0.0439 |
| 存款准备金率 | 0.0210 | 0.0240 | 0.1025 |
| 隔夜拆借利率 | 0.1403 | 0.1363 | 0.3748 |
| 存款余额增长率 | 0.0568 | 0.0578 | 0.1014 |
| 贷款余额增长率 | 0.0399 | 0.0389 | 0.0430 |
| 短期资金贷款比例 | 0.0154 | 0.0155 | 0.0272 |
| 经常项目逆差占 GDP 比重 | 1.4637 | 1.3821 | 2.4554 |

3. 预测效果分析

实证研究结果表明，SVM 类模型在银行业整体风险指标预测上有很好的适应性，MAE、MSE 和 MAPE 都具有较小的值，表明模型对指标有很好的拟合能力和预测效果。值得一提的是，模型虽具有很强的预测性能，但基于其数据频度为季度的原因，并不能直接反映该段时间内出现的波动情况，为了更好地体现与说明所构建模型能反映出银行业异常突变和系统性风险的能力，本章使用上海银行间同业拆放利率与银行间同业拆放利率这两个更有代表性指数的日波动率来研究 SVM 模型在原始—预测数据上的准确性。从图 7-4 至图 7-9 可以看出，SVM 模型对日波动率的预测趋势与实际趋势对比图，可以发现是一致的，具有很好的预测性能。

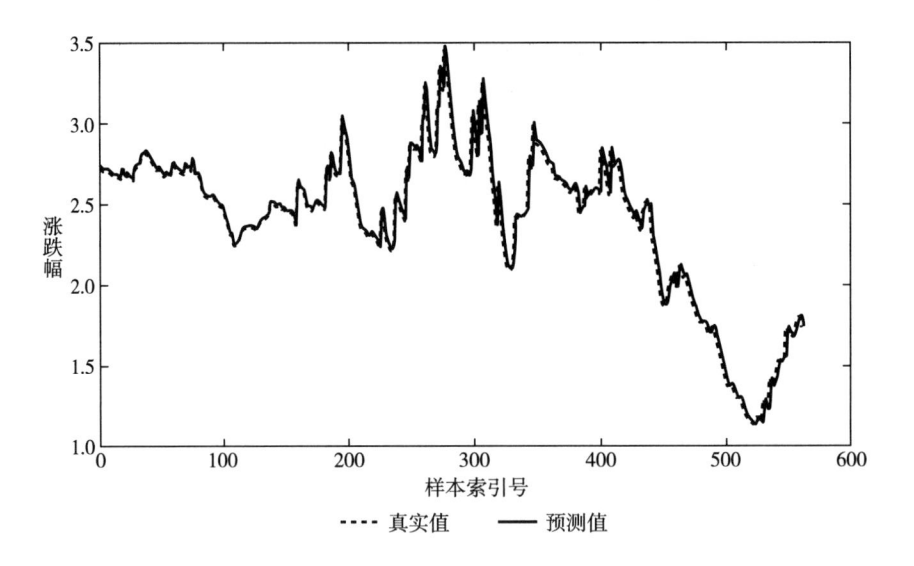

图 7-4 银行间同业拆放利率波动率 CV-SVM 预测值与真实值

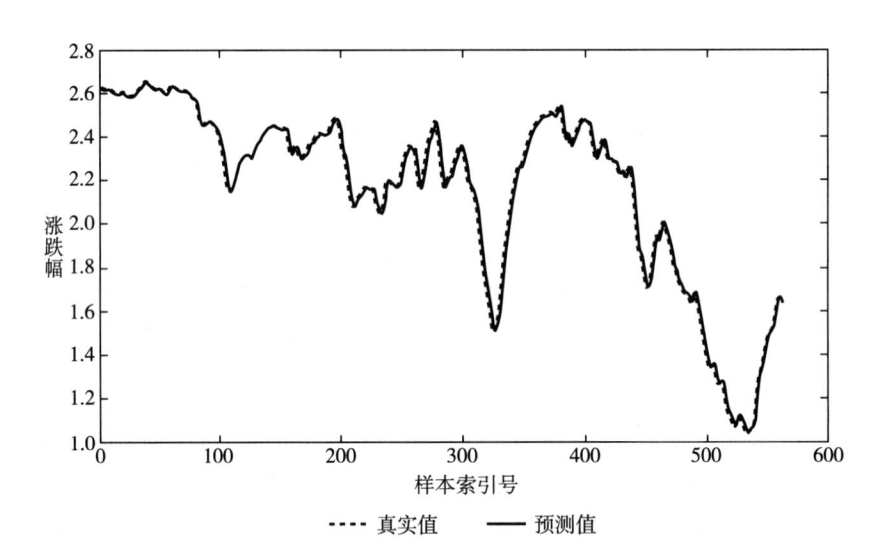

图 7-5 上海银行间同业拆放利率波动率 CV-SVM 预测值与真实值

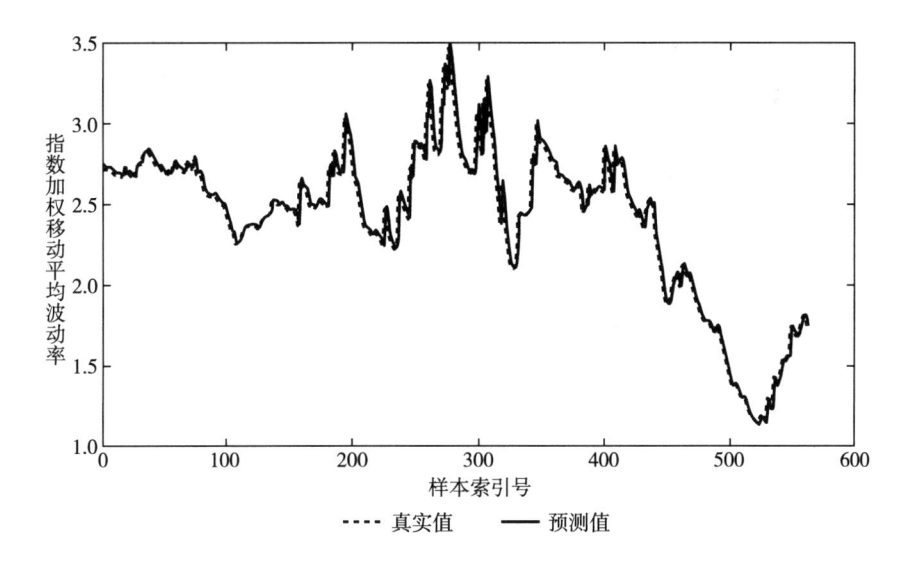

图 7-6　银行间同业拆放利率波动率 GA-SVM 预测值与真实值

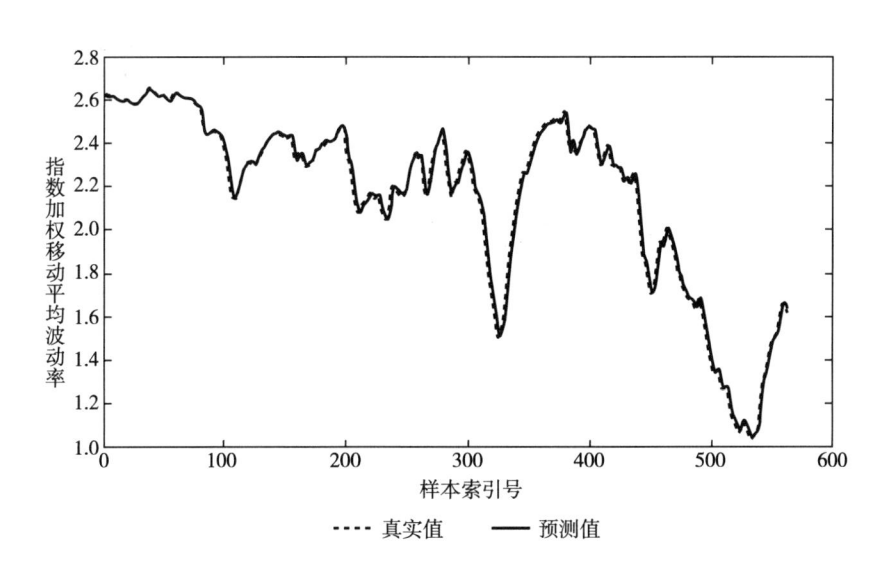

图 7-7　上海银行间同业拆放利率波动率 GA-SVM 预测值与真实值

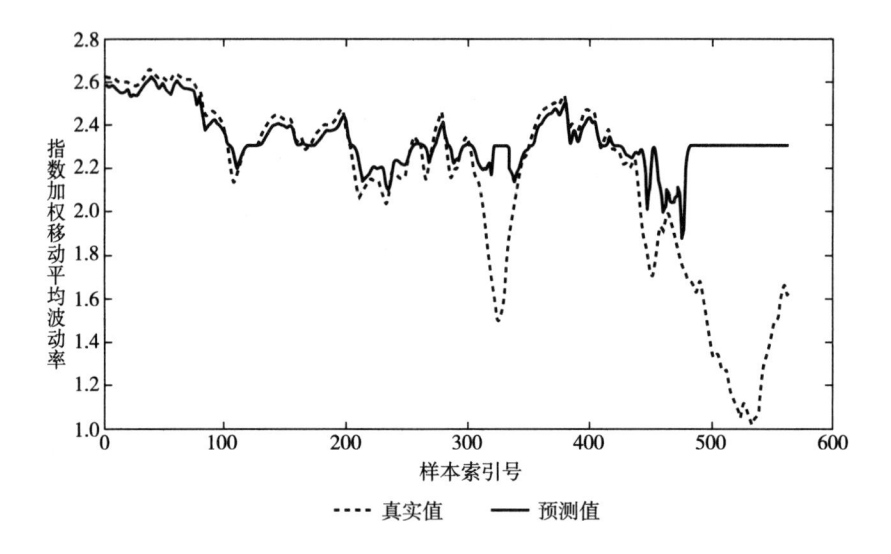

图 7-8　银行间同业拆放利率波动率 GWO-SVM 预测值与真实值

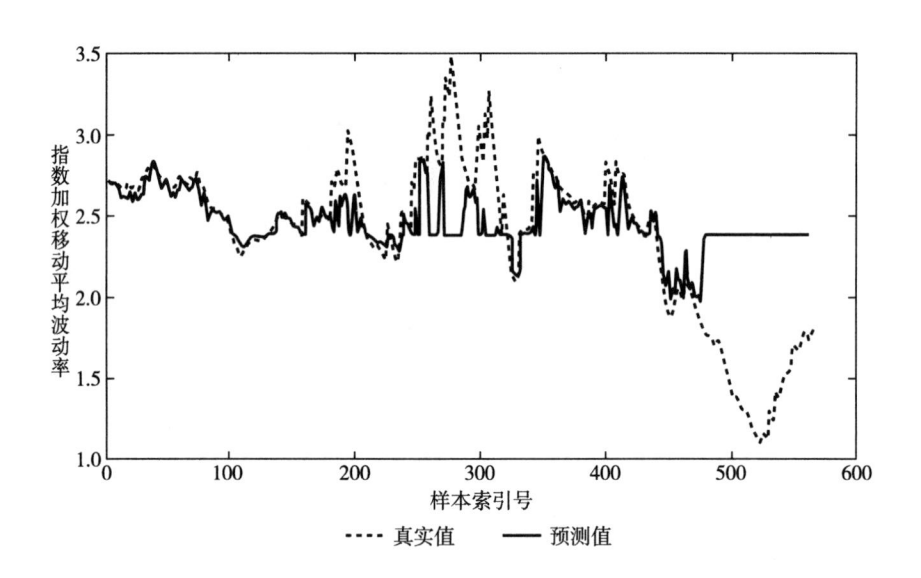

图 7-9　上海银行间同业拆放利率波动率 GWO-SVM 预测值与真实值

### 三　商业银行神经网络智能风险预警分析

（一）模型设计

为了对银行业系统性风险进行全局性的智能预警研究，我们在运用了 SVM 类算法进行预警的基础上，进一步运用了神经网络类智能机器学习算法——小波神经网络与 BPNN 神经网络对银行业历史数据进行了新的挖掘。

（二）样本选取

为了与前文 SVM 智能预警算法保持一致水平与具有性能可对比性，我们选取了汇率、利率、存贷比、不良贷款率、流动性比例、资本充足率、资本利润率、资产利润率、拨备覆盖率、存款准备金率、隔夜拆借利率、存款余额增长率、贷款余额增长率、短期资金贷款比例和经常项目逆差占 GDP 比重共计十五个指数。样本为 2010 年 12 月至 2022 年 12 月的季度数据，每个指标的数据样本量为 49 个，将各个指标的前 24 个样本作为训练集，后 25 个样本作为测试集。

（三）实证分析

1. 描述性统计

表 7-10 是各个指标收益率的描述性统计结果。从均值、标准差和方差结果来看，各指数都具有一定的稳定性。从偏度的结果可以看出除存款余额增长率、贷款余额增长率和经常项目逆差占 GDP 比重 3 个指标呈现右偏的趋势，其余 12 个指标都呈现左偏的趋势，其中贷款余额增长率的偏度最大，其次是存款余额增长率，最低的是隔夜拆借利率。从峰度的结果来看，15 个指数都呈现低峰态趋势，出现这样的原因主要是本书该章节所用数据为季度数据，并非前述章节为日度数据。

表 7-10　　　　　　　　　描述性统计

|  | 均值 | 标准差 | 方差 | 偏度 | 峰度 |
| --- | --- | --- | --- | --- | --- |
| 汇率 | 6.529244 | 0.293075 | 0.085893 | -1.040678 | 0.327345 |
| 利率 | 5.948571 | 0.983571 | 0.967412 | -0.758857 | 0.310364 |
| 存贷比 | 70.053143 | 5.291469 | 27.999646 | -1.294683 | 0.506467 |
| 不良贷款率 | 1.497469 | 0.369942 | 0.136857 | -1.488016 | -0.532834 |
| 流动性比例 | 50.866551 | 6.453170 | 41.643409 | -1.249594 | 0.380519 |
| 资本充足率 | 13.498204 | 0.958816 | 0.919328 | -1.089837 | 0.140434 |
| 资本利润率 | 15.514184 | 4.428276 | 19.609624 | -1.393499 | 0.212732 |

续表

|  | 均值 | 标准差 | 方差 | 偏度 | 峰度 |
|---|---|---|---|---|---|
| 资产利润率 | 1.101122 | 0.220688 | 0.048703 | -1.383869 | 0.012973 |
| 拨备覆盖率 | 216.228469 | 42.482705 | 1804.780243 | -0.942037 | 0.845463 |
| 存款准备金率 | 16.596871 | 3.343690 | 11.180265 | -1.385573 | -0.272119 |
| 隔夜拆借利率 | 2.378571 | 0.630074 | 0.396993 | -0.220623 | 0.391098 |
| 存款余额增长率 | 11.332653 | 2.771837 | 7.683078 | 1.861725 | 1.340776 |
| 贷款余额增长率 | 13.755102 | 1.759979 | 3.097526 | 2.154125 | 1.177405 |
| 短期资金贷款比例 | 0.334104 | 0.047998 | 0.002304 | -1.323484 | -0.173450 |
| 经常项目逆差占GDP比重 | -0.017604 | 0.011810 | 0.000139 | 1.548106 | 0.640957 |

2. 准确率分析

表 7-11 至表 7-13 给出了 BPNN 和 WAVENN 针对不同指数日收益率预测的平均绝对误差（MAE）、均方误差（MSE）和平均绝对百分比误差（MAPE）。从 MAE、MSE、MAPE 得分结果来说，BPNN 与 WAVENN 整体均表现出十分优异的预测性能，其中存贷比、拨备覆盖率等个别指标的预测虽比其他指标预测效果欠佳，但在可接受范围之内，因此可以认为神经网络模型对银行业风险的预测是有效的。

表 7-11　　　　　　　　平均绝对误差（MAE）结果

|  | BPNN | WAVENN |
|---|---|---|
| 汇率 | 0.4303 | 0.3811 |
| 利率 | 0.3379 | 1.0554 |
| 存贷比 | 10.3286 | 8.3499 |
| 不良贷款率 | 0.0918 | 0.2171 |
| 流动性比例 | 10.2665 | 10.7926 |
| 资本充足率 | 0.7569 | 1.5151 |
| 资本利润率 | 2.2592 | 6.7408 |

续表

|  | BPNN | WAVENN |
| --- | --- | --- |
| 资产利润率 | 0.1003 | 0.3614 |
| 拨备覆盖率 | 4.8149 | 36.3852 |
| 存款准备金率 | 2.2120 | 5.7167 |
| 隔夜拆借利率 | 0.8417 | 0.4586 |
| 存款余额增长率 | 2.7312 | 2.1196 |
| 贷款余额增长率 | 2.2146 | 2.0817 |
| 短期资金贷款比例 | 0.0453 | 0.0861 |
| 经常项目逆差占 GDP 比重 | 0.0137 | 0.0110 |

表 7-12　　　　　均方误差（MSE）结果

|  | BPNN | WAVENN |
| --- | --- | --- |
| 汇率 | 5.8585 | 0.1942 |
| 利率 | 4.0713 | 1.8027 |
| 存贷比 | 2.5365e+03 | 78.8841 |
| 不良贷款率 | 0.2595 | 0.0571 |
| 流动性比例 | 2.6528e+03 | 132.4836 |
| 资本充足率 | 17.1743 | 2.7491 |
| 资本利润率 | 137.6414 | 49.6448 |
| 资产利润率 | 0.3150 | 0.1407 |
| 拨备覆盖率 | 784.9415 | 1560.2000 |
| 存款准备金率 | 143.9579 | 41.3928 |
| 隔夜拆借利率 | 21.1447 | 0.3104 |
| 存款余额增长率 | 190.4539 | 5.8322 |
| 贷款余额增长率 | 124.1392 | 6.7343 |
| 短期资金贷款比例 | 0.0560 | 0.0078 |
| 经常项目逆差占 GDP 比重 | 0.0061 | 0.0002 |

表 7-13　　　　　　　平均绝对百分比误差（MAPE）结果

| | BPNN | WAVENN |
|---|---|---|
| 汇率 | 0.0635 | 0.0558 |
| 利率 | 0.0695 | 0.2186 |
| 存贷比 | 0.1358 | 0.1094 |
| 不良贷款率 | 0.0528 | 0.1214 |
| 流动性比例 | 0.1759 | 0.1850 |
| 资本充足率 | 0.0515 | 0.1038 |
| 资本利润率 | 0.2108 | 0.6222 |
| 资产利润率 | 0.1159 | 0.4187 |
| 拨备覆盖率 | 0.0251 | 0.1893 |
| 存款准备金率 | 0.1804 | 0.4620 |
| 隔夜拆借利率 | 0.4815 | 0.2475 |
| 存款余额增长率 | 0.3029 | 0.2373 |
| 贷款余额增长率 | 0.1824 | 0.1741 |
| 短期资金贷款比例 | 0.1647 | 0.3067 |
| 经常项目逆差占 GDP 比重 | 2.6642 | 1.6254 |

3. 预测效果分析

从实证结果可以看到，神经网络模型在对银行业整体风险指标预测上有很好的适应性，MAE、MSE 和 MAPE 都普遍具有较小的值，对指标有很好的拟合能力和预测效果。值得一提的是，模型虽具有很强预测性能。为了更好地体现与说明所构建模型能反映出银行业异常突变和系统性风险的能力，本章使用上海银行间同业拆放利率与银行间同业拆放利率这两个更有代表性指数的日波动率来研究神经网络模型在原始—预测数据上的准确性。从图 7-10 至图 7-13 可以看到，BPNN 模型与 WAVENN 模型对日波动率的预测趋势与实际趋势基本一致，表明其具有较好的预测性能与风险捕获能力。

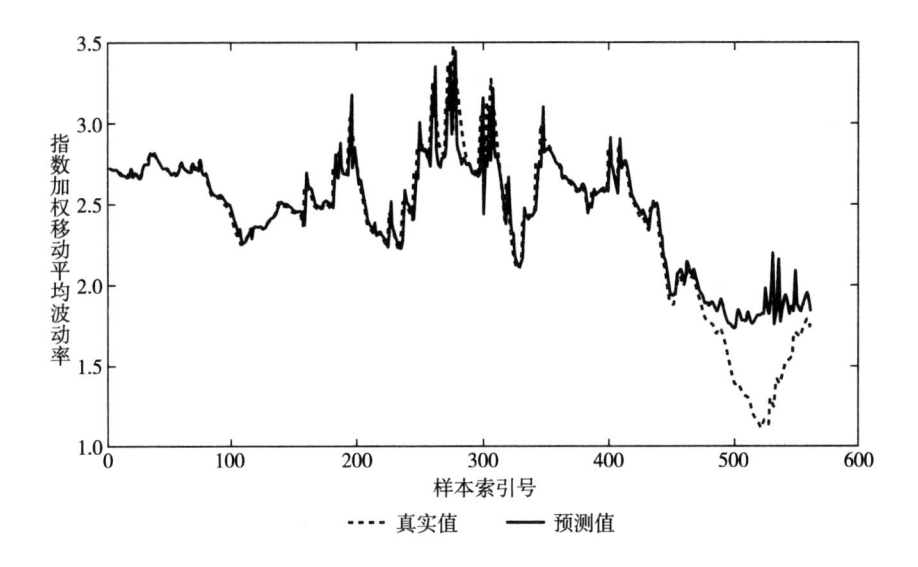

图 7-10　银行间同业拆放利率波动率 WAVENN 预测值与真实值

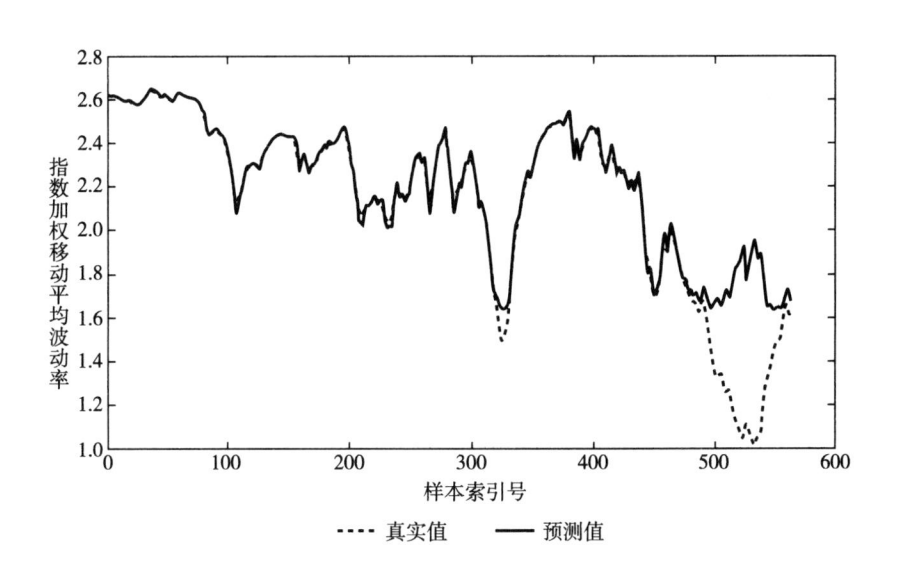

图 7-11　上海银行间同业拆放利率波动率 WAVENN 预测值与真实值

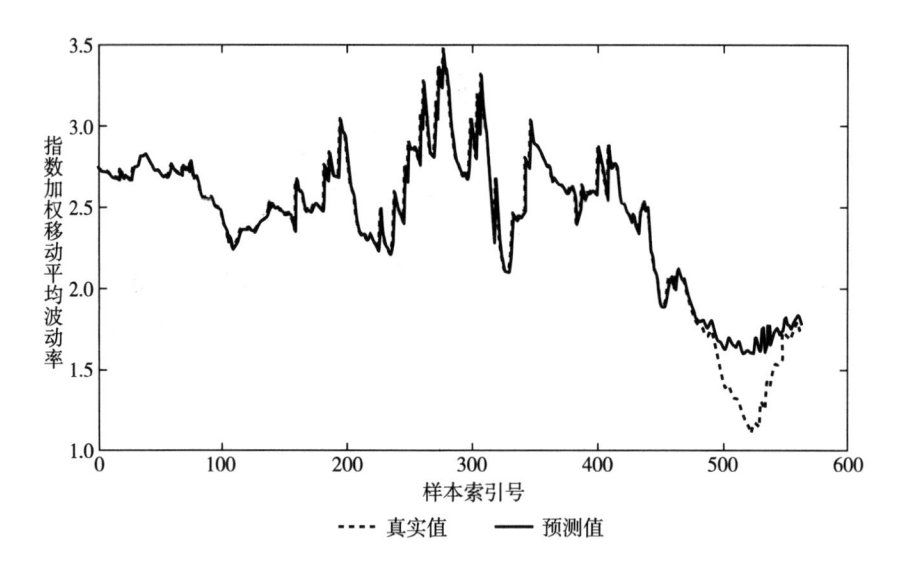

图 7-12　银行间同业拆放利率波动率 BPNN 预测值与真实值

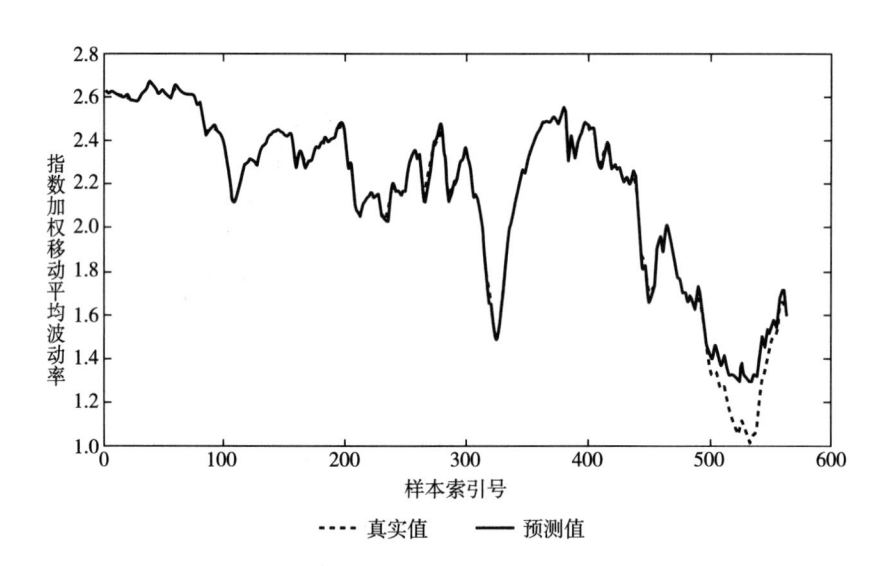

图 7-13　上海银行间同业拆放利率波动率 BPNN 预测值与真实值

## 第三节 本章小结

本章对我国商业银行市场的风险预警进行了研究。首先分析了供给侧改革与银行业之间的相互依存关系，发现在供给侧改革背景下银行业不仅可以改善信贷配置结构进而有效地降低行业资源的错配程度，提高行业生产率，还可以缓解融资约束从而助力高效率企业成长。同时发现银行业面临诸多风险，不良贷款率的上升、银行业净利润的停滞不前、外部市场风险的冲击使投资者偿债能力下降，一旦银行崩盘，事态发展不可想象，因此做好事前风险预警工作至关重要。基于此，本章构建了供给侧改革热度指数预警模型，还采用了支持向量机与神经网络两大机器学习智能算法，对银行业进行更全面的风险预警研究。

从实证结果可以看出，供给侧改革热度指数在考虑时滞效应之后，供给侧改革热度指数对上海银行业同业拆放利率与银行业同业拆放利率两个代表银行业指标具有显著的解释能力，这表明供给侧改革与银行业发展之间存在高度相关性，因此构建的预警模型更贴合市场最真实情况，具有更强的现实意义。同时，我们基于结构化数据构建的数据挖掘类型的银行业 SVM 智能预警模型与神经网络智能预警模型，以前一半的数据为训练集，后一半的数据为测试集，取得了令人满意的预测结果。虽然基于季度频度的数据在解释能力上不足，但是我们就银行业主要日度数据再一次进行风险预测之后，发现本书所构建的 SVM 智能预警模型与神经网络预警模型都能对银行业数据所反映的风险特征进行准确捕获，并具有较高水平的预测性能，可以从数据与模型多方面对银行业进行准确的风险预警研究。

综上所述，本章所构建的智能预警模型普遍都能对银行业进行较好的风险预警，特别是供给侧改革热度指数预警模型在其 15 期滞后期具有更好的解释能力，能准确捕获供给侧改革与银行业之间的风险特征，对银行业进行准确的风险预警。支持向量机与神经网络智能风险预警模型在银行业的优异预测性能再一次得到证实。

# 第八章

# 期货市场的风险预警研究

## 第一节　问题提出

中国期货市场历经了 30 多年发展，其价格发现功能和规避风险的能力在服务实体经济上发挥了重要作用。根据中国期货业协会 2020 年统计资料显示，我国期货业发展已初见成效，交易规模连续九年在全球商品期货市场名列前茅。2022 年 1—3 月全国期货市场累计成交量为 769885682 手，累计成交额为 560808.44 亿元，同比增长率分别为 25.43% 和 36.45%。当前，深化供给侧改革是金融领域的核心任务，随着产业和金融机构等对风险管理的需求不断增加，迫切需要通过风险管理模式和服务产品的创新，更好地服务实体经济，而期货市场恰恰是投资者风险管理和风险分散的一个重要途径与手段。

针对我国经济存在的问题，无疑需要进行资源的再配置，以便改善经济结构，提高效率，其中改善经济结构的重点是实现"去产能、去库存、去杠杆、降成本、补短板"，即"三去一降一补"。因此，为推进供给侧改革、提高微观主体实体企业盈利能力进而提高资源配置，除微观企业在经营中能高效且有效投入劳动力、资本、土地和技术等要素，还应当注重商品价格等要素的波动带来的风险，而这主要就针对微观企业是否能有效通过期货市场发挥价格发现与风险管理的作用。在现实经济活动中，微观企业与实体企业不难会遇到其所需原材料的价格上升，致使经营成本上升，出现部分甚至全部侵蚀掉企业经营所得，乃至产品价格的持续性下跌又会导致企业盈利下降，都使经营陷入困境破产倒闭，原材料与产品价格波动越来越在资源配置效率中起到重要作用。而期货市场上实物交割制度的设计和有效运行在防止期货价格持续偏离现货价格的同时，又使微观企业通过期货市场买入原材料或卖出产成品成为可能。因此，全面考虑金融市场支持供给侧改革，继而更好服务实体企业、服务实体经济，提高我国期货市场风险管理水平，构建科学的风险预警机制是重要且必要的。

回顾我国期货市场的发展，期货市场仍存在很多不足。在现实层面，我国期货市场的法制建设明显滞后于市场发展步伐，期货行业尚缺乏高层次的期货法，现行《中华人民共和国证券法》和《中华人民共和国公司法》难以对期货业进行有效调控。与此同时，我国期货与证券犯罪行为适用相同的定罪量刑标准存在不妥，在监管上由于缺乏针对性的法律规范，现行期货法规的主要目标是管住市场，监管理念陈旧，监管方式粗暴，阻碍了市场的创新发展和经济功能的充分发挥。

此外，我国期货品种完善度及发展程度较低。与国外成熟的期货市场相比，我国的金融期货市场在品种、规模和投资者结构等方面存在较大差距。从品种看，我国尚未推出外汇期货，而以美国为主要代表的期货市场上除美元指数外还有英镑、日币、欧元、加元等多种外汇期货，而且全球范围内汇率类期货、期权的占比已经超过10%。从成交量来看，我国股指期货和国债期货的成交量在总成交量中占比不足1%，而全球权益和利率类期货成交量占比均超过15%。从风险覆盖程度看，2018年我国金融期货总成交额仅占GDP的0.29%，远低于发达国家10%—20%的水平。从投资者结构看，目前我国持有股债现货的主体不能参与期货市场交易。从发展程度来看，天然橡胶、铁矿石、铜、白糖等期货品种已经成为国内大宗商品现货贸易的参考基准，市场化程度较高，但在全球贸易中，这些国内发展较好的品种在全球尚不具备全球定价权，定价权仍掌握在以ICE和CME交易所集团等为代表的欧美市场手中。

同时，期货市场客户单一，市场信息透明度低。2019年我国规模以上企业有50多万家，但期货市场产业客户仅有2万余户。在世界500强企业中约有94%的企业运用期货衍生品市场规避风险，而目前A

股只有不到10%的上市公司运用衍生品工具对冲风险,我国期货市场仍存在产业客户参与不足的问题。同时,期货市场的信息披露不够全面,市场参与者可获得的信息有限,这会显著影响市场参与者对市场行情的判断。

期货市场国际化运营对推进中国金融高质量发展具有战略意义,是提升中国金融核心竞争力的重要举措,也是中国参与全球金融资源配置和物质财富分配的重要途径,期货行业的能力提升对于获得国际大宗商品话语权也大有裨益。交易所作为期货市场的核心,是金融市场创新的前沿领域。当前,在世界交易所联合会(WFE)的71家会员交易所中,超过70%均实行了公司化改制,且大部分实现了上市,改制上市可有效筹集资金,提高治理水平。但在我国的四家期货交易所中,只有中国金融期货交易所实行公司制,而且我国的交易所在自律监管、服务和创新等方面与国外领先交易所相比还存在较大差距,进而导致期货行业缺乏国际竞争力。

面对期货市场的不足,国内诸多学者也展开了关于期货市场风险的相关研究,刘庆富等(2004)研究发现我国期货市场由于建立的时间较短、市场运作不够规范、期货交易者的心理也不够成熟投机欲望较强、国内宏观经济政策的变化比较频繁、国际市场的价格波动比较剧烈等因素对我国期货市场的期货价格产生了较大的影响,使我国期货市场的市场风险相对较大。周爱民等(2017)研究发现沪深300股指期货受恒指期货的风险冲击最大,一旦恒指期货发生风险事件,沪深300指数发生风险的概率会大幅度上升。罗思远(2010)研究发现股指期货风险相对其他金融创新产品是较大的,特别在我国,关键宏观经济信息泄密、红利分配过少、政策市、国际股指期货创新竞争等都会导致股指期货风险的增大。

综上所述,在经济发展进入新常态的背景下,我国期货市场的发展备受压力。尽管近年来国内商品期货市场快速发展,但与企业对管理供给侧结构改革带来的风险的巨大需求相比,与欧美成熟市场和一些新兴市场相比,我国期货市场的质量和运作仍存在许多差距。其次,面对当前发展机遇的考验,期货市场更加应当积极创新、加速转型,不断提升行业服务能力和服务质量,提供更加丰富有效的风险管理工具,促进期货与现货、场内与场外、境内与境外市场的进一步融合，助力国民经济高质量发展，更好地服务实体经济和国家战略。因此，我们需要高度关注期货市场的风险状态，以及其与其他金融市场的风险关联性与风险溢出效应，及时防范和化解期货市场风险，切实维护我国期货市场稳定，更好服务实体经济与企业，也是守住不发生系统性金融风险的底线。所以本书希望通过全面地考虑结构化数据和非结构化数据，构建期货市场的风险预警模型，为维护期货市场平稳发展有所贡献。

## 第二节　期货市场的风险预警实证分析

### 一　期货市场供给侧改革热度指数风险预警分析

（一）模型设计

供给侧改革的实行，一方面激励期货市场实行更高质量的市场内部变革以顺应经济发展的需求缓解期货市场固有的高风险压力状态；另一方面期货市场更是解决资源要素优化配置，满足实体经济进行风险管理的主力。但是，我国期货市场由于建立的时间较短、市场运作不够规范、期货交易者的心理也不够成熟投机欲望较强、国内宏观经济政策的变化比较频繁、国际市场的价格波动比较剧烈等因素对我国期货市场的期货价格产生了较大的影响，使我国期货市场的市场风险相对较大。因此，我们探究供给侧改革与期货市场的具体影响关系，并尝试建立对期货市场的风险预警模型。

1. 构建供给侧改革热度指数

我们依据供给侧改革政策在国家层面提出后的新闻热度与投资者对相关关键词检索的行为数据进行统计。国家层面召开的若干次会议是政策实行的具体导向，新闻资讯的报道程度将持续性对投资者的投资判断行为进行干预。而投资者对会议相关关键词的检索规模将直接地反映其受政策实行的具体影响程度，因此，本书据此通过对新闻热点程度与相关关键字检索频次进行加总得到最终的供给侧改革热度指数。

2. 移动平均处理

供给侧改革政策的实行到其传递进期货市场中，期间需要一定的时间，因此我们对供给侧改革热度指数和反映期货市场运行情况的价格波动率分别向前和向后进行移动平均处理，进而考虑了它们的时滞效应。

3. 回归分析

我们采用OLS最小二乘法进行回归分析，将供给侧改革热度指数作为解释变量，将沪深300股指期货价格波动率与中证500股指期货价格波动率作为被解释变量，对不同的滞后期 $i$ 进行回归。

4. 有效性分析

选择最优滞后期 $i$ 对期货市场未来的价格波动率进行预测，并将样本期间的实际波动率画在同一张图上，观察拟合情况。

（二）样本选取

我国互联网规模庞大，新闻媒体众多，检索方式具有多样化，数据零散庞大，但好在百度作为我国现行互联网搜索引擎综合实力排名第1位的互联网公司，不仅影响力家喻户晓，软件人尽皆知与人人用之，更是投资者获得最新信息的首选。长久以来，百度作为主要的互联网搜索网站，不仅能全面检索新闻热点等文本信息，更是积累了数量庞大的投资者行为数据。因此，鉴于其高活跃性、文本信息与行为数据丰富等优点，本书选取百度旗下的以百度海量网民行为数据为基础的数据分析平台百度指数（http://index.baidu.com）为基础，统计新闻资讯与互联网用户对特定关键词的关注、报道及继续变化情况等数据。本书选择时间区间为2015年11月2日至2020年6月30日的沪深300股指期货价格波动率与中证500股指期货价格波动率作为期货市场的代表，这两个较为全面的指标反映期货市场的运行情况。

（三）数据处理

本书在对供给侧改革所涉及的供给侧改革、供给侧结构性改革、实体经济、影子银行、金融风险、"三去一降一补"、地方债、企业债、大众创业万众创新、融资贷款、双循环、高质量发展、扩大内需、新发展格局、新发展理念、创新驱动发展、协调发展、科技创新、内需不足、产能过剩、去杠杆、去杠杆化、去产能、去库存、僵尸企业、金融杠杆共26个关键词进行数据提取并等权重计算出综合供给侧改革热度指数。由于非交易日的存在，我们在对综合供给侧改革热度指数构建时为契合银行业数据反映出的真实信号，对非交易日的数据进行了剔除，构建了供给侧改革热度指数。

（四）供给侧热度指数

我们按照前述的方法构建供给侧改革热度指数，其值则反映了当日投资者对特定关键词与新闻资讯的检索规模与报道程度，其中取值越趋大，表明该时段供给侧改革热度处于一定的高水平；取值越小，表明该时段供给侧改革热度处于正常水平。

（五）实证分析

1. 描述性统计

针对期货市场选取沪深300股指期货价格波动率与中证500股指期货价格波动率作为期货市场波动率的代表。从描述性统计的结果可以看出，供给侧改革热度指数的最小值为4090.000，最大值为70176.000，均值为13493.432。供给侧改革热度指数波动程度相对而言较大，能充分反映国家召开相关会议带来的热度上涨情况。沪深300股指期货价格波动率最小值为3035.590，最大值为4225.180，均值为3589.100，标准差为317.954。中证500股指期货价格波动率最小值为4286.236，最大值为7417.422，均值为5713.720，标准差为728.074。具体如表8-1所示。

表8-1　描述性统计

| 变量 | 均值 | 标准差 | 最小值 | 最大值 |
| --- | --- | --- | --- | --- |
| 供给侧改革热度指数 | 13493.432 | 4195.204 | 4090.000 | 70176.000 |
| 沪深300股指期货 | 3594.364 | 343.152 | 2789.000 | 4404.600 |
| 沪深300股指期货价格波动率 | 3589.100 | 317.954 | 3035.590 | 4225.180 |
| 中证500股指期货 | 5692.181 | 749.039 | 4033.200 | 7650.000 |
| 中证500股指期货价格波动率 | 5713.720 | 728.074 | 4286.236 | 7417.422 |

2. 回归结果分析

期货市场回归结果如表8-2和表8-3所示。

表 8-2　　　　　期货市场（沪深 300 股指期货）回归结果

| 变量 | $i=1$ | $i=2$ | $i=3$ | $i=4$ | $i=5$ |
|---|---|---|---|---|---|
| 供给侧改革热度指数过去 $i$ 日移动平均 | -906.3*** (-6.42) | -881.0*** (-6.43) | -965.4*** (-6.67) | -1050.6*** (-6.90) | -1152.6*** (-7.18) |
| Constant | 3720.2*** (-166.14) | 3717.7*** (-168.94) | 3729.0*** (-163.16) | 3740.6*** (-157.61) | 3754.7*** (-151.84) |
| 变量 | $i=6$ | $i=7$ | $i=8$ | $i=9$ | $i=10$ |
| 供给侧改革热度指数过去 $i$ 日移动平均 | -1247.3*** (-7.48) | -1315.2*** (-7.71) | -1349.4*** (-7.87) | -1364.3*** (-7.98) | -1382.0*** (-8.01) |
| Constant | 3768.2*** (-147.61) | 3778.2*** (-145.11) | 3783.7*** (-144.46) | 3786.4*** (-144.64) | 3788.6*** (-143.77) |
| 变量 | $i=11$ | $i=12$ | $i=13$ | $i=14$ | $i=15$ |
| 供给侧改革热度指数过去 $i$ 日移动平均 | -1415.0*** (-8.07) | -1463.0*** (-8.16) | -1509.8*** (-8.26) | -1547.3*** (-8.33) | -1567.7*** (-8.39) |
| Constant | 3792.9*** (-142.22) | 3799.3*** (-140.12) | 3805.8*** (-138.1) | 3811.1*** (-136.46) | 3814.4*** (-135.72) |

注：\*\*\*、\*\*、\* 分别表示在 1%、5%、10% 的水平上显著；括号内为 t 值，下同。

表 8-3　　　　　期货市场（中证 500 股指期货）回归结果

| 变量 | $i=1$ | $i=2$ | $i=3$ | $i=4$ | $i=5$ |
|---|---|---|---|---|---|
| 供给侧改革热度指数过去 $i$ 日移动平均 | -57.79 (-0.18) | -113.3 (-0.35) | -121.6 (-0.36) | -133.4 (-0.38) | -129.3 (-0.35) |
| Constant | 5721.7*** (-109.66) | 5729.6*** (-111.77) | 5730.4*** (-107.52) | 5731.7*** (-103.49) | 5730.8*** (-99.2) |
| 变量 | $i=6$ | $i=7$ | $i=8$ | $i=9$ | $i=10$ |
| 供给侧改革热度指数过去 $i$ 日移动平均 | -140 (-0.36) | -190.6 (-0.48) | -241.2 (-0.60) | -285.2 (-0.71) | -330.8 (-0.82) |
| Constant | 5732.0*** (-96.01) | 5738.8*** (-94.2) | 5745.7*** (-93.73) | 5751.7*** (-93.87) | 5757.8*** (-93.39) |
| 变量 | $i=11$ | $i=12$ | $i=13$ | $i=14$ | $i=15$ |
| 供给侧改革热度指数过去 $i$ 日移动平均 | -358.6 (-0.87) | -381.6 (-0.91) | -407.3 (-0.95) | -435.5 (-1.00) | -456.5 (-1.05) |
| Constant | 5761.3*** (-92.36) | 5764.2*** (-90.88) | 5767.3*** (-89.49) | 5770.7*** (-88.4) | 5773.2*** (-87.93) |

从回归结果可以看出，$i=1$ 至 $i=15$，即自变量分别为供给侧改革热度指数过去 1—15 日移动平均，因变量分别为沪深 300 股指期货波动率未来 1—15 日移动平均时，系数均在 1% 的水平下显著。然而，当因变量为中证 500 股指期货时，其在未来 15 期内并不显著，说明中证 500 股指期货波动率指标不能作为期货市场风险预警指标。可见沪深 300 股指期货波动率能较好地作为期货市场的风险预警指标。系数随 $i$ 变化的趋势图，如图 8-1 所示（其中，1 表示该系数显著，0 表示该系数不显著）。

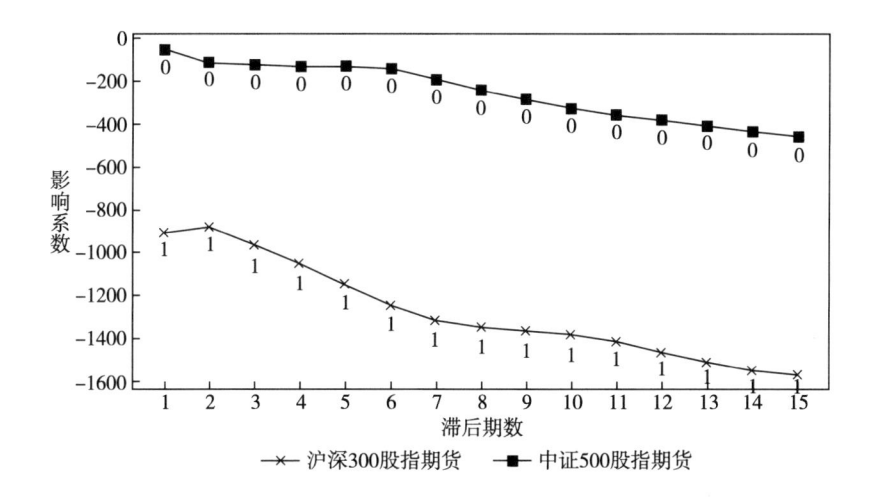

**图 8-1　期货市场供给侧改革热度指数回归系数变化趋势**

从图 8-1 可以看出，对沪深 300 股指期货指数，供给侧热度指数过去 $i$ 日移动平均对汇率的价格波动率未来 $i$ 日移动平均具有显著的影响。而中证 500 股指期货指数则不具有预警可行性。对期货市场而言，受传导路径以及目前我国期货市场效率的影响，信息的传导具有滞后性，导致供给侧热度指数对拆借利率波动率的影响程度是先递增后递减的。当供给侧改革指数对沪深 300 股指期货价格波动率的影响达到最大时，即 $i=2$ 时，热度指数过去 2 日移动平均系数显著为负，热度指数过去 2 日移动平均显著正向影响沪深 300 股指期货价格波动率未来 2 日移动平均。

3. 预测效果分析

为验证回归模型的预测效果，本书做出回归预测值与实际价格波动率移动平均的时序图。其中，外汇市场 $i$ 的取值为 10，如图 8-2 和图 8-3 所示。

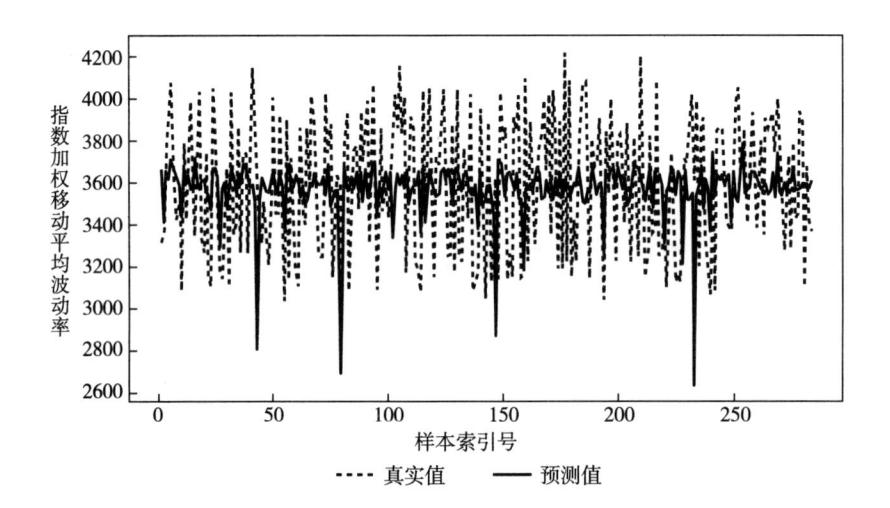

**图 8-2** 中证 500 股指期货价格波动率回归预测值与真实值

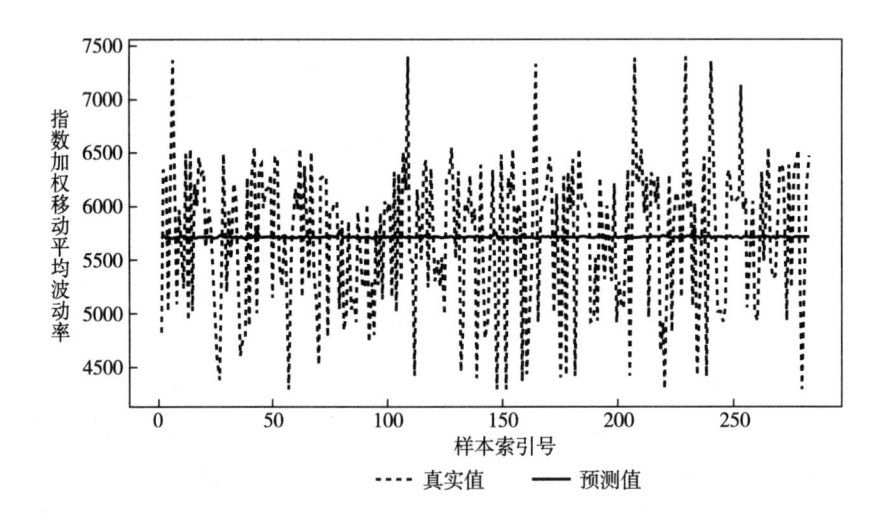

**图 8-3** 沪深 300 股指期货价格波动率回归预测值与真实值

可以看到，在考虑时滞性的情况下，对于沪深 300 股指期货指标而言，拟合值对真实值大致具有相同的趋势，同升同降，回归模型的预测效果较好，可用于对期货市场价格波动率的预测以及对可能出现的价格下降的风险进行预警。同样可以看出，中证 500 股指期货指标由于其较小且趋于直线的预测趋势，其并不能很好地作为期货市场风险预警的指标。

## 二 期货市场支持向量机智能风险预警分析

（一）模型设计

我们基于第三章所介绍的金融市场风险的大数据智能预警方法，分别构建了 CV-SVM 模型、GA-SVM 模型、GWO-SVM 模型对期货市场进行风险预警，分别计算了不同参数优化算法下的最优 $C$ 和 $g$。同样，我们对样本数据的前一半作为训练集，后一半作为测试集用来验证模型的预警效果。

（二）样本选取

选取中证 500 股指期货价格涨跌幅、沪深 300 股指期货价格涨跌幅和上证 50 股指期货价格涨跌幅代表期货市场。因该三个指数覆盖我国大部分的期货市场与行业，具有显著性代表意义。继而运营样本的数据区间为 2015 年 4 月 16 日至 2020 年 7 月 31 日。每个指标的数据样本量为 1292 个，将各个指标的前 646 个样本作为训练集，后 646 个样本作为测试集。

（三）最优参数选择

表 8-4 和表 8-5 是各个优化算法对不同指数日涨跌幅计算出的最优 $C$ 和 $g$ 值，采用优化算法得出的最优参数代入 SVM 对训练集进行学习，建立相对应的 CV-SVM、GA-SVM、GWO-SVM 外汇市场风险预警模型。

表 8-4　　　　　　　　　　最优参数 $C$ 取值

|  | CV-SVM | GA-SVM | GWO-SVM |
| --- | --- | --- | --- |
| 沪深 300 股指期货涨跌幅 | 0.06250 | 0.37772 | 100.00000 |
| 上证 50 股指期货涨跌幅 | 0.06250 | 1.79765 | 32.63210 |

续表

|  | CV-SVM | GA-SVM | GWO-SVM |
|---|---|---|---|
| 中证 500 股指期货涨跌幅 | 0.06250 | 0.34571 | 100.00000 |

表 8-5　　　　　　　　　　最优参数 $g$ 取值

|  | CV-SVM | GA-SVM | GWO-SVM |
|---|---|---|---|
| 沪深 300 股指期货涨跌幅 | 0.70711 | 0.33380 | 30.35180 |
| 上证 50 股指期货涨跌幅 | 1.41421 | 1.48954 | 16.86530 |
| 中证 500 股指期货涨跌幅 | 0.35355 | 0.35996 | 100.00000 |

1. 描述性统计

表 8-6 是各个指标的描述性统计结果。从均值、标准差和方差结果来看，中证 500 股指期货涨跌幅的标准差和方差都很大，说明中证 500 股指期货涨跌幅具有较强的波动性；上证 50 股指期货涨跌幅的标准差和方差较小，说明上证 50 股指期货涨跌幅较为稳定。从偏度的结果来看，沪深 300、上证 50 与中证 500 股指期货涨跌幅都呈现右偏趋势。从峰度的结果来看，三个指标都具有尖峰的特征。

表 8-6　　　　　　　　　　描述性统计

|  | 均值 | 标准差 | 方差 | 偏度 | 峰度 |
|---|---|---|---|---|---|
| 沪深 300 | 0.020700 | 1.676716 | 2.811375 | -0.389290 | 7.057842 |
| 上证 50 | 0.015300 | 1.687466 | 1.688120 | -0.292400 | 8.916385 |
| 中证 500 | -0.000991 | 2.241509 | 5.024361 | -0.683407 | 5.968246 |

2. 准确率分析

表 8-7 和表 8-8 给出了各个模型针对不同指数预测的平均绝对误差（MAE）与均方误差（MSE）。可以看到，SVM 类智能预警模型对三个指数的涨跌幅预测都起到了一个较好的预测效果，能很好地挖掘与反映历史数据所具有的风险特征。具体从 MAE 结果来看，CV-SVM 取得

了最优的预测性能,而 GWO-SVM 则取得了相对较差的预测成绩,但是其差距并不大,在可接受范围之内,这一点在各个 SVM 的 MSE 预测结果中可以得到再一次印证。

表 8-7　　　　　　　　平均绝对误差(MAE)结果

|  | CV-SVM | GA-SVM | GWO-SVM |
| --- | --- | --- | --- |
| 沪深 300 股指期货涨跌幅 | 1.7273 | 1.7227 | 1.4734 |
| 上证 50 股指期货涨跌幅 | 1.0274 | 1.0497 | 1.3439 |
| 中证 500 股指期货涨跌幅 | 1.4950 | 1.5117 | 1.8659 |

表 8-8　　　　　　　　均方误差(MSE)结果

|  | CV-SVM | GA-SVM | GWO-SVM |
| --- | --- | --- | --- |
| 沪深 300 股指期货涨跌幅 | 5.1723 | 5.1581 | 5.6826 |
| 上证 50 股指期货涨跌幅 | 2.2567 | 2.3657 | 4.1868 |
| 中证 500 股指期货涨跌幅 | 3.8499 | 3.9125 | 6.5501 |

3. 预测效果分析

由上可见,SVM 能够对期货市场中的沪深 300 股指期货涨跌幅、上证 50 股指期货涨跌幅和中证 500 股指期货涨跌幅都具有良好的拟合能力。为了更直观地反映 SVM 预测效果,我们作出 SVM 智能预警模型作出其原始—预测图结果对比图,进一步清晰地展示其预测能力,具体如图 8-4 至图 8-12 所示。我们可以看到通过不同参数寻优算法改进后的 SVM 在预测能力上的提升,其中 GWO-SVM 的预测拟合程度最优,相较其他 SVM 只能小范围预测出趋势,GWO-SVM 的高拟合程度达到最高,是最具有预测可行性的风险预警模型。

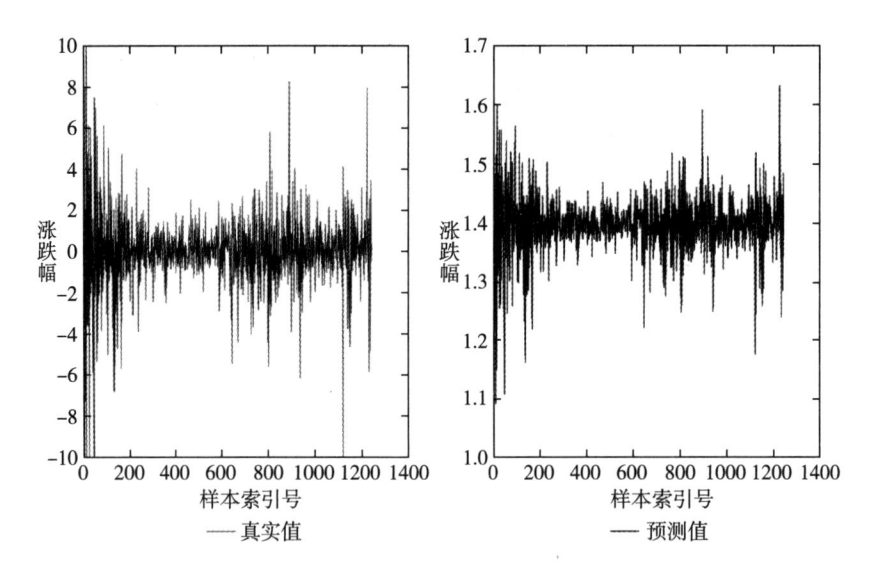

图 8-4　沪深 300 股指期货涨跌幅 CV-SVM 预测值与真实值

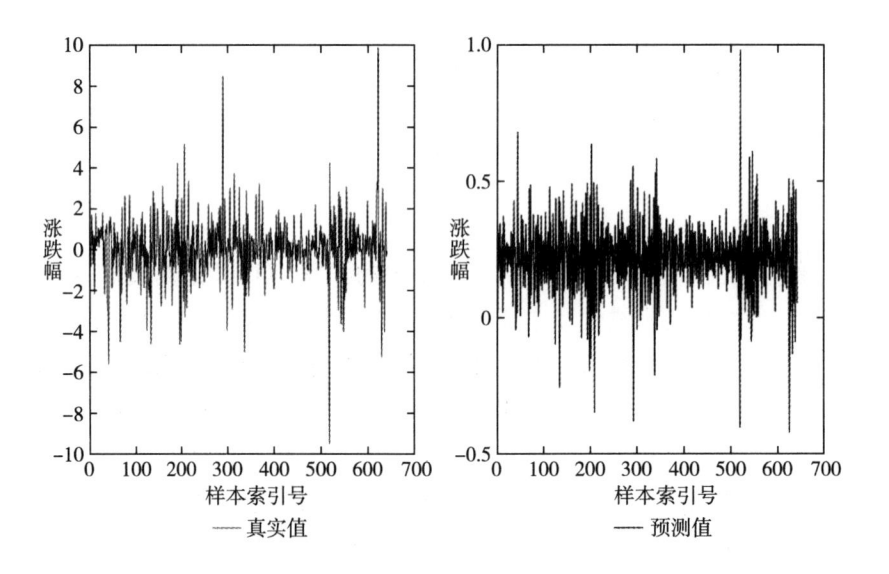

图 8-5　上证 50 股指期货涨跌幅 CV-SVM 预测值与真实值

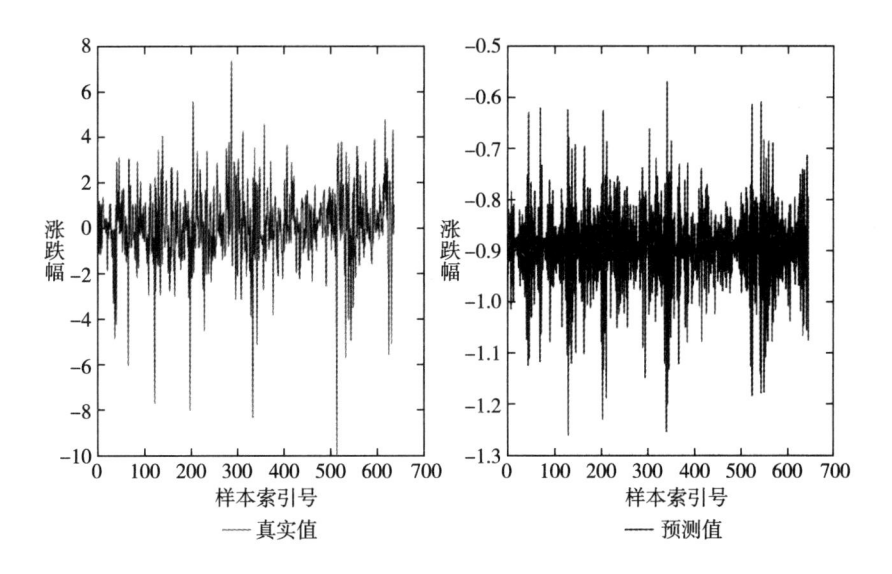

图 8-6 中证 500 股指期货涨跌幅 CV-SVM 预测值与真实值

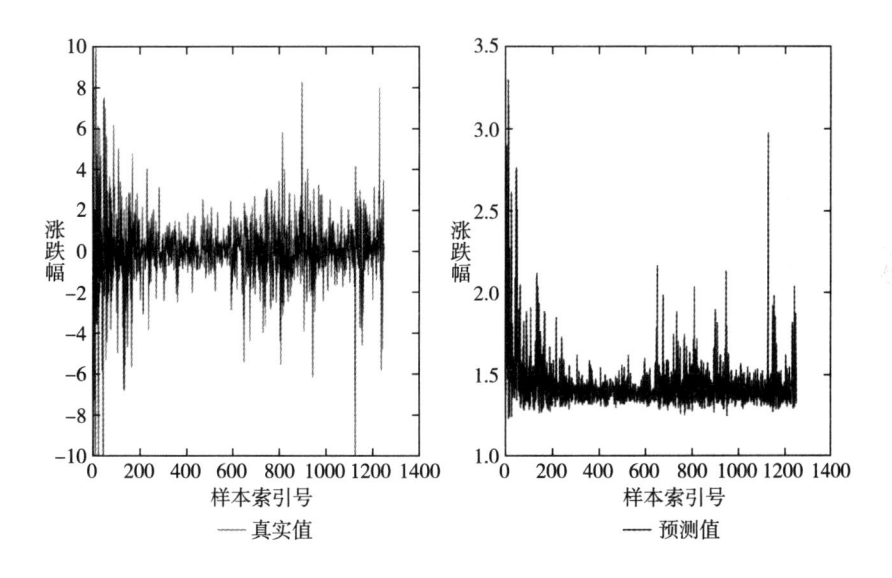

图 8-7 沪深 300 股指期货涨跌幅 GA-SVM 预测值与真实值

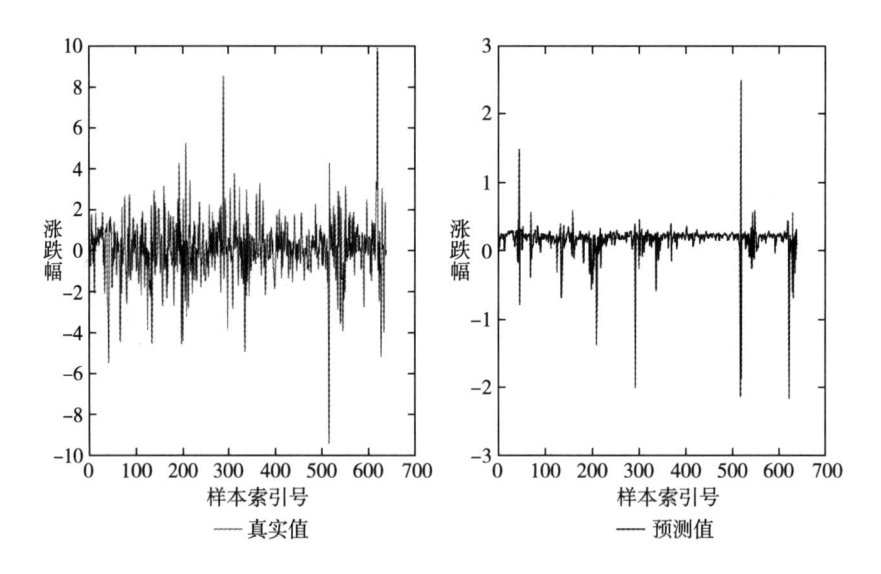

图 8-8　上证 50 股指期货涨跌幅 GA-SVM 预测值与真实值

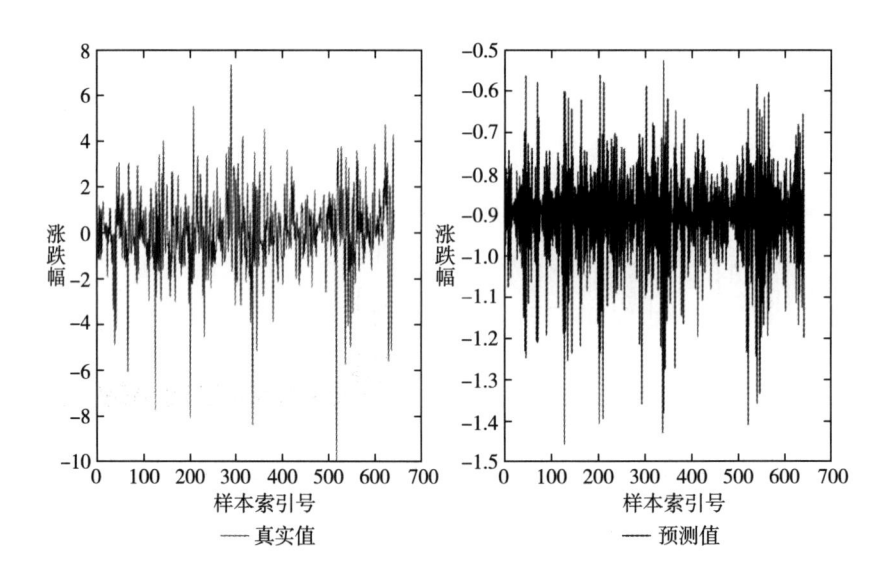

图 8-9　中证 500 股指期货涨跌幅 GA-SVM 预测值与真实值

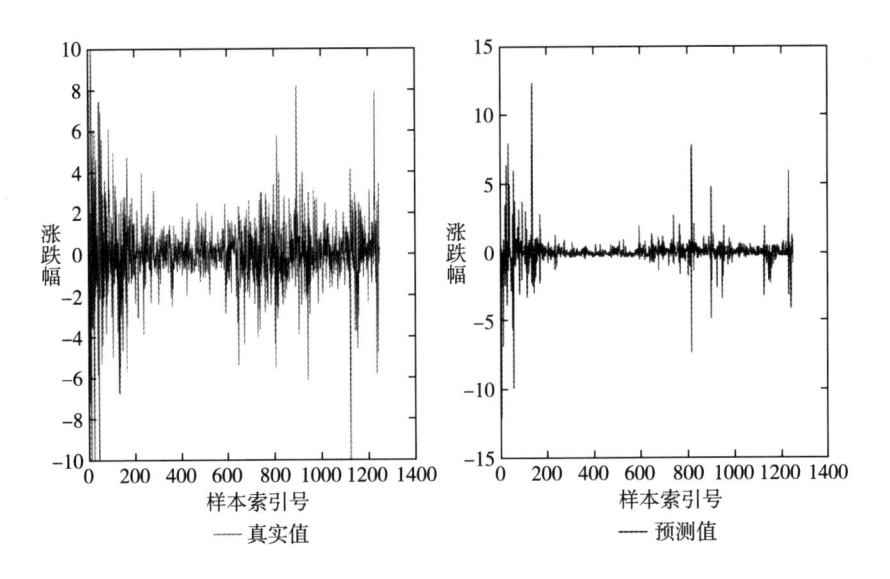

图 8-10 沪深 300 股指期货涨跌幅 GWO-SVM 预测值与真实值

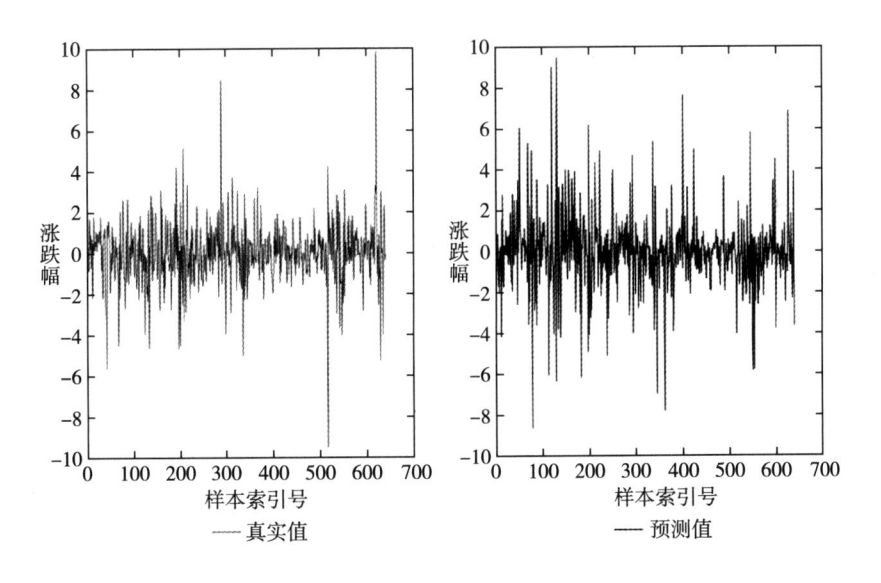

图 8-11 上证 50 股指期货涨跌幅 GWO-SVM 预测值与真实值

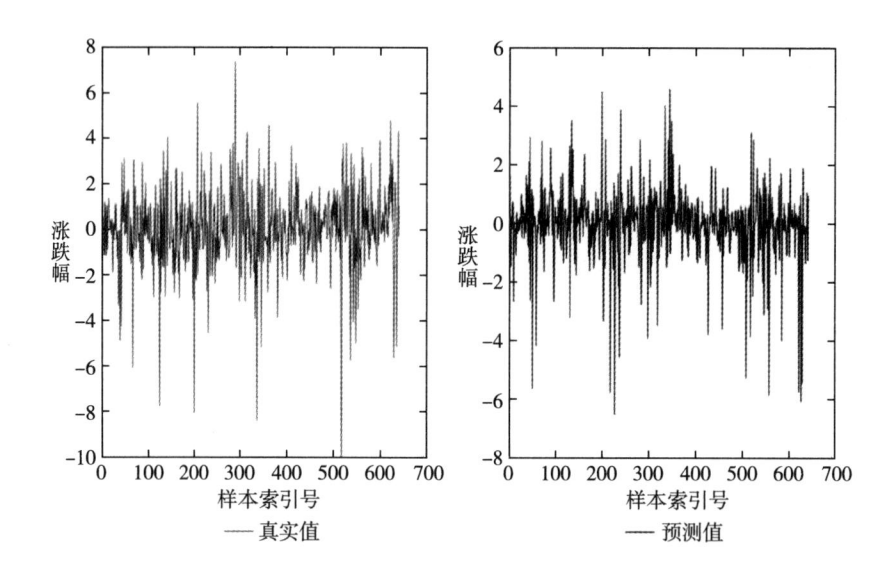

图 8-12　中证 500 股指期货涨跌幅 GWO-SVM 预测值与真实值

### 三　期货市场神经网络智能风险预警分析

（一）模型设计

为了对期货市场系统性风险进行全局性的智能预警研究，我们在运用了 SVM 类算法进行预警的基础上，进一步运用了神经网络类智能机器学习算法——小波神经网络 WAVENN 与 BPNN 神经网络对银行业历史数据进行了新的挖掘预警。

（二）样本选取

为了与前文 SVM 智能预警算法保持一致水平与具有性能可对比性，我们选取了沪深 300 股指期货涨跌幅、上证 50 股指期货涨跌幅与中证 500 股指期货涨跌幅共三个指数。样本区间为 2015 年 4 月 16 日至 2020 年 7 月 31 日。每个指标的数据样本量为 1292 个，将各个指标的前 646 个样本作为训练集，后 646 个样本作为测试集。

（三）实证分析

1. 描述性统计

表 8-9 是各个指标的描述性统计结果。从均值、标准差和方差结果来看，中证 500 股指期货涨跌幅的标准差和方差都很大，说明中证 500 股指期货涨跌幅具有较强的波动性；上证 50 股指期货涨跌幅的标

准差和方差较小，说明上证 50 股指期货涨跌幅较为稳定。从偏度的结果来看，沪深 300、上证 50 与中证 500 股指期货涨跌幅都呈现右偏趋势。从峰度的结果来看，三个指标都具有尖峰的特征。

表 8-9　　　　　　　　　描述性统计

|  | 均值 | 标准差 | 方差 | 偏度 | 峰度 |
| --- | --- | --- | --- | --- | --- |
| 沪深 300 | 0.020700 | 1.676716 | 2.811375 | -0.389290 | 7.057842 |
| 上证 50 | 0.0153 | 1.687466 | 1.68812 | -0.2924 | 8.916385 |
| 中证 500 | -0.000991 | 2.241509 | 5.024361 | -0.683407 | 5.968246 |

2. 准确率分析

表 8-10 和表 8-11 给出了 BPNN 和 WAVENN 针对不同指数日收益率预测的平均绝对误差（MAE）和均方误差（MSE）。从 MAE、MSE 得分结果来说，BPNN 与 WAVENN 整体均表现出十分优异的预测性能，因此神经网络模型对银行业风险的预测是有效的。

表 8-10　　　　期货市场平均绝对误差（MAE）结果

|  | BPNN | WAVENN |
| --- | --- | --- |
| 沪深 300 股指期货涨跌幅 | 1.1420 | 1.1846 |
| 上证 50 股指期货涨跌幅 | 1.0400 | 1.0786 |
| 中证 500 股指期货涨跌幅 | 1.2431 | 1.2575 |

表 8-11　　　　期货市场均方误差（MSE）结果

|  | BPNN | WAVENN |
| --- | --- | --- |
| 沪深 300 股指期货涨跌幅 | 4.1955e+03 | 4.0499 |
| 上证 50 股指期货涨跌幅 | 1.4819e+03 | 2.4238 |
| 中证 500 股指期货涨跌幅 | 1.9977e+03 | 3.1901 |

3. 预测效果分析

从前面的实证结果分析，神经网络模型在对反映银行业整体风险指标预测上有很好的适应性，MAE、MSE 都普遍具有较小的值，对指标有很好的拟合能力和预测效果，为了更直观地展示，我们依然作出涨跌幅的预测趋势与实际趋势对比图。从图 8-13 至图 8-18 可以看出，BPNN 模型与 WAVENN 模型对日涨跌幅的预测趋势与实际趋势对比图，表明其具有较好的预测性能与风险捕获能力。

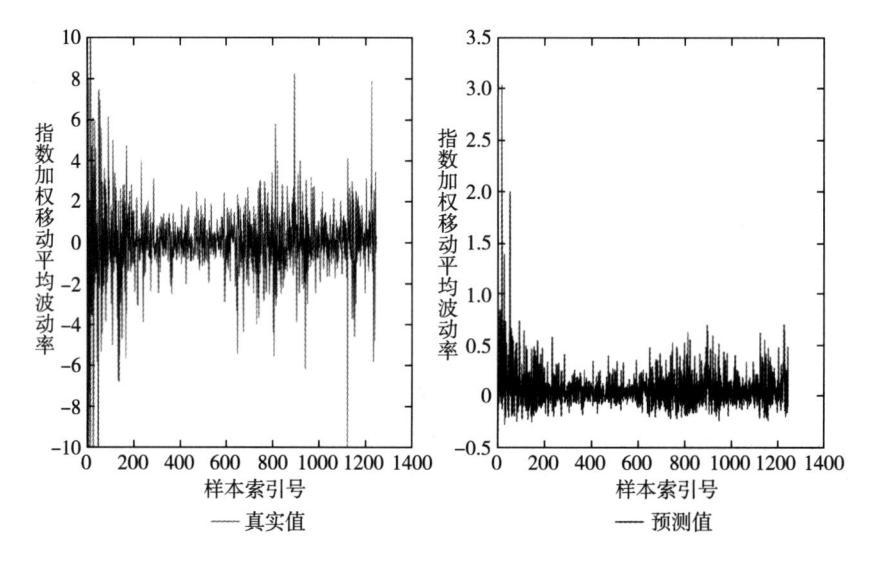

图 8-13　沪深 300 股指期货涨跌幅 BPNN 预测值与真实值

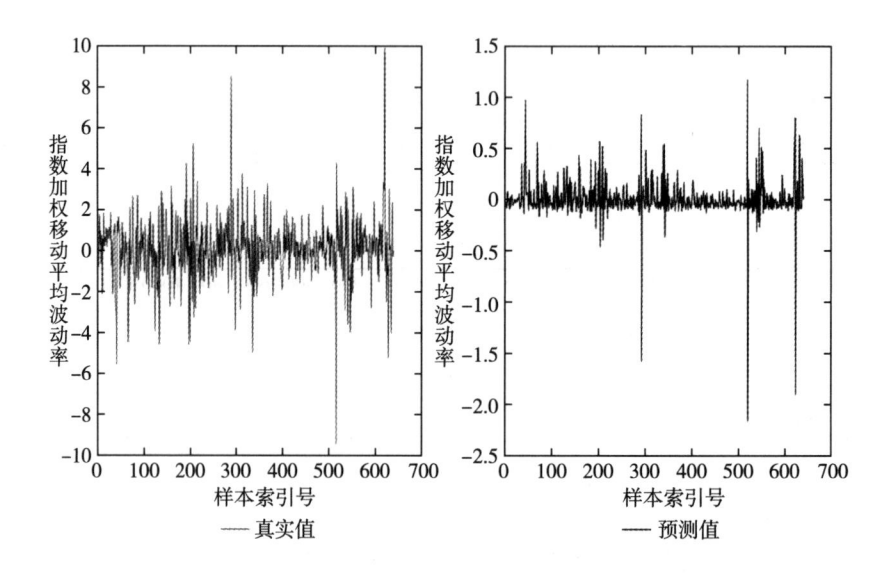

图 8-14　上证 50 股指期货涨跌幅 BPNN 预测值与真实值

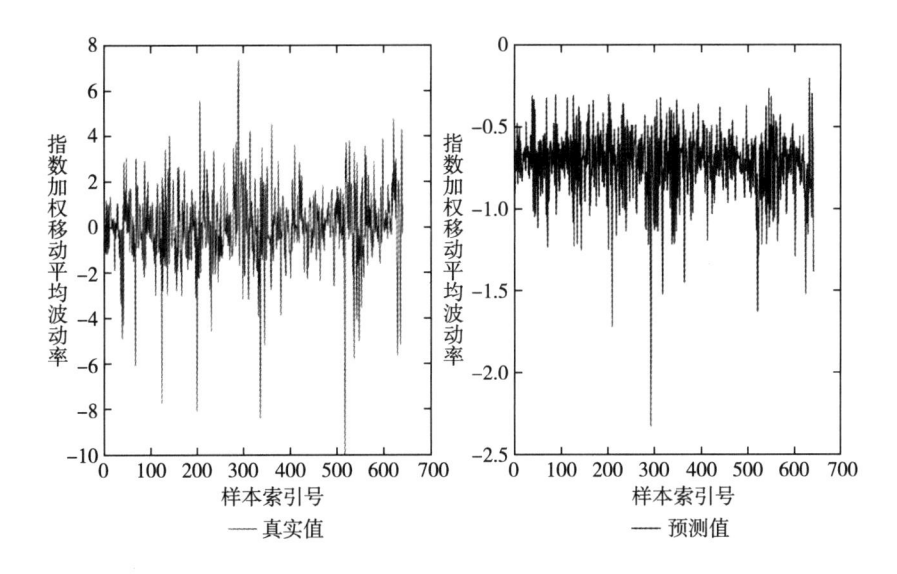

图 8-15　中证 500 股指期货涨跌幅 BPNN 预测值与真实值

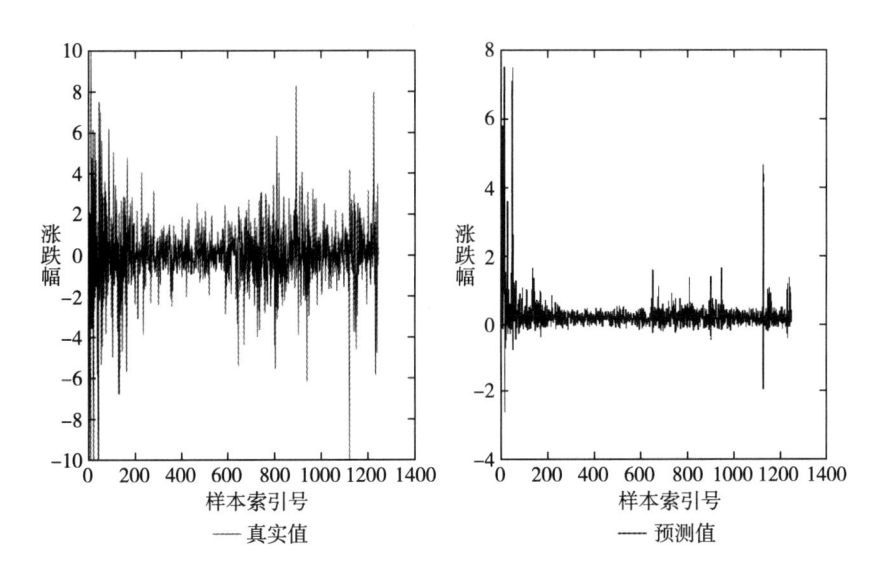

图 8-16　沪深 300 股指期货涨跌幅 WAVENN 预测值与真实值

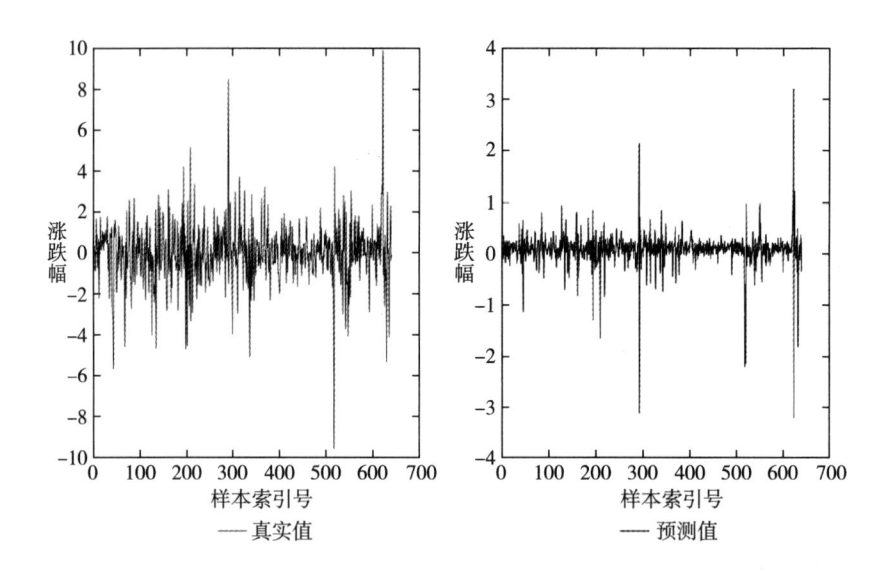

图 8-17　上证 50 股指期货涨跌幅 WAVENN 预测值与真实值

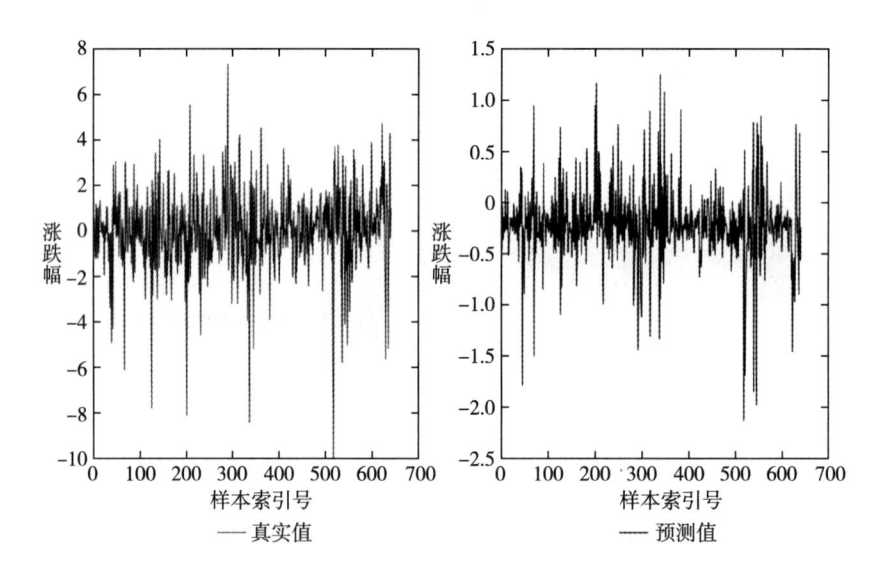

图 8-18　中证 500 股指期货涨跌幅 WAVENN 预测值与真实值

## 第三节　本章小结

本章对我国期货市场的风险预警进行了研究。首先，分析了供给侧改革与银行业之间的相互依存关系，发现在供给侧改革背景下期货市场能通过源于其市场内部的积极创新、加速转型，提升行业服务能力和服务质量，提供更加丰富有效的风险管理工具，促进期货与现货、场内与场外、境内与境外市场的进一步融合，改善实体企业的风险管理能力，提高实体企业的资源利用水平，助力供给侧改革。同时面对我国的开放格局越来越大，影响经济的因素越来越多，必然意味着风险因素增多，做好事前风险预警工作至关重要。本章构建了供给侧改革热度指数预警模型；采用支持向量机与神经网络两大机器学习智能算法，对期货市场进行了全面的风险预警研究。

实证结果表明，供给侧改革热度指数在考虑时滞效应之后，对沪深300股指期货波动率这一代表期货市场指标具有特别显著的解释能力，这表明供给侧改革与银行业发展之间存在高度相关性。但是上述分析对中证500股指期货市场失效。同时，我们基于结构化数据构建的数据挖掘类型的银行业SVM智能预警模型与神经网络智能预警模型，以前一半的数据为训练集，后一半的数据为测试集，取得十分优异的预测成绩。但是面对噪声一样的股指期货涨跌幅数据，本书所运用支持向量机智能预警模型与神经网络智能预警模型，在数据拟合与预测程度上并非同往前章节有较好的拟合程度，但是，GWO-SVM智能预警模型的高拟合程度表明SVM智能预警模型失利主要原因在参数选择上，若不能正确选择出SVM合理的参数，预警效果也将有重大差异，这也是本书所选择CV、GA与GWO算法进行优化的根本目的。总体而言，本书所构建的SVM智能预警模型与神经网络智能预警模型都能对期货市场数据所反映的风险特征进行准确捕获，并取得较好程度的预测趋势。

# 第九章

## 中国金融市场的风险智能预警研究

### 第一节　问题提出

我国各金融子市场之间存在明显的关联性和金融风险传染性，所以在研究我国金融市场的整体风险时必须要综合考虑各个子市场，将各子市场统一起来作为一个整体进行研究。一般而言，我国金融市场体系主要包括股票市场、债券市场、外汇市场、银行业与期货市场。其中，股票市场规模已居全球第 2 位，仅次于美国。股票市场是众多企业的重要融资平台，在我国金融市场中占有重要地位，但是通过本书分析发现，股票市场也是我国金融市场最大的风险输出者，所以必须高度重视股票市场风险。

此外，债券市场也是直接融资的重要渠道之一，我国的债券市场存量规模已逾百万亿元，成为全球第二大债券市场，而在供给侧结构性改革的宏观大背景下，随着"三去一降一补"的推进，债券市场也面临着潜在的风险。而外汇市场发挥着平衡国际收支和购买力转移的重要作用，也是国际金融风险传染的重要渠道。作为我国金融部门主体，银行业也是重要潜在风险来源，其信贷资源配置效率也会直接影响实体企业融资水平和融资成本。在供给侧改革背景下，银行业通过有效的风险管理技术与方法可以在一定程度上缓解高效率企业与新兴企业融资难问题，助力企业高质量发展，这也是实现供给侧改革下提高全要素生产率的有效途径。随着房地产市场的持续过热，大量社会资金进入房地产市场，而房地产既是居民和企业的主要实物资产，还是银行信贷的优质抵押品，房地产市场金融化程度日益加深。此外，房地产市场不仅侵占其他行业的金融资源，影响资源配置效率与经济运行，增大了房地产泡沫风险与房地产金融风险。在某种程度上，房地产金融化已经成为威胁我国金融安全的"灰犀牛"，所以降低房地产金融风险也是供给侧改革的关键所在。

本章将基于金融风险传染的视角，实证分析我国金融市场的重点子市场与房地产市场风险传染的方向和大小，特别是股票市场、债券市场、外汇市场、银行业、期货市场和房地产市场间存在的不同程度的风险溢出效应；同时，还构建综合金融压力指数与传染性综合压力指数，并据此构建预警模型对中国金融市场进行风险预警。

## 第二节 风险传染效应实证研究

### 一 金融子市场与房地产市场间风险传染模型构建

针对金融子市场与房地产市场间的相依关系和风险溢出效应，根据 CoVaR 理论，本部分构建了 GARCH 模型来刻画金融子市场与房地产市场的典型特征，并引入 Copula 函数分析金融风险在我国金融子市场与房地产市场间的传染情况。此外，针对传统 VAR 模型的参数不随时间变化的不足，本部分还利用时变参数向量自回归模型和马尔科夫蒙特卡洛算法（MCMC）来刻画不同行业间的风险动态演变关系。也就是说，采用 GARCH-Copula-CoVaR 模型和 TVP-SV-VAR 模型对我国股票市场、债券市场、外汇市场、银行业、期货市场和房地产市场建模进行研究，分析风险在它们之间的传染情况、贡献度、动态联系。GARCH-Copula-CoVaR 模型和 TVP-SV-VAR 模型的具体内容如下。

（一）GARCH-Copula-CoVaR

金融市场的风险溢出是指，某个金融子市场的风险经由关联网络结构溢出至其他金融子市场。一般而言，金融风险在溢出传导过程不断加强，若不加以监控，可能会造成系统性金融风险的爆发，给经济和社会造成严重破坏。正是由于金融市场间存在错综复杂的关联结构，使金融风险在其间的传染而导致的危害性大增，这往往是造成金融市场风险不断放大的重要因素。因此，准确分析金融风险溢出方向及强度将有助于管理者加强对金融市场的监控和管理，同时也有助于学术界探究风险传导路径，为更好地进行风险管理提供理论基础。

股票市场、债券市场、外汇市场、银行业、期货市场和房地产市场作为主要系统性金融风险易发生点，它们之间的相依关系和风险溢出关系，关乎金融市场乃至整个国家金融系统的安全平稳运行。在当前供给侧结构性改革背景下，研究各金融子市场与房地产市场之间的相依关系和风险溢出具有重要的现实意义；对金融子市场与房地产市场的风险溢出进行准确刻画将有助于管理层提高金融风险管理水平，防范系统性金融风险。

本研究以股票市场、债券市场、外汇市场、银行业、期货市场和房地产市场为研究对象，首先运用 AR-GARCH-Skewedt 模型刻画以上市场典型事实特征，在此基础上引入 Copula 模型刻画其间非线性相依结构，最后基于 CoVaR 模型分析市场间风险溢出效应。金融市场常常表现出了尖峰、有偏、自相关性、波动聚集等典型事实，在对边缘分布进行建模时要能将这些典型事实进行刻画，因此采用 GARCH-Skewedt 模型对各个市场的对数收益率进行建模，该模型能够很好地对变量的自回归、异方差性进行刻画，其形式如下：

$$r_{i,t}=a_0+a_1 r_{i,t-1}+\varepsilon_{i,t} \tag{9-1}$$

$$\varepsilon_{i,t}=\sigma_{i,t} z_{i,t} \tag{9-2}$$

$$\sigma_{i,t}^2=\omega+\alpha\varepsilon_{i,t}^2+\beta\sigma_{i,t-1}^2 \tag{9-3}$$

$$z_{i,t} \sim Skewedt(v,\lambda) \tag{9-4}$$

标准化残差序列服从有偏学生 $t$ 分布（Skewed Student Distribution），这是一种扩展 $t$ 分布，能够对序列的非对称性更准确的描述，其概率密度函数的形式为：

$$Skewedt(z;v,\lambda)=\begin{cases} bc\left[1+\dfrac{1}{v-2}\left(\dfrac{bz+a}{1-\lambda}\right)^2\right]^{-\frac{(v+1)}{2}}, & z<-\dfrac{a}{b} \\ bc\left[1+\dfrac{1}{v-2}\left(\dfrac{bz+a}{1+\lambda}\right)^2\right]^{-\frac{(v+1)}{2}}, & z\geqslant -\dfrac{a}{b} \end{cases} \tag{9-5}$$

其中，自由度为 $2<v<\infty$，偏度参数为 $-1<\lambda<1$。

$$a = 4\lambda c\left(\frac{v-2}{v-1}\right) \tag{9-6}$$

$$b = \sqrt{1+3\lambda^2 - a^2} \tag{9-7}$$

$$c = \frac{\Gamma\left(\frac{v+1}{2}\right)}{\Gamma\left(\frac{v}{2}\right)\sqrt{\pi(v-2)}} \tag{9-8}$$

通过上述模型获得的残差，经概率密度转换后借助 Copula 模型进行分析。Copula 函数可以灵活地将多个变量的边缘分布连接而得到其联合分布。根据该理论，若两个变量的边缘分布连续，则存在唯一的 Copula 函数使得下式成立：

$$F(z_1, z_2) = C[F_1(z_1), F_2(z_2)] \tag{9-9}$$

此时，可以进一步推导出联合分布函数的密度函数为：

$$f(z_1, z_2) = c[F_1(z_1), F_2(z_2)]f_1(z_1)f_2(z_2) \tag{9-10}$$

其中，$c(u_1, u_2) = \frac{\partial C(u_1, u_2)}{\partial u_1 \partial u_2}$ 是 Copula 函数的密度函数。

本研究选用 10 种静态 Copula 和 4 种时变 Copula 函数，并基于赤池信息准则（AIC）选用最优函数。时变 Gaussian Copula 和 t Copula 的相关系数 $\rho$ 基于 DCC（1，1）过程进行演化，形成 DCC-Gaussian 和 DCC-t 的动态 Copula。演化方程如下：

$$Q_t = (1-\alpha-\beta)\bar{Q} + \alpha z_{t-1}z_{t-1}^T + \beta Q_{t-1} \tag{9-11}$$

$$\rho_t = Q_t^{*-1} Q_t Q_t^{*-1} \tag{9-12}$$

其中，$\bar{Q}$ 为标准化残差序列的协方差矩阵，$Q_t^*$ 为对角元素是 $Q_t$ 平方根，非对角元素为 0 的方阵。

时变 Gumbel Copula 和 SJC Copula 的时变参数演化参照 ARMA（1，10）的过程，其演化方程如下：

$$\rho_t = \Lambda\left[\varphi_0 + \varphi_1 \theta_{t-1} + \varphi_2 \frac{1}{10}\sum_{j=1}^{10}\varphi^{-1}(u_{t-j})\varphi^{-1}(v_{t-j})\right] \tag{9-13}$$

其中，$\Lambda(x)$ 为 Logistic 转换函数，用来确保 $\rho$ 落在有效的区间内。

在运用时变 Copula 模型刻画金融市场相依结构的基础上，进一步结合 CoVaR 方法计算市场间的风险溢出效应。在 $1-q$ 的置信水平下，

当某一金融市场 $i$ 某时刻处于某风险价值水平时，另一金融市场 $j$ 的条件在险价值：

$$Pr\left(r_t^j \leqslant CoVaR_{q,t}^{j|i_{t_{q,t}}^i}\right) \qquad (9-14)$$

上式可以进行变换为如下形式：

$$Pr\left(r_t^j \leqslant CoVaR_{t_{q,t}^i}^{j|i^i}{}^2\right) \qquad (9-15)$$

令 $u_j = F_j(CoVaR_{q,t}^{j|i})$，$u_i = F_i(VaR_{q,t}^i) = q$，上式可以转换为：

$$C(u_j, u_i) = q^2 \qquad (9-16)$$

利用上述研究中拟合效果最优的 Copula 函数，可得到 CoVaR。

为了更好地说明金融市场 $i$ 发生风险事件对 $j$ 的风险溢出效应，定义溢出条件风险价值为 $\Delta CoVaR_{q,t}^{j|i}$，其表达式为：

$$\Delta CoVaR_{q,t}^{j|i} = CoVaR_{q,t}^{j|i} - CoVaR_{q,t}^{j|i=VaR^{50}} \qquad (9-17)$$

在研究风险溢出规模问题时，考虑到量纲问题，所以对溢出条件风险价值进行标准化处理：

$$CoVaR_{q,t}^{j|i} = \frac{\Delta CoVaR_{q,t}^{j|i}}{CoVaR_{q,t}^{j|i=VaR^{50}}} \times 100\% \qquad (9-18)$$

（二）TVP-SV-VAR

向量自回归模型（VAR）是 Sims 于 1980 年提出。本部分参照 Primiceri（2005）和 Nakajima（2011），构建了标准的结构 VAR 模型：

$$Ay_t = B_1 y_{t-1} + \cdots + B_k y_{t-k} + u_t, \quad t = 1, \cdots, T \qquad (9-19)$$

其中，$y_t$ 为 $n \times 1$ 维的时间序列变量，$A$ 与 $B_k$ 为 $n \times n$ 的系数矩阵，$u_t$ 为 $n \times 1$ 维服从正态分布的冲击，$u_t \sim N(0, \Sigma\Sigma)$ $k$ 为模型的滞后阶数，并假定矩阵 $A$ 为下三角矩阵。将上式结构性 VAR 模型改写成简约形式：

$$y_t = C_1 y_{t-1} + \cdots + C_k y_{t-k} + A^{-1} \sum \varepsilon_t, \quad \varepsilon_t \sim N(0, I_n) \qquad (9-20)$$

其中，$C_i = A^{-1} B_i$，用 $\otimes$ 表示克罗内克积，将所有 $y_t$ 由 $X_t$ 表示，$X_t = I_n \otimes (y'_{t-1}, \cdots, y'_{t-k})$，并将所有的系数记为 $\gamma$，将其简化为 $y_t = X_t \gamma + A^{-1} \sum \varepsilon_t$。在此基础上，将系数拓展到时变形式，并由此定义出标准的 TVP-VAR 模型：

$$y_t = X_t\gamma_t + A_t^{-1}\sum_t \varepsilon_t, \quad t = 1, \cdots, T \quad (9-21)$$

针对以上包含随机波动率的 TVP-SV-VAR 模型，由于其似然方程过于复杂，所以利用马尔科夫蒙特卡洛算法（MCMC）进行估计。

## 二 实证分析

为了分析中国主要金融子市场与房地产市场间的风险溢出效应，本部分针对股票市场选取了沪深 300 指数为代表，债券市场选取了中证全债指数为代表，外汇市场选取了人民币兑美元的中间价为代表，银行业选取了银行业同业拆借利率为代表，期货市场选取了沪深 300 股指期货收盘价为代表，房地产市场选取了申万一级房地产指数为代表，利用 2015 年 1 月 6 日至 2020 年 12 月 31 日的历史数据，利用 GARCH-Copula-CoVaR 模型测度了中国金融子市场间的风险溢出效应。

各个市场的对数收益率时间序列如下：

$$r_t = 100 \times [\ln(p_t) - \ln(p_{t-1})] \quad (9-22)$$

从表 9-1 的描述性统计结果可以看出，银行业具有最大的标准差与较高的平均值，表明其波动程度最大。同时各个市场的收益率序列均有偏且峰度系数都大于 3，J-B 检验的结果也表明在 1% 的水平下各序列均显著拒绝服从正态分布的假设，这表明各收益率序列显现出了"尖峰厚尾"的特征，$Q(10)$ 和 ARCH 检验表明各收益率序列均在 1% 的显著性水平下存在自相关性和 ARCH 效应。基于以上分析，本研究使用 ARMA-GRACH-Skewedt 并假设 GARCH 模型残差服从有偏学生 t 分布进行参数估计是比较合理的。

表 9-1　　描述性统计

| Market | Mean | Stdev | Skewness | Kurtosis | $Q(10)$ | ARCH | J-B |
|---|---|---|---|---|---|---|---|
| Stock | 0.042 | 1.175 | -0.483 | 5.056 | 24.011*** | 89.816*** | 1201.600*** |
| Bond | 0.015 | 0.080 | 0.288 | 18.465 | 490.430*** | 26.664*** | 15454.000*** |
| Exchange | -0.003 | 0.223 | -0.170 | 1.781 | 17.710* | 55.157*** | 149.600*** |
| Bank | 0.031 | 11.057 | 1.962 | 16.787 | 107.390*** | 79.576*** | 13456.000*** |
| Futures | 0.043 | 1.298 | -0.584 | 7.917 | 25.957*** | 55.262*** | 2901.900*** |

续表

| Market | Mean | Stdev | Skewness | Kurtosis | $Q(10)$ | ARCH | J-B |
|---|---|---|---|---|---|---|---|
| Real Estate | −0.019 | 1.426 | −0.293 | 4.449 | 19.441** | 60.114*** | 913.430*** |

注：\*\*\*表明在1%的水平下显著，\*\*表明在5%的水平下显著，\*表明在10%的水平下显著，$Q$（10）是滞后阶数为10的Ljung-Box统计量，ARCH是滞后阶数为10的LM检验，J-B为Jarque-Bera统计量。

边缘分布参数估计结果如表9-2所示。条件方差方程的系数均显著，表明选用该模型是合适的，整体拟合效果较好。各序列波动受到前一期的波动影响更为显著，具有明显的波动聚集性。非对称参数 $\lambda$ 和自由度 $v$ 均显著，表明选用有偏学生 t 分布取得了良好的效果。对标准化残差序列经概率积分转换后的序列进行 K-S 检验，发现各序列均服从（0，1）的均匀分布，可以运用 Copula 函数对各序列进行建模。综上，采用上述边缘分布模型对各个金融市场与房地产市场的收益率序列进行建模是合适的，有效地刻画了市场所具有的尖峰厚尾、波动聚集等典型事实特征。

表9-2　　　　　　　　　　边缘分布参数估计

| Market | alpha_0 | alpha_1 | w | alpha | beta | Lambda | $v$ | K-S |
|---|---|---|---|---|---|---|---|---|
| Stock | 0.0637** | −0.0025 | 0.0135** | 0.0733*** | 0.9246*** | 0.9659*** | 4.4233*** | 0.8427 |
| Bond | 0.0223*** | 0.5263*** | 0.0007 | 0.2515*** | 0.6237*** | 1.0413*** | 3.9393*** | 0.7564 |
| Exchange | −0.0010 | 0.0710*** | 0.0001 | 0.0943*** | 0.9047*** | 0.8976*** | 4.8586*** | 0.8280 |
| Bank | 0.0901*** | 0.4228*** | 0.0106** | 0.2735*** | 0.7255*** | 1.0727*** | 3.3186*** | 0.0017 |
| Futures | 0.0707** | −0.0517** | 0.0223** | 0.0683*** | 0.9293*** | 1.0003*** | 3.6659*** | 0.8314 |
| Real Estate | 0.0003 | 0.0033 | 0.0442** | 0.1022*** | 0.8911*** | 0.9853*** | 4.4099*** | 0.8742 |

注：\*\*\*表明在1%的水平下显著，\*\*表明在5%的水平下显著，\*表明在10%的水平下显著。K-S 为 Kolmogorov-Smirnov 统计量的 $P$ 值。

基于 AIC 和 BIC 准则，对不同序列间的 Copula 函数进行了选择。股票市场与债券市场间、股票市场与期货市场间、公司债和企业债与地方债间、公司债和企业债与外汇市场间、公司债和企业债与期货市场间、公司债和企业债与房地产市场间、地方债与期货市场间、地方债与房地产市场间选取了静态 t Copula 函数；股票市场与外汇市场间、股票市场与银行业间、外汇市场与银行业间、外汇市场与期货市场间、银行业与期货市场间选取了静态 Gaussian Copula 函数；股票市场与房地产市场间选取了静态 BB1 Copula 函数；地方债与银行业间选取了静态 Frank Copula 函数，具体如表 9-3 所示。

表 9-3　　　　不同序列间 Copula 函数选择明细表

| Market | Copula 函数 | Parameter | | AIC | BIC |
| --- | --- | --- | --- | --- | --- |
| Stock-Bond | Static t | *par* -0.11 | *v* 7.84 | -35.93 | -25.36 |
| Stock-Exchange | Static Gaussian | *par* -0.03 | | 0.69 | 5.97 |
| Stock-Bank | Static Frank | *par* 0.09 | | 1.69 | 6.97 |
| Stock-Futures | Static t | *par* 0.96 | *v* 2.56 | -3843.64 | -3833.07 |
| Stock-Real Estate | Static BB1 | *par* 0.95 | *v* 1.61 | -1516.42 | -1505.85 |
| Bond-Exchange | Static t | *par* -0.01 | *v* 24.60 | -0.97 | 9.59 |
| Bond-Bank | Static Frank | *par* -0.70 | | -19.29 | -14.01 |
| Bond-Futures | Static Frank | *par* 0.09 | | -15.72 | -10.44 |
| Bond-Real Estate | Static t | *par* 0.96 | *v* 2.56 | -21.77 | -11.2 |
| Exchange-Bank | Static Gaussian | *par* -0.01 | | 1.86 | 7.15 |
| Exchange-Futures | Static Gaussian | *par* -0.04 | | -0.43 | 4.85 |
| Exchange-Real Estate | Static Gaussian | *par* -0.02 | | 1.38 | 6.66 |
| Bank-Futures | Static t | *par* -0.01 | *v* 30.00 | 1.56 | 12.12 |
| Bank-Real Estate | Static Gaussian | *par* -0.01 | | 1.72 | 7.01 |

续表

| Market | Copula 函数 | Parameter | | AIC | BIC |
|---|---|---|---|---|---|
| Futures-Real Estate | Static BB1 | Par 0.77 | Par2 1.58 | -1321.76 | -1311.19 |

CoVaR 计算结果如表 9-4 所示。从表中可以看出，股票市场对外汇市场的平均风险溢出度达到了 34.6%，在 2015 年、2017 年和 2019 年的风险溢出度达到了 35.8%、37.3% 和 38.4%。从单独年份风险溢出度来分析，对外汇市场的风险溢出度相比其他四个市场，都取得最高风险溢出度值，表明股市风险最容易溢出到外汇市场。相对而言，期货市场与房地产市场整体比其他市场受到风险溢出较弱。同时，股市也是债券市场与银行业风险的重要来源点，平均风险溢出度也分别达到了 32.4% 与 33.8%。

表 9-4　　　　　　　市场间 CoVaR 运算结果明细

| 年度 | Stock to | | | | |
|---|---|---|---|---|---|
| | Bond | Exchange | Bank | Futures | Real Estate |
| 2015 | 0.336 | 0.358 | 0.350 | 0.298 | 0.298 |
| 2016 | 0.303 | 0.325 | 0.316 | 0.264 | 0.264 |
| 2017 | 0.351 | 0.373 | 0.365 | 0.313 | 0.313 |
| 2018 | 0.246 | 0.267 | 0.259 | 0.207 | 0.207 |
| 2019 | 0.362 | 0.384 | 0.376 | 0.324 | 0.323 |
| 2020 | 0.347 | 0.368 | 0.360 | 0.308 | 0.308 |
| 平均 | 0.324 | 0.346 | 0.338 | 0.286 | 0.286 |

| 年度 | Bond to | | | | |
|---|---|---|---|---|---|
| | Stock | Exchange | Bank | Futures | Real Estate |
| 2015 | 1.880 | 1.885 | 1.911 | 1.910 | 1.886 |
| 2016 | 0.054 | 0.060 | 0.085 | 0.085 | 0.061 |
| 2017 | -1.851 | -1.845 | -1.820 | -1.820 | -1.844 |
| 2018 | 2.646 | 2.652 | 2.677 | 2.676 | 2.652 |
| 2019 | 0.048 | 0.054 | 0.079 | 0.078 | 0.055 |
| 2020 | 0.947 | 0.952 | 0.978 | 0.977 | 0.953 |
| 平均 | 0.621 | 0.626 | 0.652 | 0.651 | 0.627 |

续表

| 年度 | Exchange to ||||| 
|---|---|---|---|---|---|
| | Stock | Bond | Bank | Futures | Real Estate |
| 2015 | 4.810 | 4.793 | 4.805 | 4.812 | 4.808 |
| 2016 | 0.555 | 0.538 | 0.550 | 0.558 | 0.553 |
| 2017 | −0.494 | −0.511 | −0.499 | −0.491 | −0.496 |
| 2018 | 0.463 | 0.446 | 0.458 | 0.466 | 0.461 |
| 2019 | 0.154 | 0.137 | 0.149 | 0.157 | 0.152 |
| 2020 | −0.166 | −0.183 | −0.171 | −0.164 | −0.169 |
| 平均 | 0.887 | 0.870 | 0.882 | 0.890 | 0.885 |

| 年度 | Bank to |||||
|---|---|---|---|---|---|
| | Stock | Bond | Exchange | Futures | Real Estate |
| 2015 | 0.585 | 0.601 | 0.588 | 0.581 | 0.588 |
| 2016 | 0.639 | 0.655 | 0.641 | 0.634 | 0.642 |
| 2017 | 0.473 | 0.489 | 0.476 | 0.469 | 0.477 |
| 2018 | 0.446 | 0.462 | 0.449 | 0.442 | 0.449 |
| 2019 | 0.432 | 0.448 | 0.435 | 0.428 | 0.435 |
| 2020 | 0.437 | 0.453 | 0.439 | 0.432 | 0.440 |
| 平均 | 0.502 | 0.518 | 0.505 | 0.498 | 0.505 |

| 年度 | Futures to |||||
|---|---|---|---|---|---|
| | Stock | Bond | Exchange | Bank | Real Estate |
| 2015 | 0.366 | 0.422 | 0.414 | 0.400 | 0.366 |
| 2016 | 0.333 | 0.389 | 0.381 | 0.367 | 0.333 |
| 2017 | 0.367 | 0.423 | 0.415 | 0.401 | 0.368 |
| 2018 | 0.285 | 0.340 | 0.332 | 0.318 | 0.285 |
| 2019 | 0.393 | 0.449 | 0.440 | 0.426 | 0.393 |
| 2020 | 0.371 | 0.427 | 0.419 | 0.405 | 0.371 |
| 平均 | 0.353 | 0.408 | 0.400 | 0.386 | 0.353 |

| 年度 | Real Estate to |||||
|---|---|---|---|---|---|
| | Stock | Bond | Exchange | Bank | Future |
| 2015 | 0.332 | 0.371 | 0.383 | 0.382 | 0.333 |
| 2016 | 0.290 | 0.329 | 0.341 | 0.339 | 0.290 |
| 2017 | 0.305 | 0.343 | 0.355 | 0.354 | 0.305 |

续表

| 年度 | Real Estate to ||||| 
|---|---|---|---|---|---|
| | Stock | Bond | Exchange | Bank | Future |
| 2018 | 0.263 | 0.302 | 0.314 | 0.312 | 0.263 |
| 2019 | 0.338 | 0.377 | 0.389 | 0.387 | 0.338 |
| 2020 | 0.279 | 0.318 | 0.330 | 0.328 | 0.279 |
| 平均 | 0.301 | 0.340 | 0.352 | 0.350 | 0.301 |

债券市场对银行业的风险溢出度是债券市场对所有市场风险溢出度最高的，达到65.2%。其次，虽然对期货市场的风险溢出度略低于银行业0.01%，但仍然处于一个较高水平，说明债券市场是银行业与期货市场最主要的风险来源点。不容忽视的是，债券市场对各个市场的风险溢出度都处于62%以上的较高水平，说明债券市场风险易溢出到其他市场。同时还发现，在2017年债券市场对各个市场产生了负向的风险溢出效应，表明当年债券市场降低了各市场风险。

外汇市场对期货市场的风险溢出度是外汇市场对所有市场风险溢出度最高的，达到89%。但是不容忽视的是，外汇市场对其他市场的风险度都在87%的水平之上，表明外汇市场风险容易溢出到其他各个市场，当然在2015年外汇市场的风险溢出度出现过度侵蚀状况，达到480%左右的溢出，出现这种现象的原因，本书认为这主要是2015年人民币汇率出现20年来最大跌幅，改变了市场对人民币长期升值的预期，进而扰动了市场，使外汇市场对其他市场的风险溢出度增强。同时2017年与2020年出现负向风险溢出效应，本书认为出现这样的原因是逆周期调节因子改革开启了人民币对美元双向波动的新时代，投资者看空、做空人民币面临更大的操作风险。

银行业对债券市场的平均风险溢出度是最高的，与其他市场相比，达到了51.8%的水平。对期货市场的平均风险溢出度是最低的，达到了49.8%。同时也可以发现，银行业对整体各市场的平均风险溢出度都居于50%的水平，表明银行业风险也较易溢出到其他各个市场。从单独年份来看，在2016年风险溢出效应在所有年份中达到最高，居于63%的水平以上，这与中国银行业协会发布的《中国银行业发展报告

（2016）》提出的我国银行业受中国经济增速放缓、结构调整、债券市场违约事件增多导致银行业投资风险上升等因素影响，银行业风险压力呈持续性上涨趋势相吻合。但与此同时，自2016年开始，银行业通过推广债权人委员会制度、开展不良资产证券化和不良资产收益权转让、试点债转股等措施，不仅深入推进供给侧结构性改革，更降低了银行业风险压力，这与我们实证结果中2016—2020年风险溢出效应呈持续性下降趋势所契合。

期货市场对债券市场的平均风险溢出度是与其他各市场相比最高的，达到了40.8%的水平。整体对各个市场的风险溢出效应在38%的水平左右，表明期货市场对各个市场的风险溢出效应是有限的，相较外汇市场与债券市场，其相对溢出水平处于较低水平。从各年度的风险溢出均值来看，其保持相对稳定。房地产市场对外汇市场的平均风险溢出度从整体角度上看是最高的，达到了35.2%，其次是银行业35%，最低是股市30.1%，且从各年度的风险溢出均值来看，房地产市场也保持相对稳定。

综上所述，本部分利用GARCH-Copula-CoVaR模型测度中国金融子市场间的风险溢出效应，具体风险溢出关系如图9-1所示。从图中可以发现，六个市场间都存在不对称的风险溢出效应。其中，股票市场、期货市场与房地产市场对其他市场的风险溢出效应，并不及债券市场、外汇市场与银行业。这说明股票市场、期货市场与房地产市场的极端风险爆发而产生的对外影响较轻，而债券市场、外汇市场与银行业则较为严重。同时，溢出效应并非一成不变，不同时期、不同外部环境也可能会影响其溢出强度与方向。整体而言，外汇市场在2015年迎来的发展分水岭，使其整体的风险溢出效应最为显著。但在2015年之后，银行业是各市场中的平均风险溢出度最显著的，是最大的风险来源。不容忽视的是，整体各个市场的风险溢出效应都在一个较高的水平。这表明不论具体哪个市场爆发金融风险，都会对整个金融市场产生严重的冲击，因此对各个市场风险进行密切的监控和化解是十分重要的。

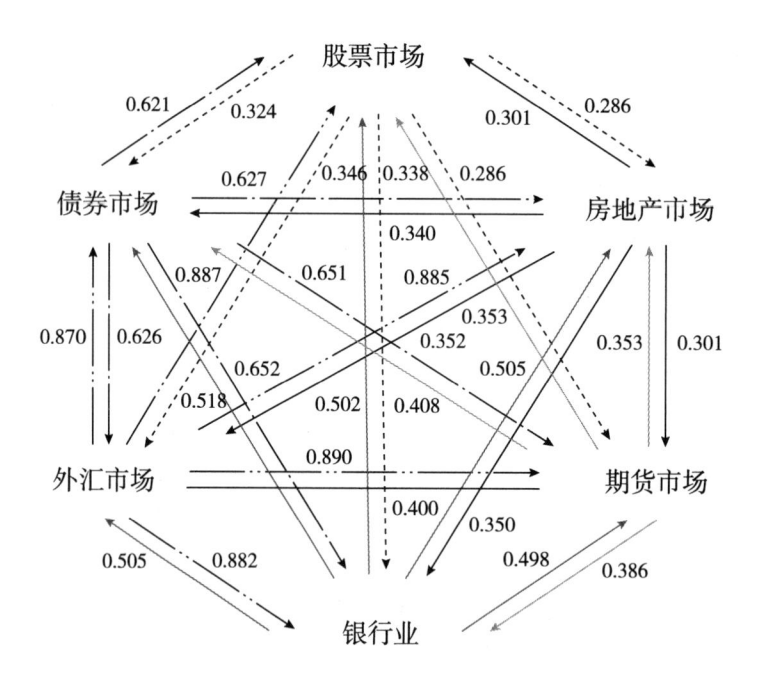

图9-1 七个市场间的风险溢出关系

此外，本部分还利用TVP-SV-VAR模型，利用沪深300指数、中证全债指数、人民币兑美元的中间价、银行业同业拆借利率、沪深300股指期货收盘价和申万一级房地产指数的日收益率序列进行分析。其中，模型滞后阶数设为1；三个参数$\alpha$、$\beta$、$h$的协方差矩阵均设定为对角阵，当$\beta$的协方差矩阵设定为非对角阵时结果无显著变化；将MCMC方法的抽样次数设定为20000次，在抽样前预烧2000次。

表9-5中的Geweke收敛诊断值（Convergence Diagnostics）用于测定预模拟得到的马尔科夫链是否收敛于后验分布，而无效影响因子（Inefficiency Factors）则是后验样本均值的方差和不相关序列样本均值的方差的比率，二者均为判断MCMC链模拟效果的重要依据。从表9-5可以看出，Geweke统计量的值均在5%（1.96）的临界值水平下，说明参数在5%的显著性水平下接受收敛性原假设，也说明马尔科夫链趋于集中。同时，所有参数的无效因子都较小，最大为150.82，即MCMC抽样20000次可获得不相关样本约133份，所以有效样本量满足模型的参数估计，说明所有参数都产生了有效的样本，在一定程度上是

图 9-2 参数估计结果

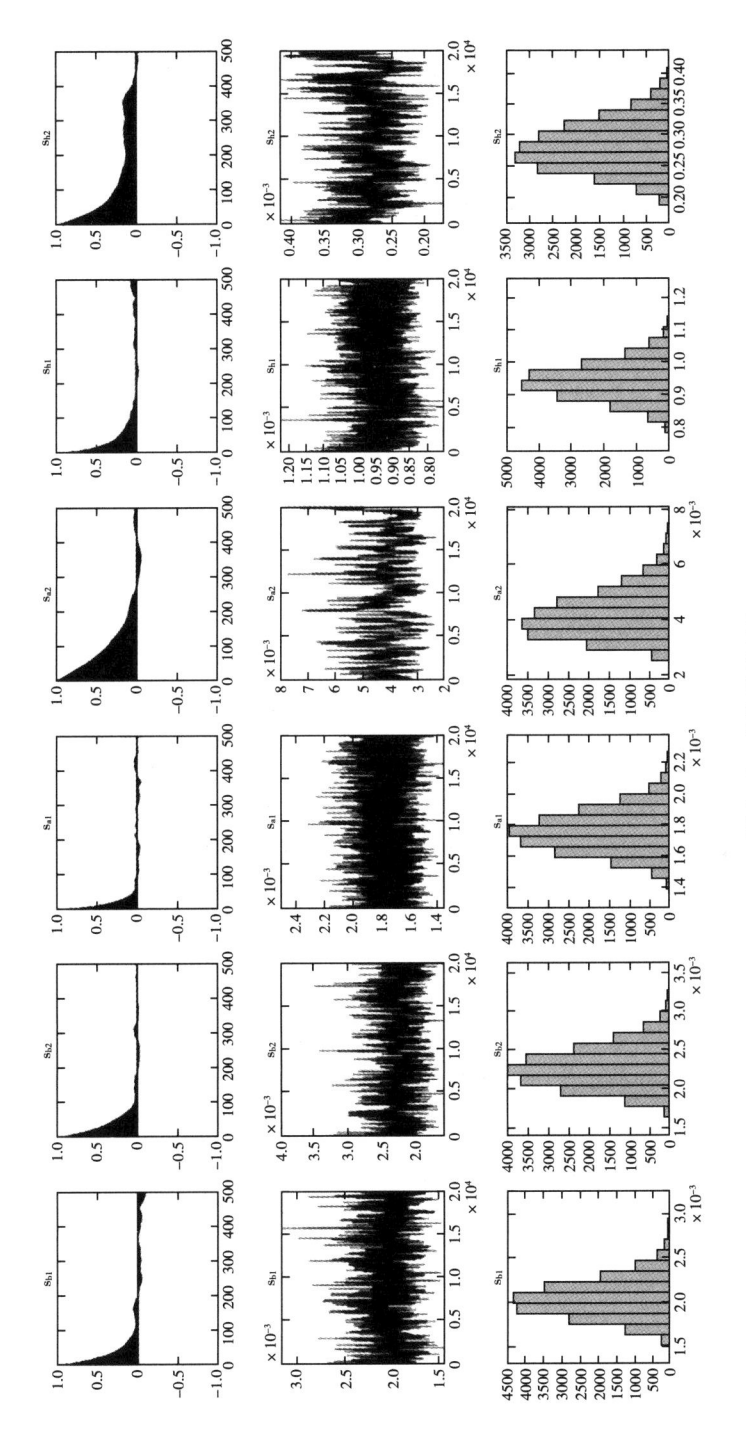

可以接受的，这意味着 MCMC 抽样估计是有效的，可以进行时变的脉冲响应分析。

表 9-5　　　　　　　　　　　模型估计结果

| Parameter | Mean | Stdev | 95%U | 95%L | Geweke | Inef. |
|---|---|---|---|---|---|---|
| $S_{b1}$ | 0.0020 | 0.0002 | 0.0017 | 0.0025 | 0.386 | 63.21 |
| $S_{b2}$ | 0.0023 | 0.0003 | 0.0018 | 0.0028 | 0.858 | 68.07 |
| $S_{a1}$ | 0.0018 | 0.0001 | 0.0015 | 0.0020 | 0.123 | 30.85 |
| $S_{a2}$ | 0.0041 | 0.0008 | 0.0029 | 0.0060 | 0.390 | 150.82 |
| $S_{h1}$ | 0.9391 | 0.0555 | 0.8359 | 1.0538 | 0.233 | 55.55 |
| $S_{h2}$ | 0.2812 | 0.0387 | 0.2127 | 0.3624 | 0.001 | 129.72 |

图 9-3 是各变量间的随机波动率的时变特征。图 9-3 中的波动率特征能够在一定程度上反映经济运行的实际情况，可以发现在［0，250］区间，对应时间段为 2015 年 1 月至 2016 年 1 月，这一时间段内沪深 300 指数、沪深 300 股指期货指数、房地产指数和人民币兑美元汇率波动率较大，而银行同业拆借利率波动率仅在 0.1 左右徘徊。这说明较 2015 年我国股票市场发生的大面积跌停现象加剧了股票市场的风险，同时期的期货市场、房地产市场和外汇市场风险也有一定的协动性。

债券市场风险相对来说较平稳，但在 2017 年对应［400，500］区间，有一次剧烈波动情况，2017 年债市遭遇了"严监管、紧货币、宽信贷、重实业"的政策组合，基本面韧性超预期，表内、表外配债需求均弱化，外围等扰动仍在，最终促成了熊市行情，导致债券市场风险增大。2020 年 1—12 月，对应区间为［1220，1459］，新冠疫情的暴发对我国股票市场、债券市场、外汇市场、期货市场、银行业和房地产市场产生了巨大的冲击。前期除银行业，其余各个市场波动率都呈现上下波动的情景，债券市场和股票市场在 5 月开始趋于稳定，但期货市场、房地产市场和外汇市场的风险一直存在。

图 9-4 反映的是变量间时变关系，正值代表风险正向传染，负值代表风险反向传染。单独来看，外汇市场与股票市场、债券市场之间，期货市场、银行业和房地产市场之间都具有显著的相互传染性效应。

图 9-3 变量随机波动率

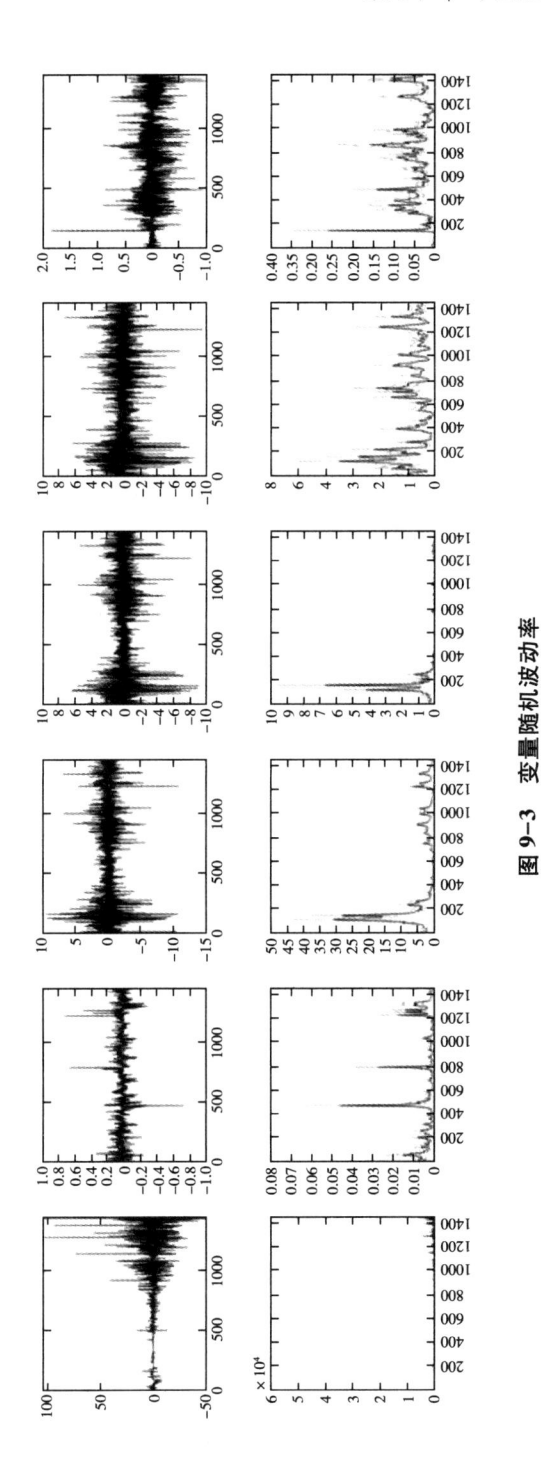

同时，期货市场与股票市场之间、股票市场与房地产市场之间、期货市场与房地产市场之间都存在一定的相互传染性，但主要都是以前者传染到后者。

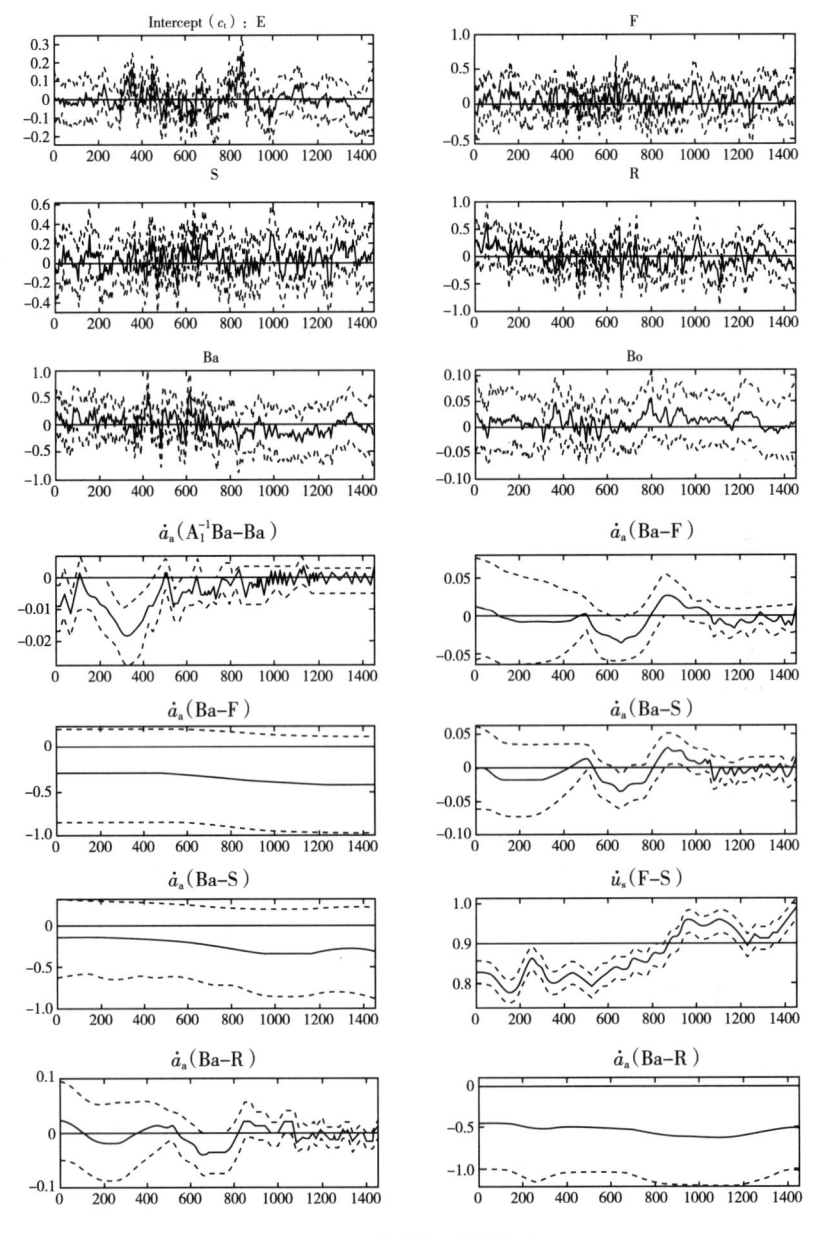

图 9-4 变量间时变关系

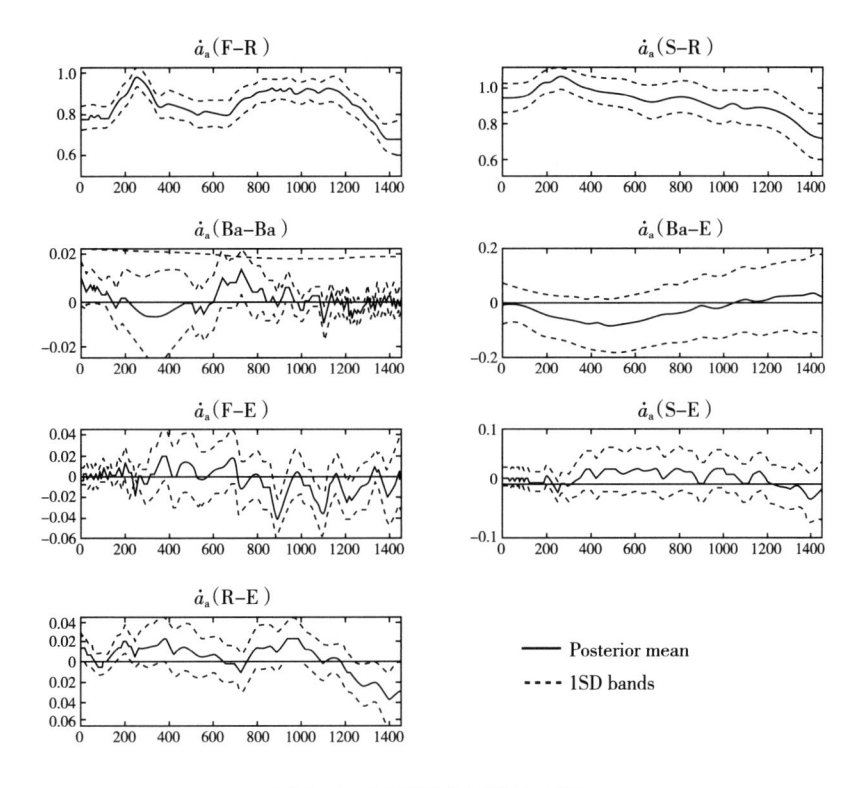

图 9-4 变量间时变关系（续）

等间距脉冲响应是指不同时间范围（滞后期）冲击所引起变量的脉冲响应函数。与 VAR 模型下二维脉冲响应不同，TVP-SV-VAR 模型可以运用变参数计算所有时点上各变量在不同滞后期的脉冲响应图。考虑到不同时期脉冲响应的可比性，设定冲击项的大小等于样本期随机波动的均值，可研究是否具有先行预警功能。图 9-5 描绘了滞后 1 期、滞后 2 期、滞后 3 期各指数的动态变化过程。总体来看，三个不同时期冲击形成的脉冲响应的变化走势是相似的。其中第六行外汇市场对其他指数影响滞后不同期的动态变化过程来看，各个市场间相互的影响在滞后 3 期也能反映风险的传染情况，这在一定程度上说明了各个市场的指数均可以作为其他市场风险传染的先行指标。

图 9-5 不同滞后期脉冲效应

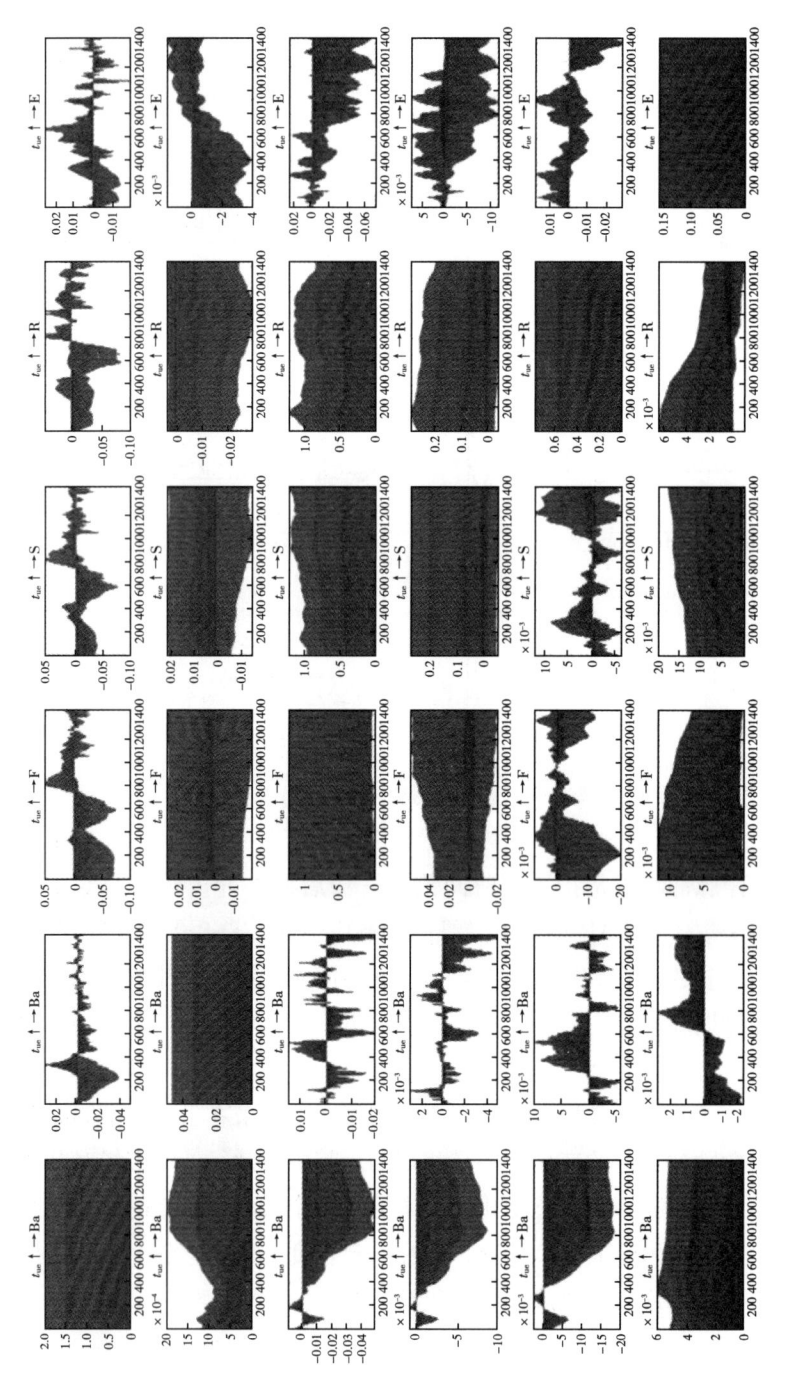

## 第三节 中国金融市场压力指数构建与分析

### 一 金融市场压力指数构建

基于金融风险传染的视角，本研究实证分析我国金融市场的重点子市场与房地产市场风险传染的方向和大小，结果表明股票市场、债券市场、外汇市场、银行业、期货市场与房地产市场间均存在不同程度且高水平的风险溢出，其中外汇市场与银行业对其他市场的影响是最大的。因此，在构建中国金融市场压力指数时，需要考虑股票市场、债券市场、外汇市场、银行业、期货市场与房地产市场间的风险溢出效应；此外，还将对综合金融压力指数 CFSI 进行改进，提出改进的传染性综合压力指数 CCFSI，以便可以较好地反映我国金融市场风险情况，并构建智能风险预警模型对我国金融市场风险进行预警。

早期的研究者为了反映金融市场的运行情况，试图通过选取金融市场的一些重要指标变量对金融风险进行研究，构建早期预警系统，但是其存在对金融体系的涵盖不全面等不足。金融压力指数（Financial Stress Index，FSI）最早由加拿大经济学家 Illing 和 Liu（2003）提出，其目的是改进早期预警指标的不足，将各个金融子市场的信息统一成一个连续的指标，反映金融市场在不同时期的压力情况。Hollo 等（2012）随后根据类似的思路，提出了 CISS 用于反映金融市场的金融压力情况。此后，很多学者选取不同的参考指标和赋权方式针对不同的市场特征构建了压力指数。虽然要通过这样一个高度提炼的综合指数充分刻画复杂的系统性风险是不现实的，但是一个综合压力指数不仅可以实时监测和评估整个金融体系的压力水平，还可能有助于更好地刻画历史危机事件，为后续分析和预警提供可靠依据。

一般而言，构建压力指数要着重考虑指标选取和加权方式。在供给侧改革背景下，股票市场、债券市场、外汇市场、银行业和期货市场不仅是我国金融市场体系最重要的组成部分，也是我国贯彻落实供给侧改革降低系统性金融风险的重要途径。同时，房地产市场不仅是供给侧改革四大歼灭战中的关键战役，而且其所带来的金融风险也不容忽视。基于上述分析，本研究选取了股票市场、债券市场、外汇市场、银行业、期货市场与房地产市场 6 个部门的 7 个指标。样本区间为 2015 年 5 月至 2020 年 6 月的月度数据，如表 9-6 所示。

表 9-6　　　　　　　　　中国金融市场压力指数

| 市场 | 指标名称 | 指标说明 |
| --- | --- | --- |
| 股票市场 | 上证综指波动率（$X_1$） | 由上证综指对数收益率指数加权移动平均计算 |
| | 沪深 300 波动率（$X_2$） | 由沪深 300 对数收益率指数加权移动平均计算 |
| | 估值泡沫风险（$X_3$） | 由 A 股市场静态市盈率与一年期国债收益率计算 |
| 债券市场 | 企业债波动率（$X_4$） | 由中证企业债指数计算 |
| | 公司债波动率（$X_5$） | 由中证公司债指数计算 |
| | 国债波动率（$X_6$） | 由中证国债指数计算 |
| | 负的期限利差（$X_7$） | 由十年期国债收益率与一年期国债收益率计算 |
| 外汇市场 | 负外汇增长率（$X_8$） | 外汇储备增长率的负值 |
| | 外汇隐含波动率（$X_9$） | USD.CNY 期权计算的隐含波动率 |
| | 人民币兑美元汇率波动率（$X_{10}$） | 人民币兑美元即期汇率 |
| | 人民币兑欧元汇率波动率（$X_{11}$） | 人民币兑欧元即期汇率 |
| | 银行同业拆借利率波动率（$X_{12}$） | 银行同业拆借利率（Shibor） |
| | TED 利差（$X_{13}$） | 由货币市场基准利率与银行间回购交易加权平均利率计算 |
| 银行市场 | 申万一级银行业指数波动率（$X_{14}$） | 申万一级银行业指数 |
| | 中信一级银行业指数波动率（$X_{15}$） | 中信一级银行业指数 |
| 期货市场 | 沪深 300 股指期货主力连续波动率（$X_{16}$） | 沪深 300 股指期货主力连续 |
| | 中证 500 股指期货主力连续波动率（$X_{17}$） | 中证 500 股指期货主力连续 |
| | 上证 50 股指期货主力连续波动率（$X_{18}$） | 上证 50 股指期货主力连续 |

续表

| 市场 | 指标名称 | 指标说明 |
|---|---|---|
| 房地产市场 | 申万一级房地产指数波动率（$X_{19}$） | 申万一级房地产指数 |
| | 中信一级房地产指数波动率（$X_{20}$） | 中信一级房地产指数 |
| | 东财一级房地产指数波动率（$X_{21}$） | 东财一级房地产指数 |
| | 中证全指二级房地产指数波动率（$X_{22}$） | 中证全指二级房地产指数 |

针对股票市场，本研究选取上证综指波动率（$X_1$）、沪深300波动率（$X_2$）和估值泡沫风险（$X_3$）三个指标。上证综指能够反映在上海证券交易所全部证券的总体运行情况，而沪深300则是在上交所和深交所规模大、流动性强的最具代表性的300家股票编制而成，两者基本能够代表股票市场的基本面情况。同时，因为波动率更能够反映股票市场的变化情况，体现金融风险的本质特征，我们将其对数收益率转化为指数加权移动平均（EWMA）波动率进行计算；此外，在监测股票市场风险时，还应考虑股市泡沫化问题，所以本部分还利用A股市场静态市盈率与一年期国债收益率计算得到了估值泡沫风险（$X_3$）。

针对债券市场，本部分选择了中证企业债指数、中证公司债指数、中证国债指数、十年期国债收益率和一年期国债收益率，这些指标能够较全面地反映我国债券市场的产品组成和运行情况，通过波动率计算得到企业债波动率（$X_4$）、公司债波动率（$X_5$）、国债波动率（$X_6$），通过一年期国债到期收益率减去十年期国债到期收益率得到负的期限利差（$X_7$）。

在外汇市场上，本部分选取了负外汇增长率（$X_8$）、外汇隐含波动率（$X_9$）、人民币兑美元汇率波动率（$X_{10}$）、人民币兑欧元汇率波动率（$X_{11}$）、银行同业拆借利率波动率（$X_{12}$）、TED利差（$X_{13}$）。根据Illing等（2003）所提出的方法，所选取的指标应当进行正向化，而一般认为外汇储备的增加是积极的信号，因此将外汇增长率取负值，该值为正表示储备减少，即压力的增加。而隐含波动率更能够反映市场的风险和不确定性，可以作为外汇市场更好的信号，因此选择了外汇隐含波动率（$X_9$）。而回购加权平均利率表明了资金供求情况，选用了由货币市场基准利率与银行间回购交易加权平均利率计算得到 TED 利差（$X_{13}$），其能充分反映流动性，当利差较大时，流动性趋紧，此时市场风险压力较高。由于波动率代表了银行市场利率往往与风险与不确定性的正相关，因此我们选择了人民币兑美元汇率波动率（$X_{10}$）、人民币兑欧元汇率波动率（$X_{11}$）、银行同业拆借利率波动率（$X_{12}$）。

在银行市场，为全面反映银行业发展趋势与行业状态，衡量银行业整体经济状况，本研究选择申万一级银行业与中信一级银行业指数，构建申万一级银行业指数 EWMA 波动率（$X_{14}$）和中信一级银行业指数 EWMA 波动率（$X_{15}$）。

期货市场中存在的不确定因素加上其本身所具有的双向交易与高杠杆性的特征，使其遭受风险的可能性将成倍的放大，为杜绝期货市场风险积累到一定程度出现崩盘以及能及时捕捉到市场信息，本研究在期货市场上选择了沪深300股指期货主力连续 EWMA 波动率（$X_{16}$）、中证500股指期货主力连续 EWMA 波动率（$X_{17}$）和上证50股指期货主力连续 EWMA 波动率（$X_{18}$）。

房地产价格的波动在很大程度上会对一国金融业乃至整个金融体系的稳定产生影响，本部分在房地产市场中则构建了申万一级房地产指数 EWMA 波动率（$X_{19}$）、中信一级房地产指数 EWMA 波动率（$X_{20}$）、东财一级房地产指数 EWMA 波动率（$X_{21}$）、中证全指二级房地产指数 EWMA 波动率（$X_{22}$）。

由于上述所选取的指标的性质和量纲不一致，首先需要对所选取的指标进行标准化，转换为相同的量化基准。因此，采用经验标准化，具体如下：

$$X_{it}^n = \frac{X_{it} - \text{Min}(X_i)}{\text{Max}(X_i) - \text{Min}(X_i)} \tag{9-23}$$

上式 $X_{it}$ 表示指标 $i$ 在 $t$ 期的序列，$X^n$ 为序列标准化后的数值，其取值范围为 0 至 1 的区间。

关于计算子市场的压力指数，采用等权重方式，利用加权平均可得，股票市场、债券市场、外汇市场、银行市场、期货市场、房地产市场的具体计算如下：

$$Stock\_FSI = \frac{x_1+x_2+x_3}{3} \tag{9-24}$$

$$Bond\_FSI = \frac{x_4+x_5+x_6+x_7}{4} \tag{9-25}$$

$$Exchange\_FSI = \frac{x_8+x_9+x_{10}+x_{11}+x_{12}+x_{13}}{6} \tag{9-26}$$

$$Bank\_FSI = \frac{x_{14}+x_{15}}{2} \tag{9-27}$$

$$Futures\_FSI = \frac{x_{16}+x_{17}+x_{18}}{3} \tag{9-28}$$

$$RealEstate\_FSI = \frac{x_{19}+x_{20}+x_{21}+x_{22}}{4} \tag{9-29}$$

此时，综合金融压力指数的计算如下：

$$\begin{aligned}CFSI = \frac{1}{6}(&Stock\_FSI + Bond\_FSI + Exchange\_FSI + Bank\_FSI + \\ &Futures\_FSI + RealEstate\_FSI)\end{aligned} \tag{9-30}$$

上述综合金融压力指数（Composite Financial Stress Index，CFSI）是采用的等权重法计算，而这一方法也广泛被相关研究的文献所采用。需要指出的是，通过我们在上述章节的分析，虽然各个金融子市场都有着密切的联系，但是它们在金融体系内风险传染的路径并不是一致的。同时，各个子市场在一个金融体系内既可能是风险的输出者，也可能是风险的接受者。采用相同权重的计算方法合成的压力指数对我国金融市场整体风险的反应力是不足的。因此，我们将依据各金融子市场风险传染的强度和方向重新对各市场压力指数进行赋权，合成传染性综合金融压力指数（Contagious Composite Financial Stress Index，CCFSI），以期提高对压力期识别的能力，从而为风险预警提供基础支撑。具体如下：

$$\begin{aligned}CCFSI = &Stock\_FSI \times Stock\% + Bond\_FSI \times Bond\% + \\ &Exchange\_FSI \times Exchange\% + Bank\_FSI \times Bank\% + \\ &Futures\_FSI \times Futures\% + RealEstate\_FSI \times RealEstate\%\end{aligned} \tag{9-31}$$

其中，Stock%根据第二章 GARCH-Copula-CoVaR 模型计算得出的股票市场向债券市场、外汇市场、银行业、期货市场和房地产市场的风险溢出强度求得；Bond%由债券市场向股票市场、外汇市场、银行业、期货市场和房地产市场的风险溢出强度求得；Exchange%由外汇市场向股票市场、债券市场、银行业、期货市场和房地产市场的风险溢出强度求得；Bank%由银行业向股票市场、债券市场、外汇市场、期货市场和房地产市场的风险溢出强度求得；Futures%由期货市场向股票市场、债券市场、外汇市场、银行业和房地产市场的风险溢出强度求得；Real-Estate%由房地产市场向股票市场、债券市场、外汇市场、银行业和期货市场的风险溢出强度求得。

金融市场压力指数的数值越大表明金融市场的压力越大，风险越高，反之则表明金融压力越小，风险越低；在超过一定的临界值时，则提示需要关注该市场，并做进一步的分析。基于此，本研究根据一般经验，将该临界值设置为 0.5，即当月压力指数值如果大于 0.5，则该交易月份被划分为强压力高风险月份；反之亦然。

## 二　实证分析

### （一）股票市场压力指数

股票市场压力指数 sFSI 如图 9-6 所示。

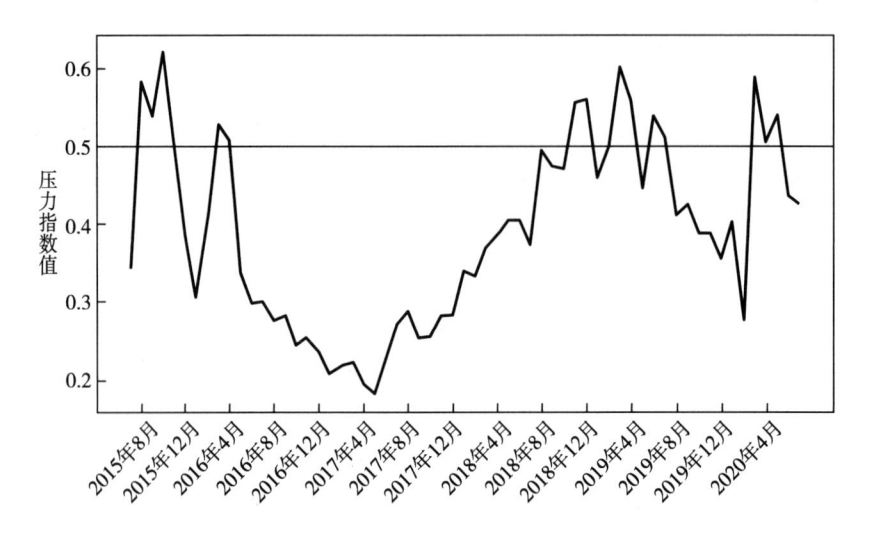

**图 9-6　股票市场压力指数 sFSI**

从股票市场的压力指数来看，与我国股票市场经济运行情况基本吻合，压力指数将我国股票市场风险的趋势也刻画得比较准确，具体来看可以将其分为四个阶段：2015年6月至2016年6月、2016年7月至2018年2月、2018年2月至2019年11月、2019年11月至2020年6月。

第一阶段是2015年，可以看出在2015年6月左右，股票市场压力指数快速上升，这与2015年6月发生的股市震荡事件相吻合，当时因股票市场股价虚高、杠杆资金撤离迅速、上市公司高管减持等系列事件导致股票市场暴跌，从而风险传递到期货、债券等市场，导致股票市场风险上升。

第二阶段是2016—2018年，可以看出2016年至2018年1月，股票市场风险总体是较为平稳的，没有剧烈的波动情况。在2017年开始缓慢地上升，可能造成的原因是全国金融工作会议在北京召开，会议指出金融需要继续服务于实体经济，防止发生系统性金融风险是金融工作永恒主题，这导致市场对监管层的担忧，在一定程度上提高了风险。同时，创业板中的龙头产业业绩不断下降造成巨额亏损，致使多所企业跌停。

第三阶段是从2018年2月开始，指数缓慢上升，在2018年10月左右出现了一次快速攀升，可能原因是中美贸易摩擦的开始，使贸易逆差正在缓慢恶化，由此引发的不确定性开始爆发出来，而新兴经济体因国际贸易、投资等外部环境的不确定性增加，导致股票市场面临的风险增加。

第四阶段可以看到从2019年12月开始发现新冠疫情到2020年3月，股票市场压力指数开始呈陡峭势上升，股票市场风险一直在持续攀升。造成的原因是因为新冠疫情的影响。从2020年4月开始，随着确诊人数的不断减少和治愈人数的不断增多，新冠疫情利好了我国金融市场投资者情绪，也重振了人民抗击新冠疫情的信心，为消费、投资和旅游业的复苏带来了动力，股票市场压力指数开始下降。经过全国人民坚持不懈的努力和政府严格的防控措施，到2020年6月左右，中国疫情逐渐好转，金融系统开始正常运转，股票市场风险开始逐渐恢复正常。

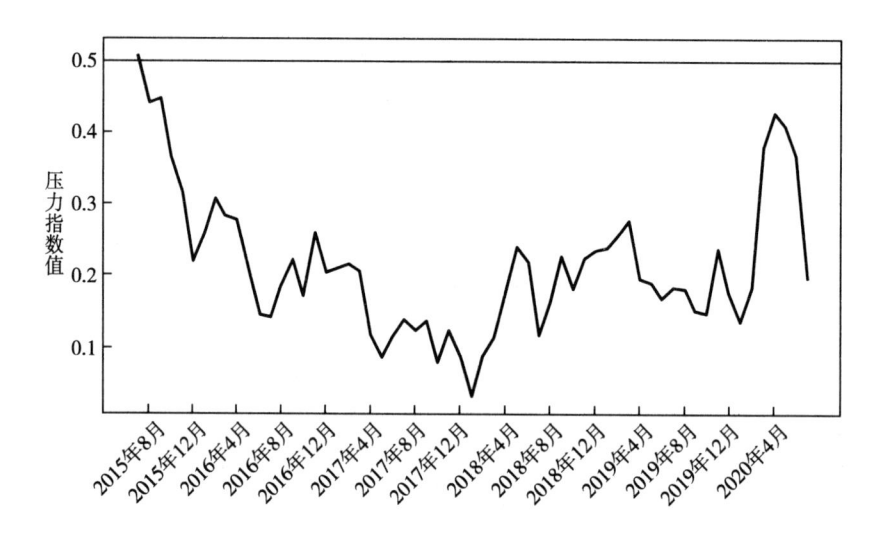

## （二）债券市场压力指数

债券市场压力指数 bFSI 如图 9-7 所示。

**图 9-7　债券市场压力指数 bFSI**

从债券市场压力指数来看，在 2015 年我国债券市场压力指数普遍较高，而在 2015 年之后趋于平稳。2015 年债券市场处于高压力状态并达到峰值的原因可能是源于两个方面：一方面为债券市场基于基本面的疲弱，另一方面是源于债券市场主动应对市场风险所带来的持续性货币宽松。2015 年我国经济面临供给侧问题突出问题曾受巨大下行的压力，众多企业经营风险剧增，债券市场已发生多起违约事件，从 2012 年我国债券市场首例发行人主体违约事件的发生，到 2014 年我国债券市场的债券违约事件。据统计 2015 年我国债券市场频繁出现违约事件，累计涉及 12 只债券共 13 家发行人发生主体违约，继而使 2015 年债券市场信用违约风险被推到风口浪尖，债券违约趋势不减，对债券市场造成了巨大的冲击，使债券市场风险处于一定的高水平。随后，伴随我国债券市场的监管框架、交易机制、结算机制等的完善，我国债券市场运行趋于平稳，加之随着供给侧结构性改革的推进，其降杠杆的效果逐渐显现，债券市场的运行更加健康和稳定，在近年来一直保持着较低的风险水平。

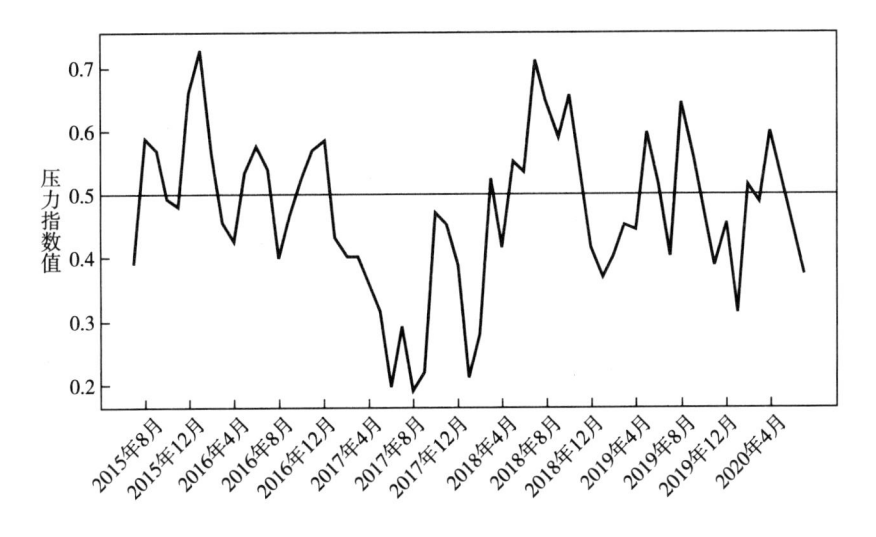

## （三）外汇市场压力指数

外汇市场压力指数 eFSI 如图 9-8 所示。

**图 9-8　外汇市场压力指数 eFSI**

自 2005 年汇改以来，我国外汇市场建设不断完善，外汇市场机制逐步形成，参与市场交易的主体不断扩大并形成了多样化的市场主体层次。如何在外汇市场的市场化进程中更好地识别和监控风险，是一个值得深入研究的问题。

2011 年我国推出人民币外汇期权交易，自此外汇衍生品已具有即期、远期、掉期、货币掉期和期权等产品，这表明外汇市场金融开放的程度进一步加大。金融开放的同时也会不可避免地引入风险源。在外汇压力指数上，2015 年下半年，我国外汇市场遭遇了高强度的外部冲击。2015 年 8 月 11 日的当天人民币兑美元汇率中间价格贬值近 2%，此后人民币汇率贬值与 2015 年的股市震荡相互影响并叠加，导致我国外汇储备快速下降，跨境资本流动和汇率的波动的冲击造成的风险加大。在此期间，外汇压力指数也从 0.39 飙升至近 0.73，反映出了外汇市场的压力聚集。2017 年 5 月，《中国外汇市场准则》正式发布，意味着我国外汇市场的规则进一步向国际化迈进，有助于进一步提升我国人民币汇率形成机制的市场化程度。值得注意的是，外汇市场在进一步市场化和国际化的进程中,不可避免地会带来风险水平的提升。外汇市场压力指数也很好地体现了这一点,2017年5月的压力值为0.19且伴随改革的进程不断提升,并于2018年6月达到最大值,随后缓和并下降,表明外汇市场化改革已初具成效。

综上,本研究所提出的外汇压力指数较好地刻画了我国外汇市场发展过程中所面临的风险情况,为监管层和投资者提供了一个良好的参考依据,有助于监管层在外汇市场面临不同大小的风险压力时采取针对性的措施并进一步完善外汇市场监管体系,也有助于投资者在投资策略上的制定。

**(四)银行业市场压力指数**

银行业压力指数如图9-9所示。

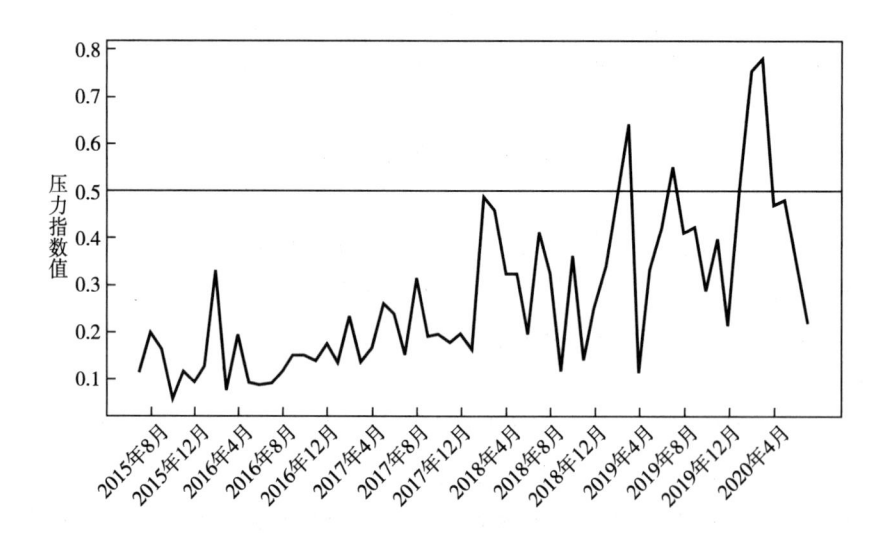

**图9-9 银行业压力指数**

从银行业压力指数来看,银行业压力指数呈现一个逐步上升的趋势,在2019年前银行业并未出现处于高压时期情况,但仍然出现了较大幅度的波动峰值。在2019年之后,则陆陆续续出现三次高压时期。2019年货币政策延续结构性宽松,监管政策回归中性,银行业面临的经营环境趋于友好,但实体经济有效需求不足以及金融风险"灰犀牛"将加大客户风险暴露。此外,2019年全球经济处于下行周期,银行业风险管理压力进一步增大。

（五）期货市场压力指数

期货市场压力指数如图 9-10 所示。

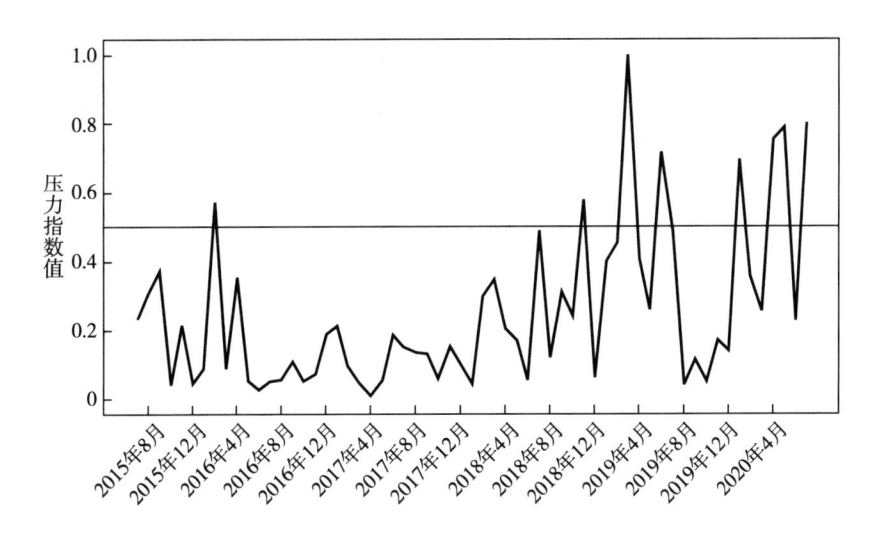

图 9-10 期货市场压力指数

从期货市场压力指数的总体趋势来看，期货市场压力指数在 2017 年前普遍偏低，在 2017 年后普遍处于一个高水平状态，且在 2017 年后更容易出现高压水平。2016 年 1 月受股票市场剧烈波动和成交下滑影响，2016 年 1 月全国期货市场交易规模大幅度下降，当月全国期货市场成交量为 2.97 亿，成交额为 13.199 万亿元，环比分别下降 11.79% 和 12.62%。2019 年 6 月受全球贸易争端扩大的影响，我国期货市场继续大幅波动，多个期货品种继续大幅度下跌。2019 年年底暴发的新冠疫情，地方政府出台严格措施管控人员流动和交通运输以满足我国疫情防控需求，这对期货市场造成严重冲击。具体对期货品种的影响而言，为满足疫情防控需求，限制人员流动使得人工短缺，上下游工厂的开工率总体水平得到下降，这些因素都使商品期货的价格波动较大，期货市场压力指数较好地对其压力进行了刻画。

（六）房地产市场压力指数

房地产市场压力指数如图 9-11 所示。

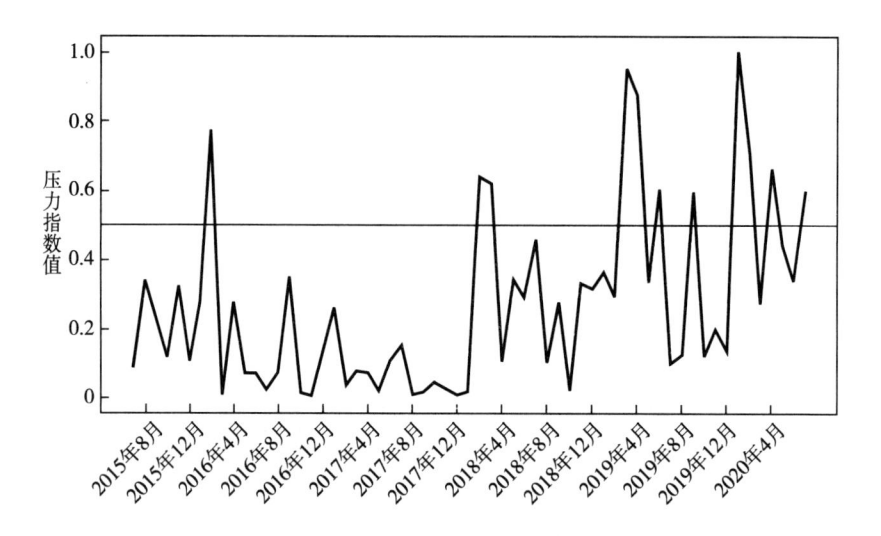

图 9-11 房地产市场压力指数

从房地产市场压力指数的总体趋势来看，房地产市场压力指数在2017年前普遍偏低，在2017年后普遍处于一个高水平状态。在前半段，有一次比较明显的风险提示，极值主要出现在2015年10月。2015年尽管多次出台房地产市场救市新政策，中国人民银行也多次发布降息降准，楼市整体表露出复苏的态势，但商品房库存仍继续增加，商品房待售面积71853万平方米，比去年11月末增加2217万平方米。其中，住宅待售面积增加1155万平方米，创下历史新高。2016年，受经济下行、人民币贬值、资产荒、实体经济不景气与城市分化严重的影响，我国房地产市场持续性升温，全国商品住房销量快速增长，部分城市的本地及外地投资投机需求旺盛，在2016年1—4月同比增长率达38.8%，是2015年年初以来的峰值。但是总体房价同比增幅先快速攀升，后开始有所降低。

2019年我国房地产市场由于棚改货币化补贴逐步退出或转为专项债，重创我国三、四线城市的住房销售，部分地区城市的土地市场急速降温，土地流拍率高速增加，继而不仅对我国地方政府的财政收入参数产生影响，也增加了房地产市场相关上下游行业的生存风险。

（七）中国金融市场压力指数

图 9-12 为对股票市场、债券市场、外汇市场、银行业、期货市场

和房地产市场指数使用等权重法合成的结果。

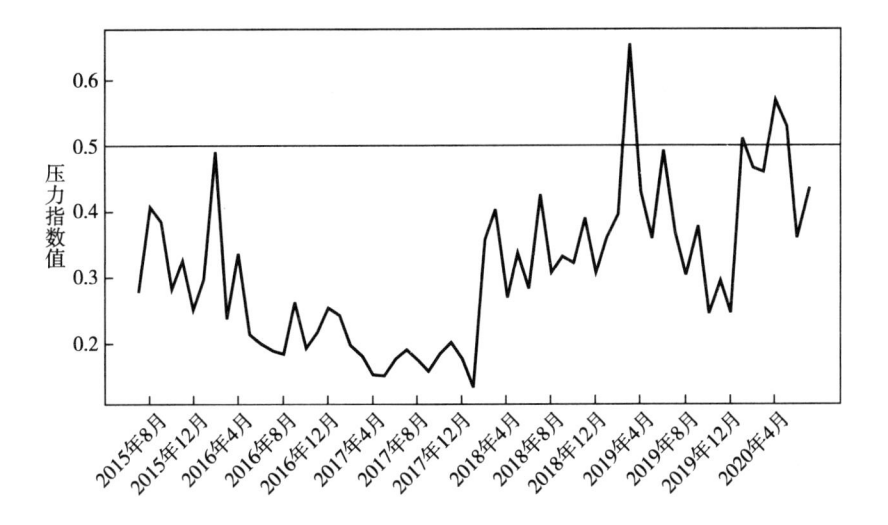

**图 9-12 综合金融压力指数**

在金融压力指数计算时,所使用的等权重法无法反映现实金融市场风险特征因素,所以依据各金融子市场风险传染的强度和方向,将重新对各市场压力指数进行赋权计算。根据前文使用 GARCH-Copula-CoVaR 模型对股票市场、债券市场、外汇市场、银行业、期货市场和房地产市场的计算结果,我们对股票市场赋权为 0.103594,对债券市场赋权为 0.208428,对外汇市场赋权为 0.289588,对银行赋权为 0.165805,对期货市场赋权为 0.124659,对房地产市场赋权为 0.107925。将上述权重代入式(9-6)即可得到传染性综合金融压力指数 CCFSI,如图 9-13 所示。

从图 9-12 与图 9-13 可以看出,CCFSI 与 CFSI 的趋势基本一致,说明对金融体系压力期的识别总体上是一致的,为了说明该现象,我们将两者至于同一坐标轴中,如图 9-14 所示。可以明显看出,CCFSI 与 FSI 在 2015 年 8 月、2015 年 11 月、2018 年 2 月、2018 年 6 月、2019 年 2 月、2020 年 2 月等时间点左右的区间范围都给出了波峰的趋势。

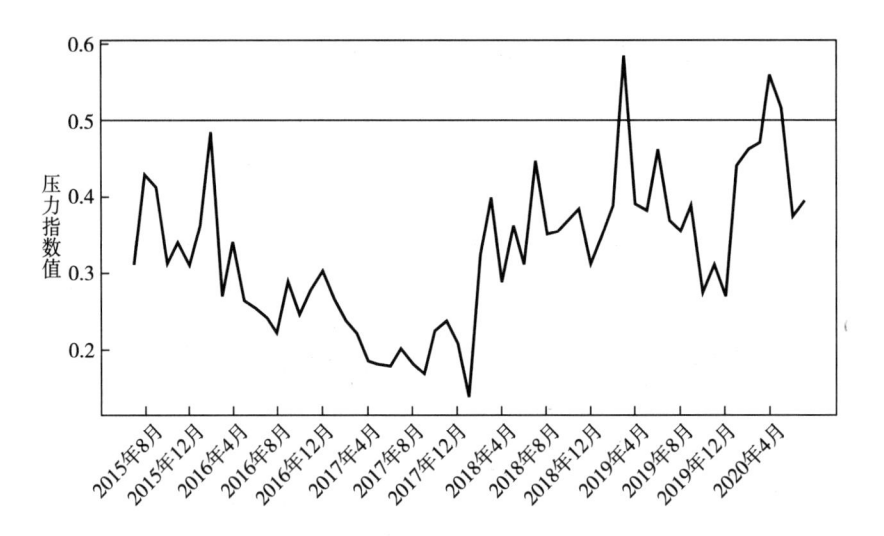

图 9-13 传染性综合金融压力指数

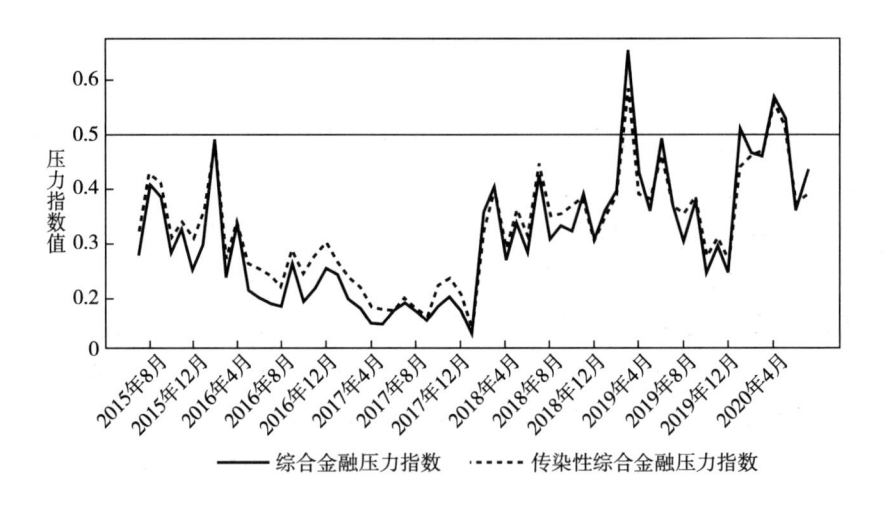

图 9-14 两种金融压力指数对比

在 2015 年 8 月与 11 月左右区间，我国股票市场发生了"千股跌停、千股停牌"的情形。以及我国经济下行压力巨大，2015 年 11 月供给侧改革的首次提出，对金融市场的波及都使其触及 0.5 水平线，这是在我们所刻画的 CCFSI 与 FSI 指数都有较好反映的。在 2019 年之前，虽出现过多次波峰，但也都在 0.5 水平线以下，表明我国金融市场整体处于一个相对安全的风险水平上，其中虽然个别市场会出现高风险的状态，但是在市场间内部转换与相互制约，以及国家若干政策的实行下，整体金融市场虽受其影响有一定涨幅，但仍处于平稳状态，并未发生严重系统性金融风险。2019年2月，由于全球贸易摩擦升温、金融环境收紧、政策不确定性加剧以及新兴经济体金融市场内波动，金融市场备受压力。2020年2月前后，我国深受新冠疫情影响，由于疫情的不确定性，金融各市场纷纷出现了剧烈且异常波动，同时还导致了金融机构的资产负债水平发生显著变化，特别是冲击中小金融机构的资产质量，面临较大资本约束和信用风险，我国金融市场遭受了较大的冲击。

此外，在金融市场处于高风险期间之前，构建的CCFSI与FSI指数就给出了压力不断上涨趋势与高于0.5临界值的风险提示，这也为监管者或投资者采取有效措施规避风险提供了重要参考，为我们后续构建智能预警模型打下了坚实的基础。

压力指数的面积堆积图如图9-15所示。由图9-15可以看出，本书所构建的两个指标能充分反映各个子市场的金融压力状况，具有相同的一致性趋势；整个金融系统的风险构成中，股票市场与外汇市场的溢

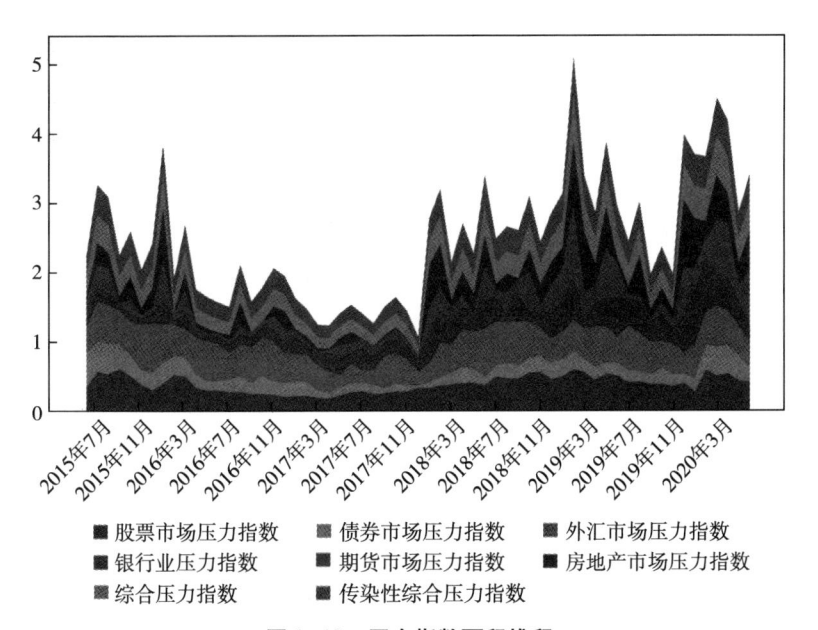

图9-15 压力指数面积堆积

出风险在整个时期都是处于较高的水平。同时，虽然当前整个金融市场尚未发生明显系统性金融风险，但是应当注重金融市场风险防控，特别是股票市场与外汇市场的风险防控。因此，本章所构建的 FSI 与 CCFSI 是有效的，后续也将基于该指标构建我国金融市场风险智能预警模型。

## 第四节 基于金融压力指数的智能风险预警研究

### 一 中国金融市场风险智能预警模型构建

（一）模型设计

本部分将采用上述 CV-SVM、GA-SVM、GWO-SVM、BPNN 与 WAVENN 模型进行预警研究。在 SVM 智能预警模型中，分别通过 CV、GA、GWO 算法计算得出 $C$ 和 $g$ 的最优参数值。对于数据集的划分，将所选取样本数据的前半部分作为训练集以提升模型性能，后半部分作为测试集以验证我们所构建模型的预警效果，并分别构建了针对股票市场压力指数、债券市场压力指数、外汇市场压力指数、银行业压力指数、期货市场压力指数、房地产市场压力指数、综合压力指数、传染性综合压力指数的预警模型。

（二）样本选取

样本选择主要是 Stock_FSI、Bond_FSI、Exchange_FSI、Bank_FSI、Futures_FSI、Real Estate_FSI、FSI、CCFSI 的指数值，样本区间为 2015 年 6 月至 2020 年 6 月的月度数据。其中，样本总数为 62 个。

（三）最优参数选择

不同压力指数 SVM 智能预警模型的最优参数选择如表 9-7 所示。

表 9-7　　　　　　　　最优参数选择表

| 压力指数 | CV-SVM | | GA-SVM | | GWO-SVM | |
|---|---|---|---|---|---|---|
| | $C$ | $g$ | $C$ | $g$ | $C$ | $g$ |
| Stock_FSI | 5.65685 | 0.50000 | 0.57989 | 3.32763 | 0.01000 | 100.00000 |
| Bond_FSI | 11.31370 | 0.06250 | 82.81360 | 0.19003 | 100.00000 | 4.17812 |
| Exchange_FSI | 16.00000 | 0.25000 | 13.75890 | 35.78650 | 16.79170 | 62.32270 |
| Bank_FSI | 11.31370 | 0.25000 | 0.30846 | 71.91390 | 0.01000 | 0.01000 |

续表

| 压力指数 | CV-SVM | | GA-SVM | | GWO-SVM | |
|---|---|---|---|---|---|---|
| | $C$ | $g$ | $C$ | $g$ | $C$ | $g$ |
| Futures_FSI | 1.41421 | 2.00000 | 59.56060 | 99.99920 | 0.05220 | 100.00000 |
| Real-Estate_FSI | 0.17678 | 2.00000 | 0.20690 | 93.83970 | 0.01214 | 0.01000 |
| FSI | 0.50000 | 5.65685 | 0.31884 | 19.59350 | 0.01000 | 72.78850 |
| CCFSI | 0.50000 | 16.00000 | 2.24400 | 15.18860 | 0.01000 | 0.01000 |

## 二 实证分析

压力指数预警模型的平均绝对误差（MAE）、均方误差（MSE）和平均绝对半分比误差（MAPE）的结果如表 9-9 所示。

表 9-8　　　　　　　　　MAE、MSE、MAPE 误差结果

| 压力指数 | CV-SVM | | | GA-SVM | | | GWO-SVM | | |
|---|---|---|---|---|---|---|---|---|---|
| | MAE | MSE | MAPE | MAE | MSE | MAPE | MAE | MSE | MAPE |
| Stock_FSI | 0.0625 | 0.0083 | 0.1318 | 0.0659 | 0.0076 | 0.1408 | 0.1794 | 0.038 | 0.3648 |
| Bond_FSI | 0.0489 | 0.0045 | 0.2323 | 0.0488 | 0.0044 | 0.2182 | 0.1794 | 0.0380 | 0.3648 |
| Exchange_FSI | 0.0922 | 0.0122 | 0.1862 | 0.0833 | 0.0101 | 0.1682 | 0.0934 | 0.0139 | 0.1750 |
| Bank_FSI | 0.1504 | 0.0366 | 0.4537 | 0.1495 | 0.0385 | 0.4039 | 0.2402 | 0.0830 | 0.5469 |
| Futures_FSI | 0.2778 | 0.1189 | 1.0325 | 0.2501 | 0.0966 | 1.2511 | 0.3087 | 0.1596 | 0.7227 |
| Real-Estate_FSI | 0.2797 | 0.1391 | 0.8161 | 0.2810 | 0.1390 | 0.9291 | 0.3323 | 0.1801 | 0.7773 |
| FSI | 0.1010 | 0.0143 | 0.2621 | 0.0917 | 0.0127 | 0.2374 | 0.1835 | 0.0434 | 0.4279 |
| CCFSI | 0.0664 | 0.0070 | 0.1730 | 0.0687 | 0.0076 | 0.1786 | 0.1432 | 0.0265 | 0.3358 |

| 压力指数 | WAVENN | | | BPNN | | |
|---|---|---|---|---|---|---|
| | MAE | MSE | MAPE | MAE | MSE | MAPE |
| Stock_FSI | 0.0981 | 0.0211 | 0.2253 | 0.0946 | 0.3833 | 0.1959 |
| Bond_FSI | 0.0684 | 0.0076 | 0.2997 | 0.0883 | 0.5363 | 0.3311 |
| Exchange_FSI | 0.1217 | 0.0229 | 0.2593 | 0.0962 | 0.3790 | 0.1821 |
| Bank_FSI | 0.2262 | 0.0672 | 0.6001 | 0.1957 | 1.3160 | 0.5379 |
| Futures_FSI | 0.2563 | 0.1149 | 1.6210 | 0.3365 | 4.2076 | 1.3361 |

续表

| 压力指数 | WAVENN ||| | BPNN |||
|---|---|---|---|---|---|---|---|
|  | MAE | MSE | MAPE |  | MAE | MSE | MAPE |
| Real-Estate_FSI | 0.3201 | 0.1577 | 1.8009 |  | 0.3354 | 4.5292 | 2.6046 |
| FSI | 0.1499 | 0.0311 | 0.3761 |  | 0.1105 | 0.4735 | 0.2687 |
| CCFSI | 0.1196 | 0.0273 | 0.2806 |  | 0.0810 | 0.2666 | 0.1913 |

可以看出，无论是对单个市场的压力指数，还是对改进的综合压力指数，此模型的误差率均不高，说明总体准确率较高，能够较好地对压力指数的变化进行预测，进而对金融风险进行预警。

为了进一步验证和更加清晰地反映模型的预测效果，下面将用五个模型进行预警分析，如果根据智能预警模型所得到的预测值与真实值的拟合情况较好，尤其是对峰值的反应明显，则说明该模型具有良好的预测效果，能够提前发出预警的信号，为金融市场参与者提供及时的信息参考，如图 9-16 至图 9-23 所示。

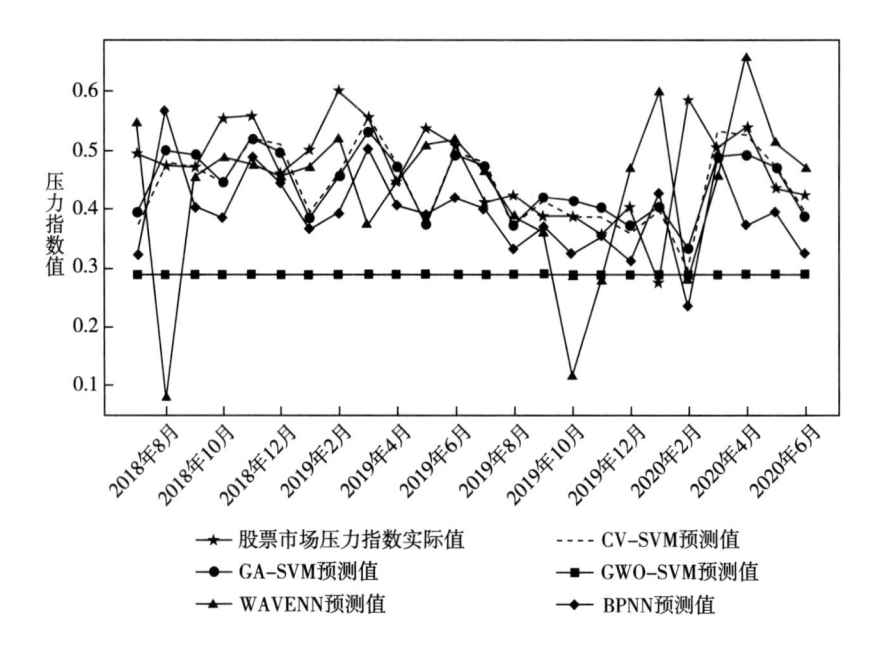

图 9-16 股票市场压力指数预警效果对比分析

第九章 | 中国金融市场的风险智能预警研究

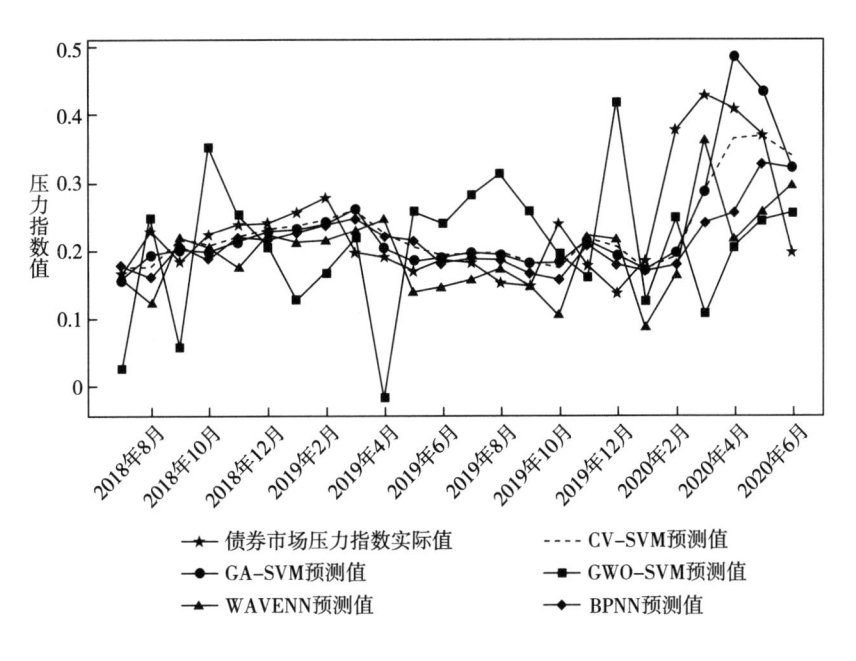

**图 9-17** 债券市场压力指数预警效果对比分析

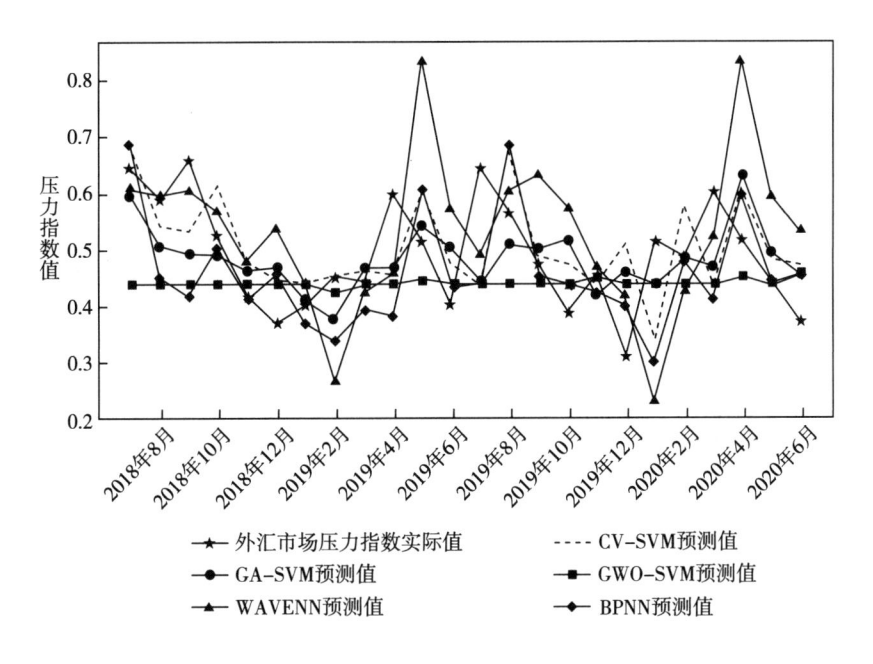

**图 9-18** 外汇市场压力指数预警效果对比分析

239

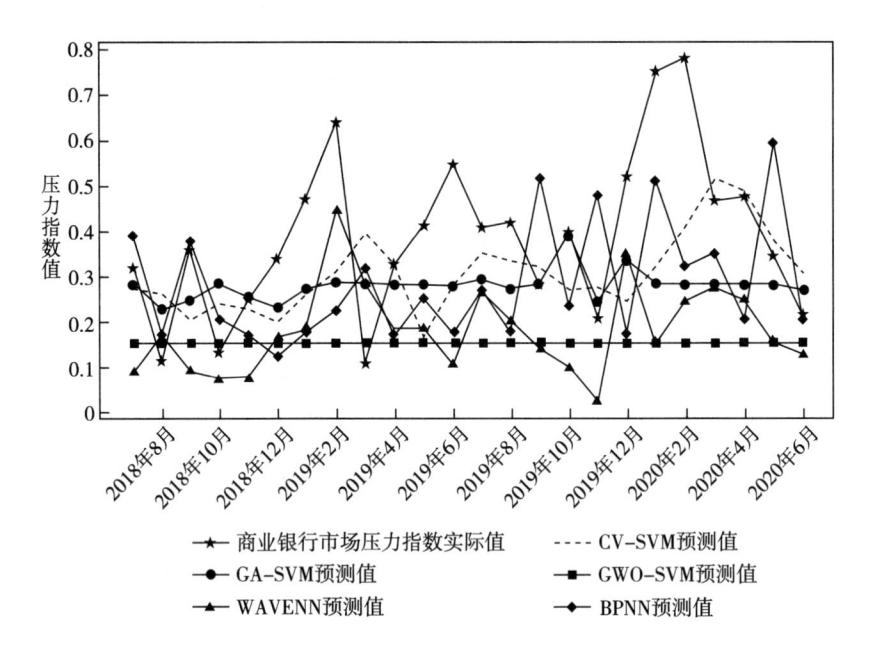

图 9-19 银行业压力指数预警效果对比分析

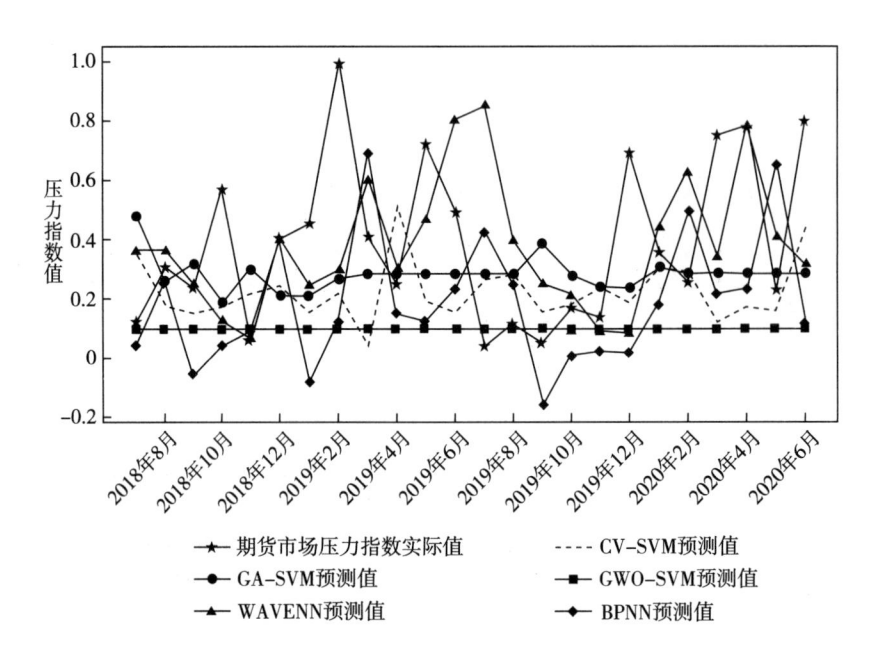

图 9-20 期货市场压力指数预警效果对比分析

第九章 | 中国金融市场的风险智能预警研究

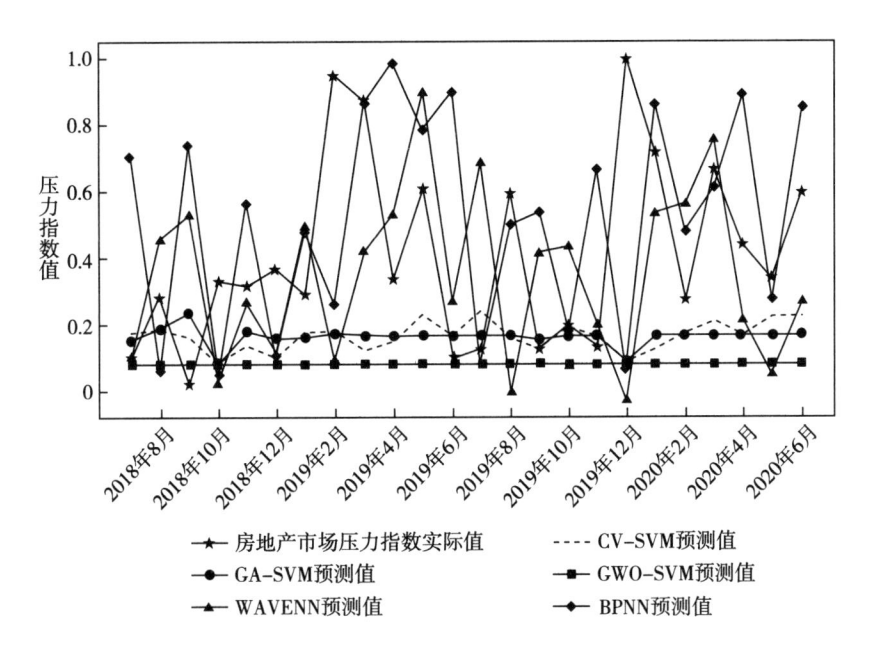

图 9-21 房地产市场压力指数预警效果对比分析

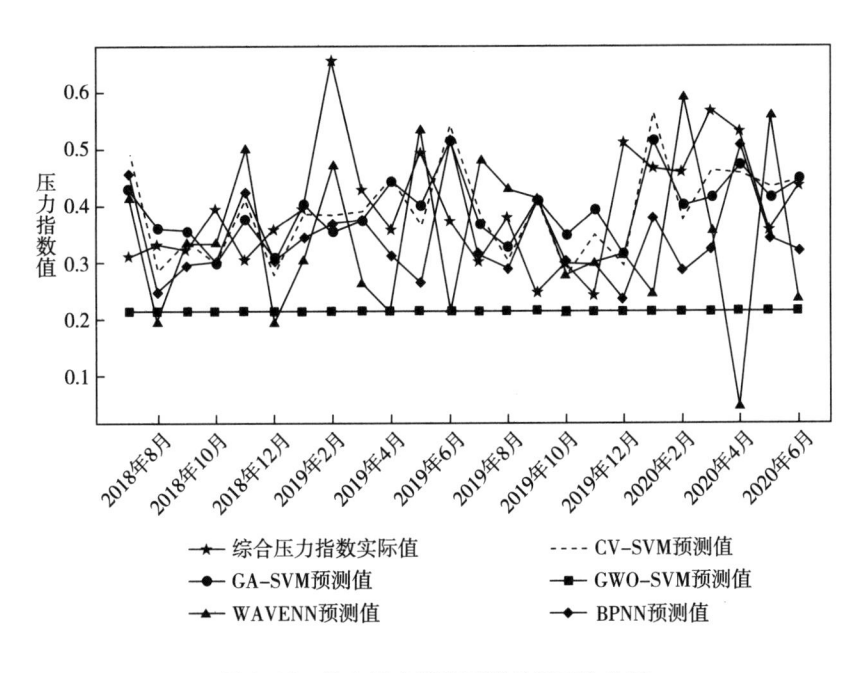

图 9-22 综合压力指数预警效果对比分析

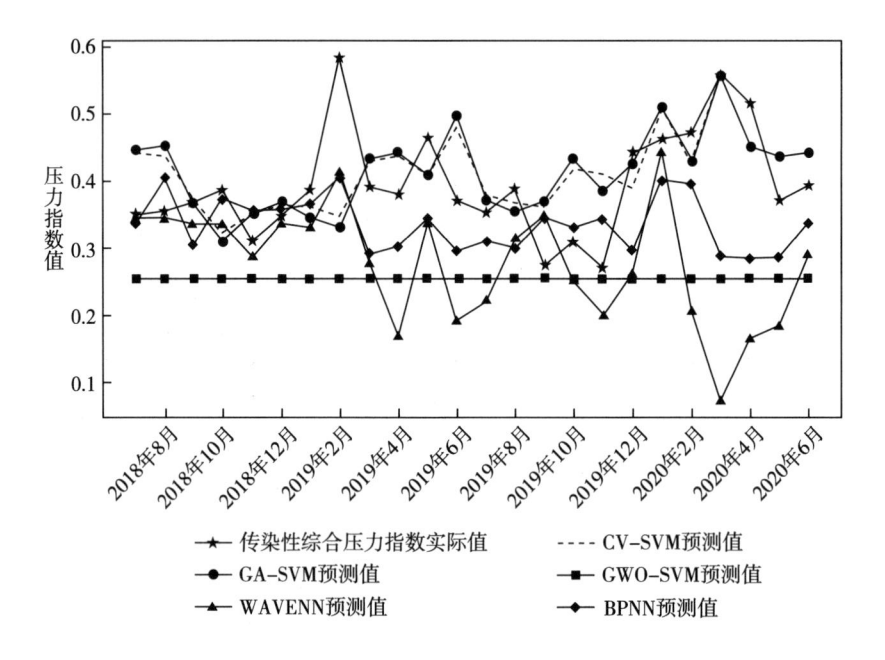

**图 9-23　传染性综合压力指数预警效果对比分析**

通过图 9-16 至图 9-23 可以看出，不同智能预警模型的预测性能对同一压力指数预测存在一定的差异，大部分智能预警模型的预测效果都在可接受程度范围内，且根据图像的拟合程度也能判别，其预测综合性能是有效的和可靠的。其中，CA-SVM、GA-SVM 智能预警模型在对各压力指数的预测中表现最优，能极大限度与实际趋势所拟合，综合而言是最优预警模型。这更证明了我们所用智能预警模型组能大范围预测与拟合数据所具有的特征，能对我国金融市场的运行情况进行实时监测。

此外，也发现对于个别智能预警模型在对压力指数进行预警时，其预测得分数值并未出现明显失常化特征，但其拟合特征却出现失常的情况。例如，GWO-SVM 智能预警模型，在对除债券市场外其他市场压力指数预警时，其预测值在现有图刻度范围内体现出趋于一条直线的特征；WAVENN 在对传染性综合压力指数预警时，其实际值所表现出的极大值波峰并未刻画出，反而得到了相反的极低值的波谷。出现这种现象的原因，主要是在对智能预警模型的参数设置上失准，虽然我们已经引入了 CV、GA 与 GWO 参数寻优的算法进行优化，但是在基于算法其本身易陷入极值最优问题与参数寻优范围问题的考量，出现上述情况是可以接受的。也表明面对风险信号，单一智能预警模型的薄弱性，因此运用多种智能预警模型进行综合性评估是有必要且重要的。

## 第五节 本章小结

在本章中，基于风险传染的角度对金融市场风险预警进行实证系统性研究。金融市场是供给侧改革中重要的一环，防范化解金融风险特别是防止发生系统性金融风险，是金融工作的根本性任务。因此，提高金融市场风险管理水平，进行科学事前预测预警，是必要且十分重要的。本研究的实证结果表明：

首先，证实中国股票市场、债权市场、外汇市场、银行业、期货市场与房地产市场几个主要子市场间具有风险传染效应。其中，外汇市场对外风险溢出强度最高，债券市场、银行业与期货市场次之，房地产市场与股票市场最低。其次，分别构建了各子市场的金融压力指数 Stock_FSI、Bond_FSI、Exchange_FSI、Bank_FSI、Futures_FSI 与 Real Estate_FSI。从所构建指数趋势来看，其能够较好地刻画该市场的运行情况，反映了金融压力事件，佐证了我们所构建的子市场金融压力指数具有良好的效果。在此基础上，将股票市场、债权市场、外汇市场、银行业、期货市场与房地产市场等重要市场的压力指数进行权重合成，基于子市场风险传染性强度确定合成权重，构建了改进的传染性综合压力指数 CCFSI。最后，将所构建的 Stock_FSI、Bond_FSI、Exchange_FSI、Bank_FSI、Futures_FSI、Real Estate_FSI、FSI、CCFSI 压力指数输入智能预警模型组中，预警结果表明对于所构建的所有压力指数，本研究所使用的智能预警模型具有优异的预测性能，能够提前为金融市场的压力风险进行预警。

# 第十章

# 研究结论与政策建议

## 第一节 研究结论

随着供给侧结构性改革的不断深化，我国金融市场在不断完善的同时还面临着来自其他各方面的压力。党中央明确提出了要把"防范和化解重大风险"作为一场攻坚战来打。金融安全也是国家安全的重要组成部分。防范化解金融风险特别是防止发生系统性金融风险，是金融工作的根本性任务，是实现经济高质量发展的重要保障。金融市场风险的本质特征之一就是其传染性，正是因为其传染性导致了单一金融机构或金融子市场出现多米诺骨牌式的资产抛售或价格下跌，进而引发风险在金融系统中的迅速传播。

本书系统梳理供给侧结构性改革背景下我国金融市场所呈现的风险特征及其风险来源，从理论上分析了金融市场风险的传染机制和传染路径，并利用 GARCH-Copula-CoVaR 模型和 TVP-SV-VAR 模型对我国股票市场、债券市场、外汇市场、银行市场、期货市场与房地产市场等主要市场建模，研究风险在不同金融子市场之间的传染效应、贡献度以及动态关联，还针对各市场构建了金融压力指数、中国金融市场压力指数以及改进的传染性综合压力指数，并基于此压力指数构建 CV-SVM、GA-SVM、GWO-SVM、BPNN、WAVENN 智能预警模型，对中国金融市场进行智能预警，主要研究结论如下：

第一，中国金融市场风险的传染路径主要有股票市场、债券市场、外汇市场、商业银行与期货市场五个重要子市场和五个重要子市场及房地产市场之间的风险传染路径。在构建中国金融市场风险大数据智能预警方法时需要重点关注这两条风险传染路径,为供给侧结构性改革背景下中国金融市场风险大数据智能预警方法和应用的相关研究奠定基础。

第二,关于股票市场、债券市场、外汇市场、商业银行与期货市场的风险研究,本书所构建的投资者情绪指数、嵌入灰狼优化算法的GWO-SVM模型、嵌入人工少数类过采样法(SMOTE)的SMOTE-SVM模型、BPNN模型、WAVENN模型等方法可以有效预测股票市场、债券市场、外汇市场、商业银行与期货市场风险,并且对比分析我国股票市场、债券市场、外汇市场、商业银行、期货市场以及房地产市场的风险溢出情况,发现外汇市场是最大的风险输出方,银行业次之。此外,债券市场的发展能够助力我国供给侧结构性改革的推进,但随着供给侧结构改革的持续深入也会在一定程度上增加我国债券市场的潜在风险。在债券市场上,由于受传导路径以及目前效率的影响,信息传导具有一定滞后性,投资者情绪指数对债券未来价格波动率影响是先增加后下降。

第三,关于股票市场、债券市场、外汇市场、商业银行、期货市场与房地产市场间风险传染问题,本书构建的股票市场、债券市场、外汇市场、商业银行、期货市场与房地产市场压力指数可以较好反映各市场金融风险。本书利用所构建的GARCH-Copula-CoVaR模型、TVP-SV-VAR模型研究六个子市场间风险传染情况、风险贡献度和动态联系,并基于六个市场间的风险关联度,构建了中国金融市场风险传染性压力指数(CCFSI),实现了对中国金融市场风险压力的系统性度量和风险预警。具体而言:

从股票市场来看,股票市场压力指数将我国股票市场风险刻画得比较准确。在早期第一阶段(2011年7月至2014年7月),股票市场压力指数较为稳定;第二阶段(2014年7月至2016年7月),股票市场压力指数快速上升,这与2015年6月发生的千股跌停事情相吻合,当时因股票市场股价虚高,杠杆资金撤离迅速,上市公司高管减持等系列事件导致股票市场暴跌,从而风险传递到期货、债券等市场,导致股票市场风险上升;第三阶段(2016年7月至2019年11月),股票市场风险总体较为平稳;第四阶段(2019年11月至2020年6月),股票市场压力指数呈现快速上升态势，究其原因可能是新冠疫情等因素影响。

从债券市场压力指数的总体趋势来看，在2015年前我国债券市场压力指数普遍较高，在2011年，我国经济基本面稳中有涨，央行的货币政策总目标围绕保持物价总水平基本稳定展开，实施稳健的货币政策。在这样的背景下，我国债券市场总体波动较大，前三季度的债券市场总体走势较弱；而在第四季度迎来反弹，出现上升的趋势，在资金面紧张缓解、通货膨胀数据改善和经济加速下行背景下，市场预期货币政策转松，央行先后下调3年期和1年期央票利率，10年国债利率从4.10大幅下行到3.40。本书所构建的债券市场压力指数较好地对期间的压力进行了刻画。在2015年之后我国债券市场压力指数趋于平稳。此外，本书利用主客观赋权法研究我国29个省级行政区地方债务风险，并利用灰狼优化算法GWO进行优化，利用SVM模型进行风险预测，发现个别地方债务风险较高，需要进行更加有效的风险管控。

从外汇市场来看，2011—2012年，外汇压力指数由0.25提升至0.85，2015年下半年，我国外汇市场遭遇了高强度的外部冲击。2015年8月11日人民币兑美元汇率中间价格贬值近2%，此后人民币汇率贬值与2015年的千古跌停相互影响并叠加，导致我外汇储备快速下降，跨境资本流动和汇率的波动的冲击造成的风险加大。其间，外汇压力指数也从0.37飙升至近0.82，反映出了外汇市场的压力聚集。2017年5月，《中国外汇市场准则》正式发布，意味着我国外汇市场的规则进一步向国际化迈进，有助于进一步提升我国人民币汇率形成机制的市场化程度。但值得注意的是，外汇市场在进一步市场化和国际化的进程中，不可避免地会带来风险水平的提升。外汇市场压力指数也很好地体现了这一点，2017年5月的压力值为0.18且伴随改革的进程不断提升，并于2018年8月达到最大值，随后缓和并开始下降。

从商业银行体系来看，伴随着货币政策延续结构性宽松，监管政策回归中性，实体经济有效需求不足、金融风险"灰犀牛"潜在风险以及全球经济震荡调整的影响，进一步加大商业银行的风险暴露和风险管理的难度。从期货市场来看，受2015年股票市场剧烈波动的影响，全国期货市场交易规模急剧减少。近年来，贸易摩擦、俄乌冲突等事件也给期货市场带来较大影响，这也对期货市场的风险管理提出了严峻挑战。从房地产市场来看，2016年，受外部经济环境、人民币贬值、经济调整等因素的影响，我国房地产市场开始出现持续性升温，全国商品住房销量快速增长，部分城市的本地及外地投资投机需求旺盛，在2016年1—4月同比增长率达38.8%。随后，为防止房地产市场局部过热，2018年多城市纷纷出台限购、限售、限价、摇号、限土拍等举措，这也说明了房地产市场风险管理和防范的重要性。

第四，关于金融市场风险的预警，本书所构建的情绪指数预警模型、供给侧改革热度指数预警模型、改进的SVM智能预警模型、BPNN神经网络模型、WAVENN神经网络模型、传染性综合压力指数CCFSI等对金融市场风险预警具有较为良好的预测效率和预警效果，尤其是SVM与神经网络智能预警模型体现出了其对数据快速处理的能力，能够通过自我学习对数据的未来趋势进行很好预测。这将为我国金融市场风险的预警提供了重要参考和借鉴。

## 第二节　政策建议

### 一　防范性措施

（一）及时、准确地识别风险的主要来源

由于金融风险具有传染性这一典型特征，提前对金融市场的风险来源进行识别是防范金融风险的关键一环，只有在确认了风险的源头后才能采取相应的措施对该目标进行干预。对风险的识别应当包括对风险传染方向和传染强度进行量化，还要求对传染机制有深刻的分析，需要充分考虑市场的各种因素，建立相应的传染模型。本书主要聚焦于国内金融市场，对我国重要金融子市场进行了风险传染性研究，指出股票市场为主要的风险输出源头，为金融市场风险识别提供了一定的参考。未来还应当对金融市场做进一步细分，分析其传染机制与传染渠道，更加准确地反映风险的源头与变化。

（二）构建金融市场风险大数据智能预警模型

历史经验告诉我们，金融危机爆发前总是会出现一些具有先兆性的指标变化，如果我们能够充分地对这些信息加以处理和运用，就能够提前发出警告，实现金融危机的预警。一些理论研究也已经指出，金融危机是可以进行预测的。如果能够及时、准确地对金融市场风险进行预测，就可以为相关部门制定有效措施留出更多的论证时间，也提供了相应政策及早介入实施的机会。因此，应当充分利用金融领域的专家和团队开展金融风险和金融危机预警的研究，深入分析金融风险的传染渠道和传染机制，建立科学、全面的金融市场风险预警模型，形成专业、严谨的参考依据。随着大数据技术和人工智能技术的发展，出现了许多新型的工具，这些工具已经在金融领域有着广泛的应用，克服了一些此前无法解决的问题，也提升了计算和运行的效率。本书为此做了一定有益的尝试，基于风险传染的角度，采用了大数据领域的文本挖掘技术构建了投资者情绪预警模型，也采用了人工智能领域的机器学习工具支持向量机 SVM 构建了预警模型并进行了优化和改进。本书的实证结果显示，我们所构建的预警模型具有良好的预测准确性和运行效率。这不仅说明这些工具在金融市场风险预警研究中的有效性，还为风险预警研究提供了可以参考的思路和方法，使用大数据智能预警模型对金融市场风险进行管理是可行、高效的。

（三）稳步降低地方政府债务杠杆

本书在对我国省级行政区进行地方政府债务风险度量的结果显示，从总体上来说，我国的地方政债务总体的风险程度不高，被划分为重度风险的比例仅为 6.47%，但需要注意的是中度风险区间占比高达 66.38%。从我国经济区域来看也存在非常明显的区位差异：我国东部发达地区债务风险综合评估值总体要低于其他区域，并且债务风险综合评估值处于轻度风险区间的省级行政区均来自东部地区，而债务风险综合评估值处于重度风险区间的省级行政区均来自西部欠发达地区。也就是说，从总体上看，地方政府债务风险呈现出两头大中间小的"橄榄形"分布；从经济区域来看，风险又呈现出在发达区域分散，在欠发达区域集中的情况。在历史上有一些国家的经济危机正是因为政府部门债务过高而引发的。而根据相关资料和我们的研究都表明，我国的地方政府债务存在杠杆率较高，致使风险因素的增加，这也表现为依据我们所划分的风险程度的"橄榄形"分布。也正因如此，我国推出了供给侧结构性改革的重大战略，提出了降杠杆这一重大举措。因此，应当稳步、坚定地推进供给侧结构性改革，做好地方政府债领域的降杠杆工作，严格监管政府举债活动，优化地方融资结构，关注欠发达地区的地方财政税收，根据地区风险程度分别进行干预。

（四）不断巩固和提升有关部门风险处置机制

如果发现金融风险压力增大，或某些金融子市场的压力突然增加，或子市场之间的联动更加密切，并且结合多方面的因素认为有发生金融危机的可能，有关部门在多数情况下将主动采取措施进行干预。这涉及将由哪个部门制定策略，哪个部门最终决策，哪个部门实施的问题。在我国，有关金融部门就有国务院、财政部、人民银行、证监会、银保监会等。最终干预措施实施的时机、工具方法、范围大小都将对整个金融体系产生极大的影响，必须要谨慎决策、果断执行。在 2017 年设立的国务院金融稳定发展委员会就是专门为加强金融监管协调、补齐监管短板而出现。该部门以强化人民银行宏观审慎管理和系统性风险防范职责，强化金融监管部门监管职责，确保金融安全与稳定发展为宗旨；主要职能是坚持协同防范，统筹协调，健全风险监测预警和早期干预机制，补齐监管短板，健全监管制度，改进监管方法，进行监管问责，深化金融业改革开放，稳妥解决体制性、机制性问题。金融委的成立为我国在金融领域搭建了一种沟通协调的联动机制，为干预措施及时、有效、科学地提出提供了保障，不断巩固并提升部门的风险监控和风险干预能力。此外，2023 年 5 月新成立的国家金融监督管理总局，也为逐步建立符合现代金融混业经营创新发展特点的监管框架，守住不发生系统性金融风险的底线，规范金融机构与投资者之间的交易行为等提供了有力保障。

**二 抵御性措施**

（一）充分使用预警系统的监测和报警功能

本书尝试构建了一种金融压力指数用以监测金融市场及其子市场的压力情况，能够实时反映市场当前运行的压力情况，并且设定了一定的参考阈值；我们基于此构建了一种 SVM 智能预警模型，能够在基于历史数据的训练中对未来一定期间的压力情况进行预判。该预警系统的具体应用如下：第一，实时输入历史数据至 SVM 智能预警模型当中，在提升模型预测准确率的同时观测传染性压力综合指数 CCFSI 在未来一定期间的压力值是否超过了我们设定的阈值。第二，在预测值超过阈值时，就需要注意实时监测子市场的压力值 sFSI、bFSI、eFSI 的值，找出导致压力值变化的主要市场并对其宏微观的各项数据进行监控。第三，在找到导致压力变化的源头后，及时对其运行情况进行调查，分析其有可能的传染渠道和传染机制。第四，制定相应的预案，进行沙盘模拟推演，一旦出现风险情况及时有效地采取措施进行干预。第五，返回监测金融市场的压力情况，调整干预措施或停止干预。最终，形成一种"从上到下"的监控和"从下到上"的反馈机制，在整个金融风险的防范过程中发挥作用。

(二) 建立金融市场风险预警和响应的层次体系

本书不仅从国家的宏观角度构建了我国金融市场的风险预警模型，还针对地方政府债务风险将该问题的研究下沉到地方层面，对 29 个省级行政区的地方债务进行了风险度量并构建了预警模型。事实上，整个金融系统是由很多部门横向构建，每一个部门又有着自己的纵向延伸，形成了错综复杂的金融网络。因此，我们不仅应该考虑金融市场的宽度，还应当考虑金融市场的深度，构建多层次的金融市场风险预警体系。例如，本书对地方政府债务的研究表明，我国的地方债务风险呈现出了中度风险集中、高风险和低风险较少的"橄榄形"分布，在区域上又表现为东部地区较低、西部地区较高的分布。而在其他市场同样可能存在着类似的特征，在如此复杂的金融市场结构中，若层层传递最后才被监测到进行应对，就有可能贻误了最佳的干预时机，这对我们进行风险预警提出了新的要求。应当建立一些区域性的、地方性的金融风险预警平台，将一些可以由平台处理的问题消化掉，并且在平台内进行信息互通和资源整合以提升平台总体的稳定性。

(三) 准备好干预措施的阶段性预案

在风险真正来临之前，制定系统性的应对预案是非常必要的，这能让风险的处置得到制度性的、规范性的保障而不是盲目的、慌乱的临时决策；且在风险传染的每一个阶段应当采取不同的措施，并进行动态调整。第一，确定目标，干预措施按其性质总的可以分为两类：一类是积极救助，另一类是消极放弃。面对不同的问题要采取不同的处置策略。第二，制定方案，在原有的方案基础上，深入分析风险的来源、特征、后果，确立干预方案和政策选项，准备好在整个风险进程中可以使用的工具和手段作为"弹药库"。第三，执行落实，明确各个部门对方案和政策执行中应当扮演的角色和采用的方式。第四，退出机制，在完成对风险情况的处置后，需要考虑已经使用的工具是否经使金融市场恢复稳定，是否需要退出已经投入的资金，如何防范将来风险事件的再次发生。

### 三 投资者引导

根据中国证券登记结算中心2020年的年报显示，2020年期末的自然人投资者数量高达1.77亿人，占比高达99.9%；而非自然人投资者数量仅为41万人，占比仅0.1%。而根据此前的数据显示，自然人投资者市值占比仅约20%，而非自然人投资者市值占比约80%。这说明参与我国证券市场的个人投资者数量众多，但是其资金与机构投资者完全不在一个数量级，市场行情主要由机构投资者主导。股票市场作为我国投资者踊跃参与的市场，一旦发生金融风险将给个人投资者带来巨大的伤害，且这种冲击对个人的影响远远大于机构，如此众多的参与者甚至可能给社会带来不稳定因素，加剧了风险的扩散和传播。因此，构建金融市场风险预警体系也将为个人投资者带来一定的参考，对投资者行为进行引导和规范，减少风险事件对投资者带来的损失，使我国金融市场既充满活力，又繁荣稳定。

# 参考文献

安国俊:《地方政府融资平台风险与政府债务》,《中国金融》2010年第7期。

卜林、李政:《我国上市金融机构系统性风险溢出研究——基于CoVaR和MES的比较分析》,《当代财经》2015年第6期。

财政部财政科学研究所课题组:《我国地方政府债务态势及其国际借鉴:以财政风险视角》,《改革》2009年第2期。

曹源芳、蔡则祥:《基于VAR模型的区域金融风险传染效应与实证分析——以金融危机前后数据为例》,《经济问题》2013年第10期。

常静等:《基金市场上投资者情绪变动及其影响研究——基于新浪财经基金评论的统计视角》,《中国发展》2018年第1期。

陈创练等:《外汇市场、债券市场与股票市场动态关系研究》,《国际金融研究》2017年第12期。

陈建青等:《金融行业间的系统性金融风险溢出效应研究》,《数量经济技术经济研究》2015年第9期。

陈小亮等:《生产部门通缩与全局性通缩影响因素的差异性研究——机器学习方法的新视角》,《中国工业经济》2021年第7期。

陈晓云:《文本挖掘若干关键技术研究》,复旦大学,2005年。

淳伟德等:《供给侧结构性改革背景下我国地方政府债务风险预警研究》,《预测》2020年第6期。

淳伟德、肖杨:《供给侧结构性改革期间系统性金融风险的SVM预警研究》,《预测》2018年第5期。

淳伟德等:《基于机制转换混合Copula的股指期货与现货尾部传染

性研究》,《预测》2014 年第 5 期。

戴德宝等:《基于文本挖掘和机器学习的股指预测与决策研究》,《中国软科学》2019 年第 4 期。

戴国强等:《VaR 方法对我国金融风险管理的借鉴及应用》,《金融研究》2000 年第 7 期。

戴雅榕、沈艺峰:《随机森林模型能够预测中国债券违约吗?》,《计量经济学报》2022 年第 2 期。

邓磊、杜爽:《我国供给侧结构性改革:新动力与新挑战》,《价格理论与实践》2015 年第 12 期。

邓向荣、曹红:《系统性风险、网络传染与金融机构系统重要性评估》,《中央财经大学学报》2016 年第 3 期。

邓忠奇等:《地区差距与供给侧结构性改革——"三期叠加"下的内生增长》,《经济研究》2020 年第 10 期。

杜蓉:《论我国商业银行金融风险预警指标体系》,《中国集体经济》2022 年第 9 期。

杜思正、冷艳丽:《地方政府性债务风险预警评价研究》,《上海金融》2017 年第 3 期。

范仕程、陈冬:《地方政府债务可持续性及规模风险度量》,《时代金融》2019 年第 14 期。

范小云等:《我国金融机构的系统性风险贡献测度与监管——基于边际风险贡献与杠杆率的研究》,《南开经济研究》2011 年第 3 期。

范英:《VaR 方法及其在股市风险分析中的应用初探》,《中国管理科学》2000 年第 3 期。

范云朋:《我国系统性金融风险监测与度量研究——基于 ESRB-CISS 研究方法》,《经济问题探索》2020 年第 11 期。

方意等:《中国实体经济与金融市场的风险溢出研究》,《世界经济》2021 年第 8 期。

冯志峰:《供给侧结构性改革的理论逻辑与实践路径》,《经济问题》2016 年第 2 期。

付慧娟:《关于我国地方政府债务风险形成原因的探究》,《企业导报》2009 年第 7 期。

高华、张璇:《地方政府债务风险评价研究:动态系统模型与预测》,《财经论丛》2020 年第 3 期。

宫晓琳:《宏观金融风险联动综合传染机制》,《金融研究》2012 年第 5 期。

宫晓琳:《未定权益分析方法与中国宏观金融风险的测度分析》,《经济研究》2012 年第 3 期。

苟文均等:《债务杠杆与系统性风险传染机制——基于 CCA 模型的分析》,《金融研究》2016 年第 3 期。

关耀达:《投资者情绪对我国债券信用利差的影响研究》,天津财经大学,2019 年。

郭琳、樊丽明:《地方政府债务风险分析》,《财政研究》2001 年第 5 期。

郭卫东:《中国上市银行的系统性风险贡献测度及其影响因素——基于 MES 方法的实证分析》,《金融论坛》2013 年第 2 期。

韩心灵、韩保江:《论当前系统性金融风险的生成逻辑》,《上海经济研究》2017 年第 5 期。

何诚颖等:《外汇市场干预、汇率变动与股票价格波动——基于投资者异质性的理论模型与实证研究》,《经济研究》2013 年第 10 期。

何国华、李洁:《跨境资本流动的国际风险承担渠道效应》,《经济研究》2018 年第 5 期。

何琨玫、赵景峰:《供给侧结构性改革背景下数据赋能驱动产业结构升级的机制与效应》,《经济体制改革》2022 年第 4 期。

洪银兴:《准确认识供给侧结构性改革的目标和任务》,《中国工业经济》2016 年第 6 期。

洪源等:《地方政府债务风险非线性先导预警系统的构建与应用研究》,《数量经济技术经济研究》2018 年第 6 期。

胡鞍钢等:《供给侧结构性改革——适应和引领中国经济新常态》,《清华大学学报(哲学社会科学版)》2016 年第 2 期。

胡宗义等:《网络相关性、结构与系统性金融风险的关系研究》,《中国软科学》2018 年第 1 期。

黄德龙等:《中美监管机构对商业银行风险评级的比较研究》,《金融论坛》2006 年第 1 期。

黄金老：《论金融脆弱性》，《金融研究》2001 年第 3 期。

黄群慧：《论中国工业的供给侧结构性改革》，《中国工业经济》2016 年第 9 期。

黄晓斌、赵超：《文本挖掘在网络舆情信息分析中的应用》，《情报科学》2009 年第 1 期。

黄雨婷等：《基于文本挖掘的股评情绪效应分析》，《数理统计与管理》2023 年第 2 期。

贾康、苏京春：《论供给侧改革》，《管理世界》2016 年第 3 期。

贾晓俊、顾莹博：《我国各省份地方债风险及预警实证研究》，《中央财经大学学报》2017 年第 3 期。

兰虹等：《大数据背景下互联网金融发展问题及创新监管研究》，《西南金融》2019 年第 3 期。

兰秋军等：《融合句法信息的金融论坛文本情感计算研究》，《现代图书情报技术》2016 年第 4 期。

李斌等：《一种新的地方政府债务风险预警系统设计与应用》，《数量经济技术经济研究》2016 年第 10 期。

李彩霞、李艳萍：《农业供给侧结构性改革背景下农村产权融资瓶颈及其路径选择》，《农业经济》2020 年第 11 期。

李电生等：《基于供给侧结构性改革的港口大宗商品交易市场运作模式研究》，《供应链管理》2020 年第 4 期。

李菁、梁俊：《我国货币政策银行业风险承担渠道时变特征研究——基于 TVP-SV-VAR 模型的检验》，《上海金融》2015 年第 10 期。

李敬等：《中国区域经济增长的空间关联及其解释——基于网络分析方法》，《经济研究》2014 年第 11 期。

李凯风、李星：《债务风险水平的识别及对区域金融风险的影响——基于熵权 TOPSIS 法和综合模糊评价法》，《上海金融》2019 年第 3 期。

李升、陆琛怡：《地方政府债务风险的形成机理研究：基于显性债务和隐性债务的异质性分析》，《中央财经大学学报》2020 年第 7 期。

李志辉等：《新兴市场国家货币危机的形成、演变和预警——基于二元分类模型的实证研究》,《金融研究》2012年第12期。

李子超:《地方政府债务信用风险研究——基于修正Merton模型的实证分析》,《经济师》2020年第4期。

梁琪等:《我国系统重要性金融机构的识别与监管——基于系统性风险指数SRISK方法的分析》,《金融研究》2013年第9期。

梁宇佳、宋东峰:《基于LSTM和情感分析的股票预测》,《科技与创新》2021年第21期。

林俊山:《同业金融网络视角下的银行系统风险研究》,《金融发展研究》2020年第12期。

林卫斌、苏剑:《供给侧改革的性质及其实现方式》,《价格理论与实践》2016年第1期。

林宇等:《基于ODR-ADASYN-SVM的极端金融风险预警研究》,《管理科学学报》2016年第19期。

林宇等:《基于RU-SMOTE-SVM的金融市场极端风险预警研究》,《预测》2013年第4期。

刘凤根等:《纳入宏观经济因素的中国系统性金融风险预警研究——基于马尔科夫区制转移模型》,《商学研究》2021年第5期。

刘红忠等:《公允价值会计能否放大银行体系的系统性风险》,《金融研究》2011年第4期。

刘蓉、黄洪:《我国地方政府债务风险的度量、评估与释放》,《经济理论与经济管理》2012年第7期。

刘晓星等:《股票市场风险溢出效应研究：基于EVT-Copula-CoVaR模型的分析》,《世界经济》2011年第11期。

刘永余、王博:《利率冲击、汇率冲击与中国宏观经济波动——基于TVP-SV-VAR的研究》,《国际贸易问题》2015年第3期。

刘媛媛等:《基于AHP-熵权法的孟印缅地区洪水灾害风险评估》,《地理研究》2020年第8期。

马文扬、刘迪:《以风险评级助力地方政府债务风险管控》,《财会月刊》2020年第14期。

孟雪井等:《基于文本挖掘和百度指数的投资者情绪指数研究》,《宏观经济研究》2016年第1期。

孟志青等：《网络投资者情绪与股票市场价格关系研究——基于文本挖掘技术分析》，《价格理论与实践》2018年第8期。

苗子清、张卓群：《基于大数据方法的中国系统性金融风险预警研究》，《经济论坛》2020年第12期。

潘宁宁、韩科飞：《资本市场开放、尾部系统风险与市场稳定——来自沪港通交易制度的经验证据》，《财经科学》2022年第6期。

潘志斌：《基于或有权益模型的我国地方政府性债务风险度量》，《系统管理学报》2015年第6期。

彭向升：《"新常态"下的中国宏观经济——学习习近平同志关于中国经济"新常态"的重要论述》，《现代经济探讨》2015年第4期。

乔春霞、李青霞：《基于马尔科夫模型的软件类上市公司金融风险审计研究》，《会计之友》2018年第12期。

阙方平：《有问题银行：负外部性初步研究》，《金融研究》2000年第7期。

邵瑞银：《地方政府性债务风险的识别与预警研究》，《会计之友》2013年第23期。

邵志高、吴立源：《供给侧结构性改革、轻资产转型与制造业业绩波动》，《财经问题研究》2019年第4期。

沈悦等：《中国金融业系统性风险溢出效应测度——基于GARCH-Copula-CoVaR模型的研究》，《当代经济科学》2014年第6期。

沈悦、郭品：《互联网金融、技术溢出与商业银行全要素生产率》，《金融研究》2015年第3期。

沈悦等：《VAR宏观计量经济模型的演变与最新发展——基于2011年诺贝尔经济学奖得主Smis研究成果的拓展脉络》，《数量经济技术经济研究》2012年第10期。

石兆伟：《基于文本挖掘的投资者情绪与股票市场相关性及预测性分析》，华中科技大学，2016年。

司登奎等：《投资者情绪、股价与汇率变动的非线性联动效应研究》，《国际金融研究》2019年第7期。

宋巍：《我国影子银行风险预警指标体系构建与测度》，《辽宁经济》2017年第11期。

宋文：《投资者情绪对公司债券融资成本的影响》，中南财经政法大学，2019 年。

宋玉臣、张晗：《金融市场化改革政策的跨市场信息传递机制》，《改革》2020 年第 1 期。

孙志宾：《混合 Copula 模型在中国股市的应用》，《数学的实践与认识》2007 年第 20 期。

唐跃军、黎德福：《环境资本、负外部性与碳金融创新》，《中国工业经济》2010 年第 6 期。

谭小芬等：《全球投资者国别风险情绪对跨境股票资本流动的影响》，《金融研究》2022 年第 6 期。

陶玲、朱迎：《系统性金融风险的监测和度量——基于中国金融体系的研究》，《金融研究》2016 年第 6 期。

王斌会等：《中国股市、汇市和债市间溢出效应的实证研究》，《暨南学报（哲学社会科学版）》2010 年第 4 期。

王春丽、胡玲：《基于马尔科夫区制转移模型的中国金融风险预警研究》，《金融研究》2014 年第 9 期。

王国刚：《防控系统性金融风险：新内涵、新机制和新对策》，《金融评论》2017 年第 3 期。

王浩东：《基于投资者情绪的债券融资成本研究》，西南财经大学，2019 年。

王健俊等：《投资者情绪、杠杆资金与股票价格——兼论 2015—2016 年股灾成因》，《金融经济学研究》2017 年第 1 期。

王克达：《金融危机国际传染及预警研究》，吉林大学，2018 年。

王磊等：《一种处理不平衡数据的聚类欠采样加权随机森林算法》，《计算机应用研究》2020 年第 4 期。

王琴英等：《基于 ReliefF 算法和随机森林模型的 P2P 平台风险识别》，《统计与决策》2022 年第 8 期。

王书梦：《公众情感与股票市场关系研究》，《云南财经大学》2016 年。

王献东、何建敏：《金融市场间的风险传染研究文献综述》，《上海金融》2016 年第 7 期。

王晓光、高淑东：《地方政府债务风险的预警评价与控制》，《当代经济研究》2015年第4期。

王旭、史道济：《极值统计理论在金融风险中的应用》，《数量经济技术经济研究》2001年第8期。

吴吉林、张二华：《基于机制转换混合Copula模型的我国股市间极值相依性》，《系统工程理论与实践》2012年第8期。

吴聚稳：《论析地方政府债务成因与建议》，《理论界》2009年第9期。

吴丽华、傅广敏：《人民币汇率、短期资本与股价互动》，《经济研究》2014年第11期。

吴晓求等：《现代金融体系：基本特征与功能结构》，《中国人民大学学报》2020年第1期。

吴宜勇等：《基于MSBVAR模型的中国金融风险预警研究》，《金融经济学研究》2016年第5期。

冼学深：《投资者情绪与股市危机预测的Logit模型实证研究》，《技术与市场》2013年第5期。

向实等：《基于支持向量机方法的债券违约风险监测预警研究》，《金融经济》2022年第1期。

谢百三、童鑫来：《中国2015年"股灾"的反思及建议》，《价格理论与实践》2015年第12期。

谢赤等：《外汇市场与股票市场间波动溢出效应——基于汇改后数据的小波多分辨分析》，《系统管理学报》2012年第1期。

谢福座：《基于CoVaR方法的金融风险溢出效应研究》，《金融发展研究》2010年第6期。

谢福座：《基于GARCH-Copula-CoVaR模型的风险溢出测度研究》，《金融发展研究》2010年第12期。

许涤龙、陈双莲：《基于金融压力指数的系统性金融风险测度研究》，《经济学动态》2015年第4期。

杨翰方等：《中国输入性金融风险：测算、影响因素与来源》，《数量经济技术经济研究》2020年第7期。

杨志安、宁宇之：《中国财政风险预警系统的构建——基于AHP

评价法的实证研究》,《中国经济问题》2014年第4期。

杨子晖等:《经济政策不确定性与系统性金融风险的跨市场传染——基于非线性网络关联的研究》,《经济研究》2020年第1期。

杨子晖等:《极端金融风险的有效测度与非线性传染》,《经济研究》2019年第5期。

杨子晖等:《我国金融机构系统性金融风险度量与跨部门风险溢出效应研究》,《金融研究》2018年第10期。

杨子晖:《金融市场与宏观经济的风险传染关系——基于混合频率的实证研究》,《中国社会科学》2020年第12期。

易洪波等:《我国股市投资者情绪指数构建及其影响研究》,《价格理论与实践》2017年第10期。

于孝建、彭永喻:《人工智能在金融风险管理领域的应用及挑战》,《南方金融》2017年第9期。

袁军鹏等:《文本挖掘技术研究进展》,《计算机应用研究》2006年第2期。

张晨等:《金沙江流域泥石流的组合赋权法危险度评价》,《岩土力学》2011年第3期。

张品一、薛京京:《多分形互联网金融市场的风险预警模型研究》,《数量经济技术经济研究》2022年第8期。

张伟:《体制转换模型能预测货币危机吗?》,《经济研究》2004年第7期。

张晓朴:《系统性金融风险研究:演进、成因与监管》,《国际金融研究》2010年第7期。

张璇等:《地方政府债务风险与金融风险的动态交互影响研究——基于系统动力学模型的政策情景仿真》,《经济与管理研究》2022年第7期。

张岩、胡迪:《中国金融市场风险交互溢出效应分析——来自股灾期间的新证据》,《金融论坛》2017年第11期。

张亦春、许文彬:《风险与金融风险的经济学再考察》,《金融研究》2002年第3期。

张志波、齐中英:《基于VAR模型的金融危机传染效应检验方法与实证分析》,《管理工程学报》2005年第3期。

章秀:《我国系统性金融风险的计量研究》,吉林大学,2016年。

赵瑞:《刍议我国金融系统性风险预警指标体系的构建与应用》,《现代经济信息》2015年第12期。

中国社会科学院金融研究所课题组、王国刚、董裕平:《完善中国金融市场体系的改革方案研究》,《金融评论》2015年第3期。

周爱民、韩菲:《股票市场和外汇市场间风险溢出效应研究——基于GARCH-时变Copula-CoVaR模型的分析》,《国际金融研究》2017年第11期。

朱惠军:《新时代以供给侧结构性改革为主线》,《上海经济研究》2022年第7期。

Abiad A. D., "Early Warning Systems: A Survey and a Regime-Switching Approach", IMF Working Papers, 2003, 3 (32).

Acharya V. V., et al., "Measuring Systemic Risk", *Review of Financial Studies*, 2017, 30 (1).

Adrian T., Brunnermeier M. K., "CoVaR: A Method for Macroprudential Regulation", *American Economic Review*, 2016, 106 (7).

Adrian T., Shin H. S., "Money, Liquidity and Monetary Policy", *American Economic Review*, 2009, 99 (2).

Ahn J. J., et al., "Usefulness of Support Vector Machine to Develop an Early Warning System for Financial Crisis", *Expert Systems with Applications*, 2011, 38 (4).

Allen F., Gale D., "Financial Contagion", *Journal of Political Economy*, 2000, 108 (1).

Artzner P., et al., "Coherent Measures of Risk", *Mathematical Finance*, 1999, 9 (3).

Bartholomew P., Whalen G., "Fundamentals of Systemic Risk", *Research in Financial Services: Banking, Financial Markets, and Systemic Risk*, 1995, 7 (S3).

Baumol W. J., "An Expected Gain-Confidence Limit Criterion for Portfolio Selection", *Management Science*, 1963, 10 (1).

Berg A., Pattillo C., "Are Currency Crises Predictable? A Test", IMF Staff Papers, 1999, 46 (2).

Bijlsma M., et al., "Systemic Risk in the Financial Sector: A Review and Synthesis", CPB Memorandum, 2010.

Billio M., et al., "Econometric Measures of Connectedness and Systemic Risk in the Finance and Insurance Sectors", *Journal of Financial Economics*, 2012, 104 (3).

Brownlees C., Engle R. F., "SRISK: A Conditional Capital Shortfall Measure of Systemic Risk", *The Review of Financial Studies*, 2017, 30 (1).

Brunnermeier M. K., Pedersen L. H., "Market Liquidity and Funding Liquidity", *The Review of Financial Studies*, 2009, 22 (6).

Cardarelli R., et al., "Financial Stress and Economic Contractions", *Journal of Financial Stability*, 2011, 7 (2).

Cerra V., Saxena S. C., "What Caused the 1991 Currency Crisis in India?", IMF Staff Papers, 2002, 49 (3).

Chan-Lau J. A., et al., "Assessing the Systemic Implications of Financial Linkages", IMF Global Financial Stability Report, 2009, 2.

Cheung Y. W., Ng L. K., "Price Volatilities", *Review of Futures Markets*, 1990, 9 (2).

Diamond D. W., Dybvig P. H., "Bank Runs, Deposit Insurance and Liquidity", *Journal of Political Economy*, 1983, 91 (3).

Drehmann M., Juselius M., "Evaluating Early Warning Indicators of Banking Crises: Satisfying Policy Requirements", *International Journal of Forecasting*, 2014, 30 (3).

Edwards S., "Interest Rate Volatility, Capital Controls, and Contagion", *National Bureau of Economic Research*, 1998.

Eichengreen B., et al., "Contagious Currency Crises", *National Bureau of Economic Research*, 1996.

Elsinger H., et al., "Risk Assessment for Banking Systems", *Management Science*, 2006, 52 (9).

Embrechts P., et al., "Extreme Value Theory as a Risk Management Tool", *North American Actuarial Journal*, 1999, 3 (2).

Engle R. F., "Autoregressive Conditional Heteroscedasticity with Estimates of the Variance of United Kingdom Inflation", *Econometrica: Journal of the Econometric Society*, 1982.

Forbes K. J., Rigobon R., "No Contagion, Only Interdependence: Measuring Stock Market Comovements", *The Journal of Finance*, 2002, 57 (5).

Frankel J. A., Rose A. K., "Currency Crashes in Emerging Markets: An Empirical Treatment", *Journal of International Economics*, 1996, 41 (3-4).

Frankel J., Saravelos G., "Can Leading Indicators Assess Country Vulnerability? Evidence from the 2008-09 Global Financial Crisis", *Journal of International Economics*, 2012, 87 (2).

Gai P., Kapadia S., "Contagion in Financial Networks", *Proceedings of the Royal Society A: Mathematical, Physical and Engineering Sciences*, 2010, 466 (2120).

Gerlach S., Smets F., "Contagious Speculative Attacks", *European Journal of Political Economy*, 1995, 11 (1).

Gropp R., Moerman G., "Measurement of Contagion in Banks' Equity Prices", *Journal of International Money and Finance*, 2004, 23 (3).

Hakkio C. S., Keeton W. R., "Financial Stress: What is It, How Can It Be Measured, and Why Does It Matter?", *Economic Review*, 2009, 94 (2).

Hamilton J. D., "A New Approach to the Economic Analysis of Nonstationary Time Series and the Business Cycle", *Econometrica: Journal of the Econometric Society*, 1989.

Hollo D., et al., "CISS-A Composite Indicator of Systemic Stress in the Financial System", *SSRN Electronic Journal*, 2012.

Hong Y., et al., "Granger Causality in Risk and Detection of Extreme Risk Spillover between Financial Markets", *Journal of Econometrics*, 2009,

150（2）.

Huang X., et al., "A Framework for Assessing the Systemic Risk of Major Financial Institutions", *Journal of Banking & Finance*, 2009, 33 (11).

Illing M., Liu Y., "An Index of Financial Stress for Canada", Bank of Canada, 2003.

Jobst M. A. A., Gray M. D. F., "Systemic Contingent Claims Analysis: Estimating Market–Implied Systemic Risk", International Monetary Fund, 2013.

Joe H., *Multivariate Models and Multivariate Dependence Concepts*, CRC Press, 1997.

Kaminsky G. L., Reinhart C. M., "On Crises, Contagion, and Confusion", *Journal of International Economics*, 2000, 51 (1).

Kaminsky G., et al., "Leading Indicators of Currency Crises", Staff Papers, 1998, 45 (1).

Karolyi G. A., "Does International Financial Contagion Really Exist?", *International Finance*, 2003, 6 (2).

Kaufman G. G., "Banking and Currency Crises and Systemic Risk: Lessons from Recent Events", *Federal Reserve Bank of Chicago Economic Perspectives*, 2000, 24 (3).

Kaufman G. G., "Comment on Systemic Risk", *Research in Financial Services: Banking, Financial Markets, and Systemic Risk*, 1995, 7.

King M. A., Wadhwani S., "Transmission of Volatility between Stock Markets", *The Review of Financial Studies*, 1990, 3 (1).

Knedlik T., Scheufele R., "Forecasting Currency Crises: Which Methods Signaled the South African Crisis of June 2006?", *South African Journal of Economics*, 2010, 76 (3).

Kritzman M., et al., "Principal Components as a Measure of Systemic Risk", *The Journal of Portfolio Management*, 2011, 37 (4).

Krugman P., "A Model of Balance-of-Payments Crises", *Journal of Money, Credit and Banking*, 1979, 11 (3).

Kumar M., et al., "Predicting Emerging Market Currency Crashes", *Journal of Empirical Finance*, 2003, 10 (4).

Lee Y., et al., "Systematic Credit Risk in Securitized Mortgage Portfolios", *Journal of Banking & Finance*, 2021, 122.

Lehar A., "Measuring Systemic Risk: A Risk Management Approach", *Journal of Banking & Finance*, 2005, 29 (10).

Masson P. R., Jeanne O., "Currency Crises, Sunspots and Markov-Switching Regimes", *Journal of International Economics*, 1998, 50 (2).

Masson P., "Contagion: Macroeconomic Models with Multiple Equilibria", *Journal of International Money and Finance*, 1999, 18 (4).

Mirjalili S., et al., "Grey Wolf Optimizer", *Advances in Engineering Software*, 2014, 69.

Mishkin F. S., "Symposium on the Monetary Transmission Mechanism", *Journal of Economic Perspectives*, 1995, 9 (4).

Nag A., Mitra A., "Neural Networks and Early Warning Indicators of Currency Crisis", Reserve Bank of India Occasional Papers, 1999, 20 (2).

Nelsen R. B., *An Introduction to Copulas (First Edition)*, New York: Springer, 1999.

Obstfeld M., "Balance-of-Payments Crises and Devaluation", *Journal of Money, Credit and Banking*, 1984, 16 (2).

Pal M., Mather P. M., "Support Vector Machines for Classification in Remote Sensing", *International Journal of Remote Sensing*, 2005, 26 (5).

Peek J., Rosengren E. S., "The International Transmission of Financial Shocks: The Case of Japan", *The American Economic Review*, 1997.

Peria M. S. M., "A Regime-Switching Approach to the Study of Speculative Attacks: A Focus on EMS Crises", *Empirical Economics*, 2002, 27 (2).

Sachs J. D., et al., "Financial Crises in Emerging Markets: The Lessons from 1995", *Brookings Papers on Economic Activity*, 1996 (1).

Segoviano B. M., Goodhart C., "Banking Stability Measures", IMF Working Papers, 2009.

Sklar M., "Fonctions de RépartitionàN Dimensions et Leurs Marges", *Annales de l' ISUP*, 1959, 8.

Støve B., et al., "Using Local Gaussian Correlation in a Nonlinear Re-examination of Financial Contagion", *Journal of Empirical Finance*, 2014, 25.

Su C. W., et al., "Can Stock Investor Sentiment Be Contagious in China?", *Sustainability*, 2020, 12 (4).